Naturgarten

Violet Stevenson

Naturgarten

Mit mehr als 250 farbigen Fotos
und Illustrationen
Mit Pflanzenkatalog
Anlage, Anzucht und Pflege

Mosaik Verlag

Titel der Originalausgabe: The Wild Garden
Aus dem Englischen übertragen von Marion Zerbst
Redaktion: Dr. Ernö Zeltner
Umschlaggestaltung: Karoline Droege

Der Mosaik Verlag ist ein Unternehmen
der Verlagsgruppe Bertelsmann

© 1985 Frances Lincoln Limited, London
Alle Rechte der deutschen Ausgabe
© 1995 Mosaik Verlag GmbH, München / 5 4 3 2 1
Satz: Fotosatz Stummer, München
Druck und Bindung: Alcione, Trento
Printed in Italy · ISBN 3-576-10495-X

Inhalt

Vorwort 6

Was ist ein Wildgarten?

Einführung 8 – Eine natürliche Oase 14

Die Planung eines Wildgartens

Die Anlage eines Wildgartens – eine langsame, allmähliche Entwicklung 22
Das Grundstück 24 – Was kann man pflanzen 34
Die Anlage eines naturgemäßen Gartens 44
Lebensraum für Tiere aus Wald und Wiese 48

Die richtige Anlage und Bepflanzung

Blumenwiesen und Blumenrasen 56 – Waldgärten 68
Heidegärten 78 – Farn- und Laubgärten 86
Der Kräuter-Wildgarten 96 – Wassergärten 102
Felsengärten 114

Gartenarbeit und Pflege der Pflanzen

Der Boden 122 – Die Anlage von Böschungen, Mauern,
Gartenteichen und Wegen 125 – Anzucht und Pflege
der Pflanzen 129 – Pflanzenschutz 138

Anhang

Welche Pflanzen eignen sich für welchen Gartentyp?
Wiesenblumen 142 – Zwiebelpflanzen und Wiesengräser 144
Bäume und andere Waldpflanzen 146 – Heidekrautgewächse
und andere Heidepflanzen 148 – Farne und Blattpflanzen 150
Wildwachsende Kräuter 152 – Wasserpflanzen 154
Fels- und Steingartenpflanzen 156 – Pflanzen, die Tiere anlocken 158
Pflanzen für spezielle Standorte 158 – Wiesenblumen und
Wiesen-Gras-Samenmischungen 159 – Glossar 160
Geschützte Pflanzen 161 – Register 162

Vorwort

Eigentlich hat der Wildgarten große Ähnlichkeit mit den Gärten unserer Vorfahren. In den ersten Gärten, die die Menschen anlegten, wurden wildwachsende Arten angepflanzt, weil sie in manchen Gegenden nicht vorkamen oder weil man sie stets bei der Hand haben wollte. Die meisten dieser Pflanzen wurden nämlich zur Wundbehandlung, als Arznei, zum Kochen oder für irgendeinen anderen Zweck gebraucht.

Als im vorigen Jahrhundert die ersten romantischen Wildgärten entstanden, brauchte man sich um den Naturschutz noch keine ernsthaften Gedanken zu machen. Damals waren Wälder, Heidegebiete, Wiesen, Sümpfe, Teiche, Bäche und Feldwege noch in demselben unberührten Zustand wie einst, abgesehen von einigen kleinen Gebieten, in denen die Industrie bereits Einzug gehalten hatte.

Heute jedoch ist es unsere Pflicht, viele altbekannte, gern gesehene Pflanzen und unzählige kleine Lebewesen, die von der Pflanzenwelt abhängig sind, zu beschützen. Menschen, die noch in einer weniger industrialisierten und einer landwirtschaftlich weniger intensiv genutzten Welt aufwachsen durften, vermissen diese Pflanzen und Tiere. Es gibt genug Gründe, die für die Erhaltung dieser Pflanzenwelt sprechen. Dieses Buch soll zeigen, daß es gar nicht so schwer ist, dem Rückgang der gefährdeten Arten Einhalt zu gebieten. Vielleicht trägt es sogar zu ihrer erneuten Ausbreitung bei.

Bis vor kurzem war die Anlage eines Wildgartens oder eines Beetes mit wildwachsenden Arten noch mit großen Problemen verbunden. Denn kein Naturfreund sollte in freier Natur Pflanzen ausgraben und mit nach Hause nehmen. Wo aber sollte er die wildwachsenden Pflanzen für seinen Garten sonst hernehmen?

Diese Frage ist heute weitgehend beantwortet, denn es sind Samen und Pflanzen vieler heimischer Arten im Handel erhältlich – das gilt selbst für Pflanzen, die in freier Natur sehr selten geworden sind. Mit Samen wildwachsender Blumen – und einem erstaunlich geringen Arbeitsaufwand – kann man einen langweiligen, schwer zu pflegenden Rasen in eine blühende Wiese verwandeln. Jedes Grundstück mit armem, unfruchtbarem Boden läßt sich auf diese Weise nutzen und verschönern.

Ein mit Sträuchern bewachsenes und bewaldetes Grundstück kann man in ein kleines Dickicht verwandeln und unter Bäumen und Sträuchern viele blühende Blumen anpflanzen. Vorgefertigte Becken und leicht zu handhabende PVC-Folienauskleidungen ermöglichen die Anlage eines Gartenteichs. Diese Form des Wildgartens läßt sich am schnellsten anlegen und zieht eine Vielfalt verschiedener Tiere magnetisch an.

Wer einen Wildgarten anlegen und bearbeiten will, muß seine Einstellung zum Garten und zu den Pflanzen – vor allem seinen Schönheitsbegriff – grundlegend ändern. Bei meinem letzten Besuch in Australien stellte ich fest, daß die dortigen Gartenbesitzer jetzt immer mehr heimische Arten und weniger Gartenvarietäten anpflanzen. Diese wildwachsenden Arten sind zwar zum Teil nicht so prächtig und auffallend wie die Gartenpflanzen, haben aber dafür einen besonderen Reiz: ihre natürliche Schönheit.

Ein Wildgarten hat viele unschätzbare Vorteile. Es ist interessant und macht Freude, heimische Pflanzen im Garten zu ziehen und zu sehen, wie sie wachsen und gedeihen. Außerdem läßt ein Wildgarten sich leichter bearbeiten; und er bietet vielen interessanten, faszinierenden Tieren einen Lebensraum. Je „verwilderter" Ihr Garten wird, desto mehr Tiere werden ihn besuchen oder bewohnen. Ich habe zum Beispiel im Sommer immer Tagschmetterlinge und Nachtfalter in meinem Garten; außerdem wimmelt es von Vögeln, die nach Raupen oder anderen Insekten suchen. Sie haben sich in allen Teilen des Gartens häuslich niedergelassen; wir finden immer wieder neue Nester und haben Gelegenheit, die gerade flügge gewordenen Jungvögel zu beobachten. Und wenn wir durch unseren Garten gehen, den Boden bearbeiten oder die abgefallenen Blätter in einer Hecke oder Rabatte beiseite harken, entdecken wir viele Spuren, die darauf hindeuten, daß auch noch etliche andere kleine Tiere in unserem Garten ein neues Zuhause gefunden haben. Diese kleinen Spuren beweisen, daß der Wildgartenbesitzer noch einen weiteren Vorteil genießt: In einem Wildgarten ist man niemals allein.

Violet Stevenson

Was ist ein Wildgarten?

Einführung

Unser Konzept eines Wildgartens unterscheidet sich nicht unwesentlich von dem des vorigen Jahrhunderts. Früher sah man den Sinn eines Wildgartens nicht in der Pflege oder dem Schutz heimischer Arten, schließlich gab es diese Pflanzen in den umliegenden ländlichen Gegenden damals noch in Hülle und Fülle. Der natürliche oder wilde Garten von einst war vielmehr eine sorgfältig geplante und gestaltete romantische Wildnis. In ihm kultivierte man neue und altbekannte, heimische und ausländische Pflanzenarten, die in die damals vorherrschenden formschönen, geometrisch angelegten Gärten trotz ihrer Schönheit nicht hineinpaßten.

Davor waren jahrhundertelang äußerst gepflegte, nach exakten Formen und Linien ausgerichtete Gärten in Mode. Die Kriterien für die Auswahl der Pflanzen waren ihre Schönheit und Nützlichkeit, später auch ihr Neuheitswert. Sie wurden in genau abgegrenzten Beeten angepflanzt, die im allgemeinen so geformt waren, daß sie in ein übergeordnetes geometrisches Schema paßten. Anfangs stellte man in einem Beet noch unterschiedliche Pflanzen zusammen; später sah man das Ideal in der Einheitlichkeit. So sollten Zierpflanzen beispielsweise einheitlich hoch sein, und sie sollten etwa um dieselbe Jahreszeit in schönster Pracht und Blüte zur Geltung kommen. Man pflanzte im Frühjahr und Sommer Blütenpflanzen an, die im Winter durch immergrüne Pflanzen ersetzt wurden.

William Robinson und der Wildgarten

William Robinson (1838 – 1935), ein in Irland geborener Gärtner, der über viel Phantasie und Energie und vielleicht auch eine gewisse Portion Opportunismus verfügte, bemühte sich, das zu ändern. Er revolutionierte mit seiner Forderung nach formloser, natürlicher Anlage und Bepflanzung der Gärten den gesamten britischen Gartenbau. Im Jahre 1870 veröffentlichte er sein Buch *The Wild Garden*, in dem er u.a. schrieb: »Ich möchte zeigen, wie wir die Schönheit unserer vielfältigen winterharten Blumen vielleicht noch besser zur Geltung bringen können, als die begeisterten Anhänger des alten Gartenbaustils es sich träumen lassen: nämlich, indem wir unzählige, schöne wildwachsende Pflanzen *vieler verschiedener Länder* in unsere Wälder und Gehölze, in die weniger sorgfältig angelegten und gepflegten Teile von Parkanlagen sowie auf den ungenutzten Flächen fast aller Gartenarten einführen.« Schon bald wurden Gärten in dem von Robinson vorgeschlagenen Stil als eine Art vornehmer Spielerei auf den Grundstücken großer Häuser angelegt. Sie ähnelten in ihrer Anlage den damals üblichen Farngärten und Grotten. Diese dienten der Erholung und Unterhaltung von Gästen und sollten einen reizvollen, ländlich wirkenden Gegensatz zum gepflegten Garten mit seinen exakt angelegten Beeten und genau nach Blütezeit zusammengestellten Pflanzen bilden, den Robinson so kritisiert hatte.

Robinson verwendete Pflanzen, die man für den gepflegten Garten damals als nicht fein genug ansah. Seltsamerweise sind viele der damals von ihm empfohlenen Arten – zum Beispiel Pfingstrose, Ritter-

Rechts: *Diese mit Gras, Laubbäumen, Sträuchern, Koniferen und Blattpflanzen bepflanzte Gartenecke wurde von Gertrude Jekyll entworfen und ist typisch für ihren Stil. Die Zusammenstellung wirkt zwanglos, dabei wurde jede Pflanze sorgfältig ausgewählt. Unter dem von heimischen Bäumen gebildeten Blätterdach wachsen exotischen Koniferen und andere Pflanzen, z.B. die japanische Aralie,* Aralia elata, *und die südamerikanische Aralie,* Gunnera magellanica, *die sich majestätisch über einem Farnteppich erhebt.*

Links: *Wenn man den Boden unter den Bäumen von allzu dichtem, wucherndem Gestrüpp befreit, bietet er Platz und die geeigneten Bedingungen für viele reizende wildwachsende Blumen. Man braucht nur Eindringlinge wie Himbeer- und Brombeersträucher zu entfernen, die gern kleinere Pflanzen überwuchern und verdrängen. Ansonsten ist wenig Arbeitsaufwand erforderlich. Für alle Bodenarten gibt es passende Pflanzen. Die beste Orientierungshilfe für den angehenden Besitzer eines Wildgartens sind jedoch die in seiner Region heimischen Pflanzen. Die nebenstehend abgebildete Gartenanlage hätte sicherlich William Robinsons Beifall gefunden; denn er schrieb: »Eine hübsche, frei wachsende Pflanze ist schöner als jede Gartenblume.«*

sporn und Lilie – in den gepflegten Gärten von heute häufig anzutreffen. Auch bei der Pflanzenzusammenstellung für Rabatten und Beete unseres Durchschnittsgartens erinnert man sich Robinsons Vorschläge – allerdings mit dem großen Unterschied, daß diese wilden Gartenanlagen heute nicht mehr in irgendeiner Lichtung versteckt, sondern deutlich sichtbar sind: inmitten eines Rasens oder in der Nähe des Hauses.

Bezeichnenderweise machte sich Robinsons Einfluß in einer Zeit bemerkbar, in der viele exotische Pflanzenarten nach Europa eingeführt wurden. Etliche dieser Arten paßten nicht zum Gartenbaustil, der damals modern war. Außerdem brachten die Pflanzensammler anschauliche Beschreibungen der Umgebung mit nach Hause, in der sie ihre grünen Trophäen gefunden hatten. Und so vermochte der Gärtner, der begeistert eine in einem Blumentopf wachsende importierte Lilie betrachtete, sie sich in ihrer heimischen Umgebung vorzustellen. Er ging daran, eine Gartenanlage zu schaffen, die dieser Umgebung möglichst ähnlich war. Zwar gehörten die auf seinem Grundstück wachsenden Bäume, Sträucher und bodendeckenden Pflanzen anderen Gattungen an als die ursprünglichen Nachbarn der exotischen Pflanze. Aber machte das wirklich so einen grundlegenden Unterschied? War es nicht möglich, einen Kompromiß zu schließen?

Natürlich gab es diese Möglichkeit. Die Gartenfreunde, die den Ehrgeiz hatten, einen Wildgarten zu besitzen, machten sich daran, in den heimischen Wäldern und Dickichten wunderschöne Anlagen für die Kultur exotischer Pflanzen zu schaffen. Die Einfuhr ausländischer Pflanzenarten nahm immer mehr zu. Schon bald traten Rhododendron, Pieris, Lorbeerrose, Magnolie und andere Exoten an die Stelle der heimischen Eiche oder Birke oder wuchsen neben den einheimischen Arten, vorausgesetzt Boden und Klima waren für sie geeignet. Und so wurde die romantische Wildnis zu einem wesentlichen Bestandteil größerer Gartenanlagen. Einige dieser Gärten existieren heute noch – und tragen nach wie vor die Bezeichnung Wildgarten.

Gertrude Jekyll und die winterharte Blumenrabatte

Auch Gertrude Jekyll (1843–1932) spielte bei der Abkehr vom allzu formstreng angelegten Garten eine wichtige Rolle. Sie begeisterte sich für den hübschen, einfachen Bauerngarten. Ihre Neuerung bestand darin, daß sie auf ihren Rabatten neue Gartenpflanzenarten und altbekannte, beliebte Bauerngartenblumen miteinander kombinierte. Außerdem bepflanzte sie ihre Beete in der von Robinson empfohlenen zwanglosen, naturgemäßen Weise. Doch ihrem künstlerisch geschulten Auge blieben die Gefahren der neuen Gartenmode nicht verborgen: »Gedankenlose Menschen gelangen leicht zu der falschen Schlußfolgerung, man könne jede beliebige Gartenpflanze in jede beliebige unberührte Landschaft verpflanzen... Ich habe schon etliche Waldgegenden gesehen, die in ihrer reizvollen Einfachheit bereits perfekt waren, aber nachträglich durch die unbedachte Anpflanzung neuer Arten verunstaltet und in ein heilloses Durcheinander verwandelt wurden...«

Alles in allem hielt sie es für besser, die Wälder in

Ursprünglich war man der Ansicht, ein Wildgarten solle die Menschen erfreuen. Die Pflanzen wuchsen in ihm nicht wie in der freien Natur, sondern waren in eine sorgfältig geplante »natürliche« Umgebung eingeordnet. Da die heimischen Pflanzen oft nicht auffallend genug waren, importierte man ausländische Arten und pflanzte sie zwischen die reizvollsten einheimischen. So wurden in einer waldigen Umgebung Lilien, z.B. Lilium giganteum, eine von Gertrude Jekylls Lieblingsblumen, angepflanzt, von importierten Sträuchern eingerahmt und vielleicht noch von einer Mischung exotischer und einheimischer Farne umsäumt.

ihrem ursprünglichen Zustand zu belassen. Doch wenn ein Wald an einen Garten angrenzte, fand sie es durchaus angebracht, ihn mit ein paar Gartenblumen zu bepflanzen: »Ein paar Königskerzen hier, ein paar Fingerhüte dort, denn es ist schön, wenn sich auch im angrenzenden Wald noch Einflüsse des Gartens erkennen lassen. Auf diese Weise lassen sich die beiden um so harmonischer miteinander verbinden.« Doch ihr wichtigster Beitrag zur Erneuerung des britischen Gartenbaus bestand darin, daß sie die heimischen Pflanzen wieder in die Blumenrabatten einführte und mit neueren Kulturvarietäten und exotischen Pflanzenarten kombinierte.

Die Anlage von Wildgärten im großen Stil

Abgesehen von der tatkräftigen, gartenbegeisterten Gertrude Jekyll taten nur wenige Leute, die ihre Gärten der neuen Mode entsprechend umgestalteten, die Gartenarbeit selbst. Das überließen sie den professionellen Gartengestaltern und Gärtnern, die sich aufgrund ihrer Ausbildung schwer taten, bei ihrer Arbeit nun plötzlich nicht mehr exakt und »ordentlich« vorzugehen. Gertrude Jekyll ließ auf ihrem Grundstück eine 1,2 m tiefe Grube von etwa 3,5 m Durchmesser ausheben und mit einer sorgfältig ausgewählten Bodenmischung füllen, um ideale Bedingungen für ihre Lieblingsblume *Lilium giganteum* zu schaffen.

Auch heute noch sind viele der im traditionellen romantischen Stil angelegten großen »Wildgärten« in Wirklichkeit sehr sorgfältig geplant und gepflegt. Das liegt hauptsächlich daran, daß sie viele exotische Pflanzenarten enthalten oder enthalten sollen. In ihrem ursprünglichen Lebensraum hatten diese Pflanzen einen guten, humusreichen Boden. Einen solchen Boden muß ihnen auch der Gärtner bieten, wenn sie gut gedeihen sollen. Daher wirkte die Gestaltung dieser exotischen Blumenanlagen zwar im Vergleich zu den früheren Gärten zwanglos. Doch nur selten oder nie ließ man der Natur wirklich freien Lauf. Wahrscheinlich nahmen die meisten Gärten ihren heutigen, malerisch unordentlichen Charakter erst an, als die Zahl der professionellen Gärtner abnahm und die der Gartenbesitzer zunahm.

Der ökologische Garten

Die romantische Wildnis ist nach wie vor ein wichtiger Bestandteil der Gartenszene. Doch mittlerweile streben immer mehr Gärtner einen ganz anders gearteten Wildgarten an. Inzwischen besteht in fast allen

Der moderne Wildgarten ist sehr vielgestaltig. Er kann die verschiedensten Formen haben. Doch eines ist allen Wildgärten gemeinsam: Sie enthalten Pflanzen, die wenig Arbeit machen und die man im großen und ganzen sich selbst überlassen kann. Sie bilden wie in der freien Natur verschiedene Ebenen, schmiegen sich eng aneinander oder sind vielleicht sogar ineinander verflochten. Das Prinzip des Wildgartens besteht in der Form- und Zwanglosigkeit. Gerade Linien werden vermieden oder, falls vorhanden, nachträglich beseitigt. Wegränder und Beetkanten machen einen weniger scharf abgegrenzten Eindruck, wenn man sie mit kriechenden und wuchernden Pflanzen säumt.

Ländern großes Interesse am Natur- und Artenschutz. Man möchte lieber einen Zufluchtsort für die heimische Pflanzen- und Tierwelt schaffen als einen Prunkgarten, in dem exotische Arten und Kulturvarietäten zur Schau gestellt werden.

Die heimischen Pflanzenarten meines eigenen Gartens, die ich am meisten schätze, waren früher in meiner Gegend recht verbreitet. Viele von ihnen erschienen von selbst in meinem Garten. Andere grub ich an einem Feldweg, einer Baustelle oder in einem Feld aus, das mit einem Unkrautvernichter gespritzt werden sollte, und brachte sie auf diese Weise gerade noch rechtzeitig in Sicherheit. Ich vergleiche unseren Garten gern mit einer kleinen Kreditbank, die uns zu gegebener Zeit mit Zinsen zurückzahlen wird, was wir investiert haben. Diese Pflanzen entsprechen meinem Konzept eines Wildgartens. Er soll nicht einfach eine Wildnis sein, sondern ein Ort, an dem Pflanzen und Tiere geschützt und gepflegt werden. Ich halte den Garten unter Kontrolle, glaube aber trotzdem, daß er eher wilden als zivilisierten Charakter hat, und daß er mit der Zeit immer verwilderter wird. Nach und nach bürgern sich immer mehr wildwachsende Arten ein, und jeden Tag sehe ich neue Tiere aus Wald und Feld. Bei der letzten überschlägigen Zählung kam ich auf 300 heimische Pflanzenarten.

Um einen traditionellen Garten in eine verwildert anmutende Anlage zu verwandeln, sind zunächst nur ein paar Handgriffe notwendig. Der Fingerhut läßt sich mit den meisten exotischen Arten kombinieren. Zwischen Gartensträuchern kann man heimische Straucharten anpflanzen. Laubreiche mehrjährige Pflanzen sowie Kletter- und Kriechpflanzen bieten Tieren den lebenswichtigen Schutz und Unterschlupf.

EINFÜHRUNG

Heutzutage kümmern sich die meisten Gartenbesitzer selbst um die Anlage und Pflege ihres Gartens. Für sie hat ein nicht in strenge Formen gezwängtes, natürlich wirkendes Gartengrundstück häufig den größeren Reiz. Hier spielen die ausdauernden Pflanzen – Bäume, Sträucher, Gräser und Farne – eine wichtige Rolle. Harmonisch aufeinander abgestimmtes Blattwerk kann ebenso reizvoll sein wie eine farbenfreudige Blütenpracht.

Der zwanglose Wildgarten

Wenn der Gartenbesitzer mehr am Aussehen als am Pflanzenbestand seines Gartens interessiert ist und ihn der ausschließliche Anbau heimischer Arten nicht reizt, sollte er die heimischen Pflanzen mit exotischen Blumen und Gartenvarietäten kombinieren, v. a. wenn die Exoten ebenfalls heimische Insekten und Vögel anlocken. Die meisten Gartenliebhaber wissen nicht, daß viele unserer altbekannten und bewährten Gartenpflanzen eigentlich heimische Arten sind.

Außerdem sind viele exotische Arten mittlerweile bei uns heimisch geworden und dienen unseren Insekten und Vögeln als Nahrungspflanze. Die Buddleia, eine Nektarpflanze, die von Schmetterlingen besucht wird, wächst in vielen Städten der nördlichen Hemisphäre auf Ödlandflächen, und der Rhododendron, dessen Herkunftsland nicht feststeht, bietet Tieren hervorragenden Unterschlupf. Das Zimbelkraut wurde Anfang des 17. Jahrhunderts als Zierpflanze für Hängetöpfe und Körbe aus Südeuropa eingeführt.

Eine natürliche Oase

Selbst der kleinste Garten kostet viel Zeit, Arbeit und Geld, wenn er ständig sorgfältig gepflegt wird. Muß man über diesen Aufwand hinaus einem derart makellos gepflegten Grundstück unweigerlich auch noch andere Dinge opfern, die vielleicht weniger greifbar, aber für viele Menschen noch kostbarer sind? Oft vermittelt ein makelloser Garten trotz seiner Fülle an Blüten und Farben den Eindruck, als fehle irgend etwas. Ich kann mich recht gut in das dreijährige Mädchen hineinversetzen, das am Rande eines makellos angelegten Rasens stand und seinen Gastgebern freundlich erklärte: »Auf *unserem* Rasen wachsen Gänseblümchen.« Und ich gebe meiner Freundin recht, die mir einmal sagte: »Ein Garten ohne Moos hat für mich keinen Zauber.«

Immer mehr Gartenfreunde erkennen, daß die in einem »gepflegten« Garten verwendeten Unkraut- und Insektenvernichter zu einer fast sterilen Umgebung führen. Und das gilt nicht nur hier. Auch in Stadtparks und Gärten, in denen angeblich etwas für die Umwelt getan wird, spritzt man häufig den Boden, um wildwachsende Pflanzen zu vernichten. Diese werden dann durch eine Monokultur ersetzt: eine von einer einzigen Grassorte gebildete Grünfläche, die bestenfalls durch eine oder zwei Baumarten aufgelockert wird. Eine solche Anlage nimmt einen zwar nicht so viel in Anspruch, ist aber dafür langweiliger. Außerdem weiß niemand, was für Folgen die Daueranwendung von Unkrautvernichtern haben wird. Wenn der Gartenfreund sich erst einmal gegen sie entschieden hat, wird er bald feststellen, daß es äußerst befriedigend ist, die Natur sich selbst zu überlassen und zu beobachten, wie sich in seinem Garten allmählich eine Reihe wildwachsender Pflanzen einstellt – gefolgt von vielen verschiedenen Tieren aus Wald und Wiese.

Wie holt man die Natur in den Garten zurück?
Das Gepräge eines Wildgartens hängt stark vom persönlichen Geschmack und der Wohnlage seines Besitzers ab. Viele Stadtbewohner werden den Wunsch haben, eine Oase ländlicher Natur zu schaffen und ihre kleinen Gärten und Hinterhofbeete mit wildwachsenden und exotischen Arten zu bepflanzen. Vielleicht stellen sie auch verschiedene heimische Pflanzen zusammen, die sie an ihre Lieblingsgegend erinnern. Kleine Gärten in der Stadt erhalten z.B. ein eindrucksvolles Aussehen, wenn Farne aus schattigen Mauern hervorsprießen und zwischen den Steinplatten verschiedene Königskerzen und Kleearten Samen entwickeln. In den Vororten, wo dem Gartenbesitzer mehr Platz zur Verfügung steht, kann er seinen Garten als Ganzes planen, Pflanzen verschiedener Größen miteinander kombinieren und eine wie zufällig wirkende Mischung heimischer und ausländischer Arten anstreben.

Mit etwas Enthusiasmus und genügend Platz könnte man den perfekten Wildgarten anlegen: verschiedene biologische Lebensräume, die zu einem einzigen zusammengebunden sind. Eine Situation, die man in der freien Natur nur selten findet. Beispielsweise hätten in einem großen Garten eine Wiesenflä-

Rechts: *Auch auf einem kleinen, mitten in der Stadt gelegenen Grundstück kann man einen Wildgarten anlegen, in dem Wasser, Grün und Blumen Tiere anlocken und dem Städter einen angenehmen Zufluchtsort bieten.*

Unten: *Es gibt kaum schöneres als ein blumenübersätes Wiesengrundstück – und kaum etwas, das sich so leicht anlegen läßt. Wenn man im Herbst oder Frühjahr Gras und einjährige Feldblumen aussät, erhält man im darauffolgenden Sommer eine Blütenpracht.*

che und ein Wäldchen mit kleinen Bäumen und Büschen oder eine »wilde« Hecke Platz. Außerdem könnte man darin vielleicht noch einen Teich und eine Rabatte mit Blumen anlegen, die Schmetterlinge anlocken und an die Pflanzenwelt eines Wegrandes erinnern. Je nach den örtlichen Gegebenheiten könnte das Grundstück sich für einen Heide-, Kalkstein- oder Felsengarten eignen. Die Möglichkeiten sind nahezu unbegrenzt, zumal in den Baumschulen und Samenhandlungen jetzt auch die heimischen Arten erhältlich sind.

Da ein immer größerer Teil unserer Landschaft landwirtschaftlich genutzt wird oder Straßen, Autobahnen und Industrieanlagen weichen muß, stellen unsere Gärten einen wichtigen Zufluchtsort für die heimische Pflanzen- und Tierwelt dar. Das gilt besonders für kleinere biologische Lebensräume wie Wiesen, Hecken und Teiche. Der Wildgartenbesitzer, der solche Lebensräume schafft, spielt eine wichtige Rolle für den Umwelt- und Naturschutz. Und was anfangs vielleicht nur ein nützliches Hobby ist, kann mit ersten Erfolgen zu einer wahren Passion werden.

Eine meiner Nachbarinnen war entsetzt, als sie sah, daß in einer meiner Rabatten Kornblumen wachsen, und fragte mich: »Pflanzen Sie die etwa an?« Als ich ihr erklärte, daß ich sie nicht anpflanze, sondern lediglich wachsen lasse, schüttelte sie nur verständnislos den Kopf. Für sie waren Kornblumen Unkraut, ganz gewöhnliche Pflanzen, und es war ihr noch gar nicht aufgefallen, daß diese bei uns in der freien Natur nicht mehr anzutreffen sind, weil sie durch chemische Unkrautbekämpfungsmittel nahezu ausgerottet worden sind. Und das gilt für viele Pflanzenarten. Immer mehr heimische Pflanzen sind vom Aussterben bedroht.

In der Bundesrepublik sind viele Wildpflanzen durch die Bundesartenschutzverordnung vom 25. 8. 1980 gesetzlich geschützt. Etliche sind beliebte Gartenblumen – z.B. die Schachbrettblume (*Fritillaria meleagris*), die Gelbe Narzisse (*Narcissus pseudonarcissus*) und der Frauenschuh (*Cypripedium calceolus*). Außer der bei uns heimischen Sumpfsiegwurz (*Gladiolus palustris*), einer wilden Gladiole, die auf Sumpfwiesen wächst und im Garten nur auf feuchten Böden gedeiht, gibt es noch zwei weitere, im Mittelmeergebiet beheimatete Wildgladiolenarten, die sich als Gartenpflanzen eignen: *Gladiolus byzantinus* und *Gladiolus illyricus*.

Wer wildwachsenden Pflanzen nur ungern einen Platz in seinem Garten einräumt, weil sie zu sehr nach »Unkraut« aussehen und dem Nachbarn wegen des Samenflugs ein Dorn im Auge sein könnten, der sollte einmal die Namen in einem Pflanzenbestimmungsbuch mit den Pflanzenlisten einer Baumschule oder eines Samenhändlers vergleichen. Dann wird ihm klar werden, daß es eine große Auswahl an schönen einheimischen Pflanzen gibt, die in unseren Gärten schon seit Jahrhunderten zu Hause sind, z.B. die Kornblume, die Akelei, die Heidenelke und das Vergißmeinnicht. Einige von ihnen sind beliebte Bauerngarten-Blumen.

Tiergäste aus Wald und Wiese

Ein Wildgarten sollte schön sein und gleichzeitig Tiere aus Feld, Wald und Wiese anlocken. Auch wer die einzelnen Vogelarten nicht unterscheiden kann und die meisten Insekten als lästige Plage betrachtet, wird feststellen, daß sich ganze neue Perspektiven eröffnen, wenn man diese Tiere in seinen Garten lockt. Der Garten gewinnt dadurch ein ganz neues Eigenleben, und zwar nicht nur im Frühling, wenn die Vögel

Schmetterlinge erwachen im zeitigen Frühjahr aus ihrem Winterschlaf. Und nach einer so langen Fastenzeit begeben sie sich natürlich sofort auf die Suche nach Nektar, ihrer lebenswichtigen Energiequelle. Es gibt nur wenige ausländische Pflanzen, die zeitig genug blühen, um diesen Schmetterlingen Nahrung zu liefern, wohl aber einige heimische Arten. Die Kätzchen der Salweide bieten den Schmetterlingen Nektar und den Bienen Pollen. Es gibt so viele verschiedene Weidenarten, daß es nicht schwierig sein dürfte, für jeden Garten die passende zu finden.

nisten. Wenn man den Tieren die richtige Nahrung und geeigneten Unterschlupf bietet, besuchen sie den Garten das ganze Jahr hindurch. Im Herbst tun Finken sich an den abgeblühten Blumen gütlich, und im Winter fallen manchmal ganze Vogelschwärme über beerentragende Bäume und Sträucher her.

Es ist überraschend, wie schnell Tiere aller Arten reagieren, wenn man ihre Nahrungspflanzen gezielt anpflanzt. Schon das Hinzufügen einer einzigen heimischen Art kann die Tierwelt eines Gartens merklich verändern. So bietet beispielsweise die Salweide, die zeitig im Frühjahr blüht, Insekten, die gerade aus dem Winterschlaf erwacht sind, eine reiche Pollen- und Nektarquelle. In einem einzigen Büschel Salweidenkätzchen kann man eine Ansammlung der verschiedensten Insekten entdecken: Schwebfliegen, Bienen, Nachtfalter und Schmetterlinge. Später dienen die flaumigen Samen der Weide den Vögeln als Auskleidung für ihre Nester.

Nicht allen Gartenfreunden imponiert eine solche Invasion heimischer, ländlicher Pflanzenarten. Wer wegen der Nachbarn oder aus anderen Gründen einen makellos gepflegten Garten möchte, kann trotzdem zur Erhaltung der heimischen Pflanzen- und Tierwelt beitragen. Auf meinen eigenen ordentlichen Rabatten in der Nähe des Hauses wachsen viele bei uns heimische und verwilderte Arten und sind mit den Gartenpflanzen eine so harmonische Ehe eingegangen, daß sie den Besuchern häufig erst auffallen, wenn ich sie darauf hinweise. Eine Rabatte mit heimischen Blumen, die Schmetterlinge anlocken, kann schön aussehen und doch auch gepflegt und ordentlich wirken (s. Seiten 50 – 52). Man kann zwischen die heimischen Arten nektarreiche ausländische Blumen pflanzen, so daß das Beet den allgemein herrschenden Vorstellungen von einer Blumenrabatte entspricht.

An den Vögeln und Insekten, die ein Wildgarten anlockt, haben besonders jene Freude, die einen großen Teil ihrer Zeit zu Hause verbringen – kleine Kinder, alte Menschen, auch Kranke, die für längere Zeit ans Haus gefesselt sind.

Eine neue Denkweise

Wer seine Liebe zum Gärtnern gerade erst entdeckt hat, dem fällt es vielleicht nicht sehr schwer, sich an die Planung und Anlage eines Wildgartens zu machen. Langjährige traditionsgebundene Gartenfreunde wie ich jedoch müssen sich aber ganz bewußt

zu einer lockeren Haltung erziehen. Man könnte die Sache so betrachten: Wenn man schon während seines Arbeitstages ständig einer strengen Routine unterworfen ist, warum soll man dann auch noch jenem Ort, der gar nichts mit der Berufsarbeit zu tun hat, sondern zur Erholung bestimmt ist, eine ähnliche Ordnung aufzwingen? Es kann sicherlich sehr erholsam und erfrischend sein, nach einem anstrengenden Tag im Büro Rasenmäher oder Hacke herauszuholen. Wer einen Wildgarten besitzt, kann aber all seine überschüssige Energie besser für konstruktive statt für destruktive Tätigkeiten nutzen. Der Schöpfer eines Wildgartens hat viel zu tun, bis er das richtige ästhetische und ökologische Gleichgewicht erreicht hat. Wenn er Tiere aus Wald und Wiese anlocken will, muß er außerdem möglichst viele Schlupfwinkel, verborgene Ecken und Windschutzpflanzungen anlegen und Kletterpflanzen und Sträucher anpflanzen. Übrigens: Auch wenn man heimische Arten in seinem

Viele Stauden, wie diese Lupinen, verwildern leicht und gedeihen in der freien Natur sehr gut. Wenn sie sich immer wieder selbst aussäen, nähern sie sich allmählich wieder ihrer Urform en, was dem Wildgartenbesitzer willkommen sein wird. Häufig dringen Doldengewächse in den Garten ein. Sie sind zwar schön, machen sich aber leider gern allzu breit. Sie gedeihen in der Gesellschaft anderer Gartenpflanzen gut und sind am wirkungsvollsten, wenn man ihnen eine größere Fläche zur Verfügung stellt.

Die Sumpf-Siegwurz, Gladiolus palustris, *wächst in Mitteleuropa auf feuchten Wiesen und steht unter Naturschutz. Daneben gibt es noch zwei weitere, im Mittelmeergebiet beheimatete Wildgladiolen, die sich zur Anpflanzung im Garten eignen:* Gladiolus ssp. byzantinus *und* Gladiolus illyricus *'Abbildung; letztere ist bei uns nicht heimisch).*

Garten einführt, braucht man deshalb noch lange nicht seine Lieblingsgartenpflanzen zu entfernen. Auch sie lassen sich leicht in die Planung eines Wildgartens mit einbeziehen.

Was tun bei schlechtem Boden?

Oft ist die Anlage eines Wildgartens – so romantisch der Begriff auch klingen mag – die praktischste Methode, ein Stück Brachland zu nutzen. Nicht alle Häuser stehen auf hervorragendem Boden. Im traditionellen Ziergarten – und erst recht im Gemüse- oder Obstgarten – verändert der Gärtner häufig Art und Qualität des Bodens, um seine Lieblingspflanzen oder eine größere Auswahl von Pflanzen anbauen zu können oder um eine bessere Ernte zu erzielen. Wenn wir jedoch einen Wildgarten anlegen, sollten wir nicht so sehr darum bemüht sein, den Boden zu verändern. Wir sollten lieber versuchen, Pflanzen zu finden, für die er geeignet ist, um seinen ursprünglichen Zustand möglichst lange aufrechtzuerhalten. Das heißt, man sollte nach Möglichkeit nicht gegen die natürlichen Gegebenheiten angehen und dem Boden Dünger oder Kunstdünger beimischen, sondern ihn der Natur überlassen.

Verlieren Sie also nicht den Mut, wenn Ihr Boden schlecht ist und Sie es sich nicht leisten können, ihn zu verbessern. Viele wildwachsende Pflanzen gedeihen am besten in wenig fruchtbarem Boden. Das läßt sich an folgendem Beispiel veranschaulichen: Hat man in seinem Garten eine Blumenwiese, so sollte man das Gras nach dem Mähen nicht liegen lassen, sondern zusammenharken und möglichst bald entfernen. Wenn man gemähtes Gras liegen läßt, verrottet es, wird allmählich ein Teil des darunterliegenden Bodens und bildet einen organischen Dünger, der den Nährwert des Bodens erhöht. Das kommt zwar den Gräsern gelegen, doch andere Wiesenpflanzen vertragen angereicherten Boden nicht, und ihre Zahl wird sich allmählich verringern. Einige Arten werden völlig verschwinden, andere, häufig nicht so willkommene, dagegen in großer Anzahl erscheinen (s. Seiten 56 – 67, wo ausführlicher auf Wiesen mit wildwachsenden Blumen eingegangen wird).

Die Bodenqualität kann man im ersten Jahr am besten prüfen, indem man einige der preiswerteren Samen – man besorgt sie beim Samenhändler – breitwürfig aussät. Dafür eignen sich z.B. die Echte Kamille, der Gartenmohn und die Kornblume. Hat der Gartenfreund erst einmal festgestellt, wie gut die

Oben: *Halbschatten ist die ideale Lebensbedingung für viele Pflanzen mit schönen Blättern. Wenn man Pflanzen unter Bäume setzt, sollte man ein wenig Erde aufschütten, damit sich die Wurzeln nicht ins Gehege kommen.*

Ist Ihr neues Gartengrundstück schon reich bewachsen? Entfernen Sie nicht gleich alle Pflanzen, warten Sie zunächst ab, um festzustellen, welche Arten bei Ihnen gut gedeihen oder blühen.

Links: Soll Ihr Wildgarten das ganze Jahr hindurch interessant und reizvoll sein, so ist Pflanzenvielfalt das oberste Gebot. Je größer die Auswahl, desto faszinierender und prächtiger wirken die Pflanzen. Häufig verdecken Pflanzen, die gerade blühen, die verdorrten Blüten derjenigen, die ihre Blütezeit schon hinter sich haben.

Oben: *Der Frauenschuh,* Cypripedium calceolus, *eine heimische Orchideenart, ist bei uns sehr selten geworden und steht unter Naturschutz. Im Garten wächst er an schattigen Plätzen.*

nach dieser einfachen Methode zusammengestellten Pflanzen gedeihen und wie üppig sie blühen, wird er sicherlich ermutigt sein, sich mit der Nutzung seines Bodens mehr Mühe zu machen.

Wildwachsende Pflanzen mit anderen Augen sehen

Vielleicht finden viele eine abgeblühte Pflanze mit Samenständen langweilig. Man kann jedoch auch eine gewisse Schönheit in ihrer neuen Form und in ihrer Fruchtbarkeit entdecken. Sicherlich bietet ein echter Wildgarten dem Betrachter niemals die monatelange bunte Blütenpracht, mit der man bei Petunien und Begonien rechnen kann. Häufig besteht jedoch die Möglichkeit, die Pflanzen so anzuordnen, daß der Blick von den verblühenden Frühlingsblumen weg und zu den im Sommer oder Herbst blühenden Pflanzen hingelenkt wird. Und im Winter sind die abgeblühten Stengel entweder mit glitzerndem Rauhreif bedeckt oder werden von hungrigen Vögeln besucht und erhalten auf diese Weise neue Schönheit und Bedeutung.

Manche Pflanzen sind während ihrer ganzen Vegetationsperiode schön und auch nützlich, wenn ihre Samen oder Früchte Tieren als Nahrung dienen. Andere gefallen dem ordnungsliebenden Gartenfreund vielleicht nicht so gut. Ich schneide die wildwachsenden Pflanzen in meinem Garten, die neben Gartenpflanzen stehen und zum Wuchern neigen, im allgemeinen zurück und erziele damit gute Resultate.

Der ideale Garten zur Erholung

Der Wildgarten leistet nicht nur einen wichtigen Beitrag zum Naturschutz, spricht Gefühle und Schönheitssinn an, es gibt noch einen weiteren Grund, warum viele Leute von formbetonten Gartenanlagen abkommen und sich schließlich dem Wildgarten zuwenden. Hausbesitzer sind nicht immer geübte, erfahrene Gärtner. Viele Gartenbesitzer haben eine ausgesprochene Abneigung gegen Gartenarbeit, möchten aber trotzdem gern von schönen Pflanzen umgeben sein. Für solche Leute ist ein Wildgarten die ideale Lösung, denn seine Pflege läßt sich auf ein Minimum beschränken. Man mag vielleicht erwarten, daß gerade ein solcher Garten besonders viel Arbeit macht, doch das Gegenteil ist der Fall. Hat man den Wildgarten erst einmal angelegt, kann man ihn weitgehend sich selbst überlassen. Und wenn Ihr Gartengrundstück nicht so ordentlich und gepflegt wirkt, wie ein Garten nach Ansicht Ihrer Besucher auszusehen hat, können Sie immer noch mit gutem Gewissen sagen: »Es soll ja auch ein Wildgarten sein.«

Mit ein wenig Phantasie können Sie Ihren Garten in eine stille, friedliche Oase verwandeln, in dem nicht nur Vögel und Insekten, sondern auch Sie selbst sich wohlfühlen. Es gibt kaum etwas Schöneres, als sich in seinem eigenen Garten zu erholen. Dieses Vergnügen gewinnt noch zusätzlichen Reiz, wenn dieser Garten den Eindruck unberührter Natur erweckt. Eine solche Atmosphäre entsteht beispielsweise durch ein schattiges Eckchen mit eifrig von Bienen besuchten Fingerhüten oder durch das herrliche Durcheinander der ineinander verflochtenen, Zaun oder Hecke überwuchernden Zweige von Hopfen und Zaunrübe. Man vergißt nur allzu leicht, wie gern Kinder auf unberührt gelassenen Gartengrundstücken spielen, wo sie Plätze zum Verstecken finden. Vielleicht haben viele Menschen immer noch dieses Bedürfnis – vielleicht brauchen wir eine moderne Entsprechung zu dem mittelalterlichen ummauerten Garten mit seinen Bäumen und abgeschiedenen Plätzchen, einen Garten, in dem wir vor der Welt und ihren Problemen Zuflucht suchen können.

Was in einem sorgfältig gepflegten Garten wahrscheinlich ein Schandfleck wäre, kann einem Wildgarten sogar noch zusätzlichen Reiz verleihen: Ein Baumstumpf bietet häufig vielen verschiedenen Tieren Unterschlupf. Der hier abgebildete Baumstumpf wird schon bald nicht mehr zu sehen sein, wenn die Farnwedel größer geworden sind und das Silberblatt sich durch Selbstaussaat weiter ausgebreitet hat. Aber warum sollte man sich überhaupt die Mühe machen, einen abgestorbenen Baum zu fällen? Man kann ihn stehen lassen und mit schönen Kletterpflanzen umgeben; auf diese Weise schafft man Nist- und Schlafplätze für die Vögel.

Die Planung eines Wildgartens

Die Anlage eines Wildgartens – eine langsame, allmähliche Entwicklung

Bei der Anlage eines Wildgartens sollte man nichts übereilen. Lassen Sie sich Zeit. Wie bei jedem Garten sollten Sie sich im ersten Jahr erst einmal einen allgemeinen Eindruck von den Möglichkeiten Ihres Grundstücks verschaffen und dann allmählich mit der Planung beginnen. Nur allzu oft macht der neue Besitzer eines noch unbepflanzten oder überwucherten Gartengrundstückes den Fehler, zu rasch und zu impulsiv an die Arbeit heranzugehen. Er entfernt alle Pflanzen, die ihm häßlich erscheinen oder die als Unkraut abgestempelt worden sind. Diese Pflanzen werden entweder durch Unkrautvernichter rücksichtslos zerstört, oder man merzt sie mit großer Mühe von Hand aus. Wer einen Wildgarten anlegen möchte, sollte diesen ersten Impuls unterdrücken. Viele Pflanzen, die der Gärtner verachtet oder gar fürchtet, sind für Tiere von lebenswichtiger Bedeutung. Die Brennessel (s.S. 52) ist dafür nur ein Beispiel. Wenn der Gartenbesitzer mit den Wildpflanzen seiner Gegend nicht vertraut ist, sollte er zunächst einmal einen oder zwei Sommer lang alle Pflanzen bestimmen, die von selbst in seinem Garten auftauchen, und sich dann sowohl in Vogel- als auch in Insektenbüchern über ihre Nützlichkeit informieren. Wenn sich dabei herausstellt, daß die Pflanzen zwar vom Aussehen her keinen Reiz haben, aber wegen ihrer Nützlichkeit nicht aus dem Garten verbannt werden sollten, kann man sie ja irgendwo wachsen lassen, wo sie nicht ins Auge fallen. Himbeer- und Brombeersträucher sind ein gutes Beispiel. Wo sie sich ausbreiten, sind sie eine Plage. Für Insekten sind sie aber so wichtig, daß man versuchen sollte, sie mit anderen Augen zu sehen.

Wenn Sie ein gerade gerodetes Grundstück erworben haben, ganz egal, ob vorher Sträucher, Bäume oder Gras darauf wuchsen oder ob es sich um Ödland handelte, sollten Sie erst einmal abwarten, welche Pflanzen sich dort im Frühjahr von selbst einstellen. Da die Ackerkrume umgewälzt worden ist, werden viele Pflanzen zu sprießen beginnen, deren Samen vielleicht jahrelang im Boden ruhten, vor allem, wenn Teile des Unterbodens zuoberst gekehrt wurden. Sobald die Samen mit Licht und Feuchtigkeit in Berührung kommen, keimen sie, und die häufig sehr zahlreichen Sämlinge fangen schnell an zu wachsen.

Deshalb sind die Ränder neugebauter Landstraßen häufig von rotem Klatschmohn übersät, dessen ölhaltige Samen viele Jahre lang keimfähig bleiben. In den Genuß einer ähnlichen, plötzlich auftretenden Blumenpracht kam ich einmal in meinen Garten, als wir ein angrenzendes Stück Land kauften. Bald nachdem ich es zum ersten Mal bearbeitet hatte, war der Boden mit Hundskamille übersät. In einem neuen Garten ist das Auftauchen einer solchen unerwarteten Vegetation vielleicht willkommen, denn es ist eine gute Grundlage für die Anlage einer Blumenwiese. Doch nicht alle Samenpflanzen, in deren Besitz der Gärtner auf diese Weise kommt, sind so reizvoll oder gern gesehen. Wenn man Pech hat, tauchen nur eine oder zwei dominierende Arten auf, die ausgemerzt oder zumindest drastisch reduziert werden müssen.

Wenn der Boden dagegen sehr nährstoffarm und unfruchtbar ist und das Grundstück weder durch Schönheit noch durch irgendwelche besonderen Eigenarten hervorsticht, sollten Sie einen kürzeren Weg wählen. Wie wäre es mit der Anlage eines Wasser- und Ufergartens? Denn bei solchen Gegebenheiten wachsen Wasserpflanzen schneller und üppiger als Landpflanzen. Sie können das Grundstück auch mit einer recht dicken Kiesschicht bedecken und einen Kiesgarten anlegen, vor allem bei müdem Boden. Wie alle Besitzer eines Kiesweges wissen, gedeiht in einer solchen Umgebung eine erstaunliche Pflanzenvielfalt. Wenn man das kiesbedeckte Grundstück bewußt als Wildgarten plant und bepflanzt, läßt es sich gut nutzen. Statt Kies könnte man auch Steine verwenden, wenn es in der Umgebung viele flache Steine gibt. (Siehe auch die Kapitel über Wassergärten, S. 102–113, und Felsengärten, S. 114–120.)

Ein gepflegter Stadtgarten oder mit Steinplatten ausgelegter Garten muß durch die Einführung von heimischen Pflanzen oder Pflanzen mit auffallendem Blattwerk nicht unbedingt ein unordentliches Aussehen erhalten. Im Vordergrund links ist gelbblütiger Lerchensporn zu sehen. Er wächst gern in Ritzen und Spalten zwischen Steinen. Duftender Thymian (gegenüber) vermehrt sich zwischen Steinplatten üppig und lockt Schmetterlinge und Bienen an. Die in dem kleinen Teich wachsende panaschierte Iris ist eine Varietät des normalen, grünblättrigen Wildtyps.

Das Grundstück

Von der äußerst wichtigen Frage der Bodenart (s. S. 32–33) abgesehen, gibt es noch andere Faktoren, über die man sich im Zusammenhang mit dem Grundstück Gedanken machen muß, bevor man entscheidet, was für Arten man anpflanzt und wie man sie im Garten plaziert: die Lage des Hauses, Sonne und Schatten, Wind und Windschutz, Dränage und die Lage des Gartens – beispielsweise, ob es sich um ein flaches oder um ein Hanggrundstück handelt.

Ein stark dem Wind ausgesetzter Garten bringt Probleme mit sich. Achten Sie auf die vorherrschende Windrichtung. Die in Ihrer Umgebung wachsenden Bäume sind ein guter Anhaltspunkt. Wenn eine bestimmte Windrichtung vorherrscht und der Wind stark ist, sind die Baumwipfel entsprechend verformt. Bei einem windigen Grundstück muß man unbedingt für Windschutz sorgen. In einem kleinen Garten reicht oft schon ein großer Strauch oder eine Baumgruppe. Immergrüne Pflanzen eignen sich besonders gut. Wenn Sie Bäume oder Sträucher als Windschutz anpflanzen, achten Sie darauf, daß diese die Sonne nicht verdecken. Besteht diese Gefahr, sollten Sie die Bäume und Sträucher lieber in Einzelgruppen als in einer einzigen, dichten Reihe anpflanzen. Solche Bäume und Sträucher sind übrigens nicht nur als Witterungsschutz von Bedeutung: Sie bieten außerdem Vögeln Unterschlupf und Nistplätze (vgl. auch den Abschnitt über schattenspendende heimische Pflanzen auf S. 42).

Wer in einer Gegend lebt, die Winterfrösten ausgesetzt ist, sollte die Anlage einer größeren Mulde oder Senke in seinem Garten zu vermeiden versuchen, denn eine solche Vertiefung würde ein sogenanntes Frostloch darstellen, in dem sich kalte Luftmassen sammeln. Die Pflanzen wären dadurch sehr frostgefährdet. Liegt Ihr Garten an einem Hang, sollten Sie unbedingt versuchen, in Ihrer Gartenumgrenzung – Zaun, Mauer oder Hecke – an der niedrigsten Stelle eine Lücke zu lassen, damit der Frost sich weiter den Hügel hinab bewegen kann, statt sich in der Mulde festzusetzen und Schaden anzurichten.

Wie macht man aus einem traditionellen Garten einen Wildgarten?

Wenn der Gartenbesitzer vorhat, einen bereits vorhandenen Garten zum Wildgarten umzugestalten, kann er natürlich nicht ganz von vorn anfangen. Vielleicht hängt er ja an den bereits vorhandenen Pflanzen, vor allem an den Bäumen und Sträuchern, oder möchte sie wegen ihres Alters nicht gern entfernen. Außerdem dürfen in manchen Städten Bäume ab einem gewissen Umfang nicht gefällt werden. Doch es dürfte nicht schwierig sein, Bäume in einem Wildgarten einzuplanen, ganz gleich, aus welchem Land sie stammen. Manche eignen sich als Stützen für Kletterpflanzen. Mit ihnen kann man rasch eine naturgemäße, weniger geplant wirkende Gartenumgebung schaffen, vor allem, wenn man heimische Schlingpflanzen verwendet.

Der Ersatz einer heimischen Baum- oder Strauchart durch eine ausländische kann dem Garten ein ganz anderes Gepräge verleihen, vor allem, wenn die heimische Pflanze in dem entsprechenden Gebiet stark verbreitet ist. Der Gartenfreund kann aber auch auf eine gute Auswahl an heimischen Bäumen und Sträuchern zurückgreifen, die alle eine wichtige ökologische Rolle spielen. Eine importierte Art kann diese Funktion häufig gar nicht übernehmen. In anderer Hinsicht wiederum können die exotischen Schlingpflanzen den heimischen überlegen sein: Sie wachsen meist schneller und bieten Tieren besseren Unterschlupf. Die *Clematis montana* gedeiht besonders gut und ist im Frühjahr von rosa Blüten übersät.

Egal wie groß Ihr Grundstück ist, ein stufenweiser, allmählicher Übergang vom traditionell angelegten Garten zum Wildgarten ist immer möglich. Beispielsweise können Sie alle Gartenpflanzen in der Nähe des Hauses anpflanzen und den restlichen Garten so anlegen, daß er allmählich in eine verwilderte oder natürlich wirkende Fläche übergeht. Einen Anfang kann man machen, indem man auf den weiter vom Haus entfernten Rabatten neben den ausländischen Arten und Varietäten ein paar heimische Arten anpflanzt, z.B. Akelei, Rote Lichtnelke, Jakobsleiter und viele Glockenblumen.

Ähnlich kann man bei den Grasflächen vorgehen. In der Nähe des Hauses werden sie häufig gemäht. In größerer Entfernung vom Haus dagegen mäht man sie seltener, so daß sie ein wenig verwildern. Man könnte sie zudem mit heimischen Blumen schmücken: Weißklee, um Bienen anzulocken, und Braunelle und Ehrenpreis um ihrer Schönheit willen.

Oben: *Das Salomonssiegel, Polygonatum multiflorum, ist in unseren Wäldern heimisch.*

Rechts: *Ein bereits existierender traditioneller Garten sollte nur ganz allmählich in einen Wildgarten verwandelt werden. Man kann viele der bereits angepflanzten Gartenpflanzen darin lassen und mit den neu einzuführenden heimischen Arten kombinieren. Einige wie das gelbblühende Fingerkraut im Vordergrund sind vielleicht sogar heimische Pflanzen. Obst- und andere Bäume können heimischen Kletterpflanzen als Stütze dienen. Darunter pflanzt man reizvolle heimische und ausländische Farne und andere schattenliebende Arten.*

DIE PLANUNG EINES WILDGARTENS

Noch ein wenig weiter vom Haus entfernt läßt man dann allmählich eine richtige Blumenwiese beginnen (s. S. 56–67), die nur zweimal im Jahr gemäht wird. Nach dieser Methode gehe ich jedenfalls in meinem Garten vor.

Wenn genügend Platz vorhanden ist, kann man eine kleine Strauch- und Baumgruppe anpflanzen und mit geeigneten krautigen Pflanzen umgeben, z.B. mit Farnen oder, falls der Standort schattig genug ist, mit Salomonssiegel, Maiglöckchen, Vergißmeinnicht und Steinbrech. Man kann den verwilderten Teil des Gartens auch größer erscheinen lassen, indem man einer Sträucherrabatte, Windschutzpflanzung oder Hecke das Aussehen eines Waldrandes verleiht. Farne und Waldpflanzen können sich bis in die formstreng angelegten Teile des Gartens hinein erstrecken.

Ein kleineres Stück Wildgarten
Die beiden Seiten einer Einfahrt lassen sich gut als Wildblumenrabatte nutzen. Es hat etwas Erfrischendes, nach der Abfahrt von einer verkehrsreichen Straße gleich von kühlen, laubreichen Kletterpflanzen und ländlichen Blumen umgeben zu sein. Die Anlage einer solchen Rabatte hängt sehr von der Breite des Randstreifens ab. Vielleicht reicht der Platz für mehrere verschiedene Pflanzenebenen: Bäume, Sträucher und bodendeckende Pflanzen. Vielleicht ist die Rabatte aber auch nur breit genug für eine Farnkolonie und ein paar Hasenglöckchen im Frühjahr, ein paar Fingerhüte im Sommer und eventuell noch einige Herbstzeitlosen und Alpenveilchen im Herbst und Winter.

In den meisten Gärten befindet sich ein Komposthaufen oder ein auf andere Weise praktisch genutzter Bereich, der weniger schön wirkt und im allgemeinen so angelegt ist, daß Besucher bei ihrem Rundgang durch den Garten nicht auf ihn stoßen. Wenn man diesen Teil des Gartens erweiterte, könnte man ihn in eine verwilderte Gartenfläche verwandeln, auf der die weniger gartengemäßen Pflanzen, z.B. Nesseln oder hohes Gras, wachsen könnten. Man kann ihn hinter ein paar heimischen Sträuchern (Stechpalme, Schlehe, Wolliger oder Gemeiner Schneeball) verbergen, und der Boden darf ruhig efeuberankt oder von welken Blättern bedeckt sein.

Manchmal besteht auch die Möglichkeit, seinem Garten einen kleinen Streifen Land einzuverleiben und als Wildgartenstück zu nutzen. Häufig befindet sich außerhalb des Gartens ein kleines Stück Niemandsland, etwa am Straßen- oder Gehwegrand oder am Fuße einer den Garten begrenzenden Hecke, Mauer oder Umzäunung. Bei mir befindet sich ein solcher Landstreifen an einer Mauer neben dem Feldweg, der zu unserem Haus führt. Auf diesem überschüssigen Streifen Land wachsen viele verschiedene Pflanzen, die ich größtenteils ausgewählt hatte, damit sie bestimmten Schmetterlingsarten als Nahrungspflanzen dienen. Ich grub sie aus anderen Teilen meines Gartens aus und pflanzte sie dorthin. Andere, z.B. das Knoblauchkraut *(Alliaria petiolata)*, das dem Aurorafalter als Nahrung dient, haben sich ganz von selbst eingestellt. Die Zahl der dort wachsenden Pflanzenarten wird mit jedem Jahr größer, denn zwischen den Gartenpflanzen erscheinen immer mehr heimische Arten, deren Samen von Wind und Vögeln oder auf einem anderen natürlichen Weg dorthin getragen worden sind. Die meisten sind mir sehr willkommen. Die Disteln zum Beispiel lockten eines Tages ganze Schwärme schöner Stieglitze an. Doch man wird feststellen, daß derartige Rabatten, die Besuchern oder Passanten sehr ins Auge fallen, vielleicht ein wenig mehr Pflege brauchen als die meisten verwilderten Gartenstücke, und zwar hauptsächlich, weil bestimmte, sich dort ansiedelnde Pflanzenarten wie Ampfer und Gemeine Quecke, *Agropyron repens*, sich gern allzu breit machen und die anderen Pflanzen verdrängen.

Böschungen und Gräben
Wenn Sie innerhalb oder außerhalb Ihres Gartens eine grasbewachsene Böschung haben, sollten Sie sich überlegen, ob Sie sie mähen und pflegen wollen oder nicht. Ganz gleich, ob sie heiß und sonnig oder kühl und beschattet ist, sie kann zu einem ausgezeichneten Lebensraum für viele verschiedene Pflanzen werden und braucht dabei nicht unbedingt ungepflegt auszusehen. Einen kühlen, schattigen Abhang kann man mit vielen zeitig im Frühjahr blühenden Zwiebelpflanzen besetzen: Schneeglöckchen, Krokussen, Blausternen, Gelben Narzissen, Hasenglöckchen und Schachblumen. Diese lassen sich mit Veilchen, Primeln, Kleinen Braunellen und anderen niedrigen Wiesenblumen kombinieren.

An einem sonnigen Abhang gedeihen wieder andere Wiesenblumen. Im allgemeinen sind solche mit sehr kurzen oder kriechenden Trieben am geeignetsten: Echtes Labkraut, Büschel-Glockenblume, Echte Schlüsselblume, Rundblättrige Glockenblume, Klei-

Die größte heimische Glockenblume, die Breitblättrige Glockenblume, Campanula latifolia, *wächst in der Natur an heckenbewachsenen Böschungen und in lichten Wäldern auf Kalksteinboden. Man kann ihre jungen Triebe wie Spinat kochen.*

DAS GRUNDSTÜCK

VOM TRADITIONELLEN GARTEN ZUM WILDGARTEN

Dieser Garten befindet sich in der Übergangsphase vom traditionellen zum wilden Garten. Die Umwandlung vollzieht sich langsam und allmählich. Beliebte ausländische Arten und Kultursorten und heimische Pflanzen wachsen einträchtig nebeneinander und ergeben eine gute Kombination. Die in der Nähe des Hauses in Kübeln wachsenden Arten sind so ausgewählt, daß sie Schmetterlinge und Nachtfalter anlocken und einen Übergang vom Haus zum Garten schaffen: Thymian, Ziertabak, Geranien und Petunien. Wenn man die Stufen hinuntergeht, kommt man am Steingarten vorbei, in dem Steinkraut, Grasnelken und Glockenblumen zwischen den Heidekrautgewächsen wachsen. Hier wird der Rasen noch verhältnismäßig kurz gehalten. An seinem Rand und gegenüber vom Teich wachsen Wiesenblumen. An dem überhängenden Zweig eines Baumes aus dem Nachbargarten ist ein Vogelhäuschen angebracht. Buddleja und Flieder locken Insekten an. Am Teich beginnend nimmt der Garten ein immer »wilderes« Aussehen an. Das Gras hat jetzt Wiesenlänge. Am hinteren Ende des Gartens ist es ziemlich hoch und stellt dadurch ein wahres Paradies für Insekten und kleine Säugetiere dar. Hier wachsen außerdem Pflanzen, die Tieren Nahrung bieten.

1 Süß- oder Vogelkirsche, *Prunus avium*
2 Kornblume, *Centaurea cyanus*
3 Schmetterlingsstrauch, *Buddleja*
4 Wildrosenart, *Rosa*
5 Kalmus, *Acorus calamus*
6 Sumpfkalla, *Calla palustris*
7 Sumpfdotterblume, *Caltha palustris*
8 Stechpalme, *Ilex aquifolium*
9 Perückenstrauch, *Cotinus coggygria*
10 Schlingknöterich, *Polygonum baldschuanicum*
11 Hasel, *Corylus avellana*
12 Himbeeren und/oder Brombeeren, *Rubus*
13 Flieder, *Syringa vulgaris*
14 Scheinzypresse, *Chamaecyparis lawsoniana*
15 Eberesche, *Sorbus aucuparia*
16 Roter Fingerhut, *Ditigalis purpurea*
17 Johanniskraut, *Hypericum*
18 Apfelbaum, *Malus pumila*
19 Verschiedene Nesseln, *Lamium*

27

ne Braunelle, Acker-Skabiose und Wiesenmargerite. Sie gedeihen auf Kreide-, Kalk- und Tonböden.

Ein Graben bietet Pflanzen zu bestimmten Jahres- oder manchmal auch Tageszeiten eine recht feuchte Umgebung. Auch ihn kann man als Wildgartenstück nutzen und verschönern. Bepflanzt man die Seiten mit Farnen und die Ufer mit polsterbildenden, feuchtigkeitsliebenden Pflanzen, so kann man aus dieser an sich rein zweckmäßigen Einrichtung einen reizvollen Teil des Gartens machen, ohne die Nützlichkeit zu beeinträchtigen.

Wie gliedert man bisherige Bestandteile seines Gartens in den Wildgarten ein?

Eine Mauer kann – besonders wenn sie alt ist – zu einem in sich geschlossenen kleinen Stück Wildgarten werden. Sie kann eine Vielfalt von Pflanzen beherbergen, wenn man die richtigen Voraussetzungen dafür schafft. Außerdem bietet eine solche Gartenmauer vielen Tieren Unterschlupf und Schutz. Eine Trokkenmauer eignet sich gut für Alpenpflanzen und kann das ganze Jahr hindurch attraktiv wirken.

In ähnlicher Weise kann man dafür sorgen, daß eine bereits existierende Hecke größere ökologische Bedeutung erlangt. Wenn es sich bereits um eine Wildhecke handelt, d.h., wenn sie aus heimischen Bäumen und Sträuchern, z.B. Weißdorn und Buche, besteht, dürfte es nicht allzu schwierig sein, sie in einen biologischen Lebensraum zu verwandeln, in der noch mehr Arten Platz finden. In der Hecke selbst können Kletterpflanzen, an ihrem Fuße viele andere Pflanzen wachsen. Wie so oft ist die in dem jeweiligen Gebiet heimische Pflanzenwelt eine gute Orientierungshilfe bei der Entscheidung, welche Arten man anpflanzen soll. Aber es macht auch Spaß, einige neue Arten einzuführen. Veilchen, Schlüsselblume und Kriechende Gundelrebe geben der Hecke im zeitigen Frühjahr Farbe. Das Pfennigkraut schmückt sie im Sommer, und Knoblauchkraut und Silberblatt locken Schmetterlinge an. Farne und Immergrüne sorgen das ganze Jahr über für frisches, lebendiges Grün.

Wenn Sie bereits eine Hecke haben (etwa eine Liguster-, Koniferen- oder Geißblatthecke), können Sie sie schmücken und gleichzeitig verdichten, indem Sie hier und da ein paar heimische Arten in sie hineinpflanzen (s. auch S. 137, wo ausführlicher auf die Anlage einer Hecke mit heimischen Arten eingegangen wird). Ich bin gerade dabei, meine lückenhafte Gartenhecke, die hauptsächlich aus Holunderbüschen besteht, allmählich mit kleinen Weißdorn- und Stechpalmensämlingen aufzufüllen, die ich im Garten gefunden habe. Ihre Samen wurden offensichtlich von Vögeln eingeschleppt. Man kann auch Kletterpflanzen zwischen die Heckensträucher pflanzen, z.B. die rot- und schwarzbeerige Zaunrübe, die schöne Beeren und Blätter besitzt, Hopfen oder – vorausgesetzt, daß der Boden nicht sauer ist – Clematis. Efeu ist ein schöner Heckenschmuck, wenn er an den anderen Sträuchern emporranken kann. Eine Hecke kann auch größere Kletterpflanzen, etwa wilde Rosen oder Brombeeren, stützen.

Wie kann man sein Grundstück verschönern?

Künstliche Hügel und Böschungen lassen ein ebenes Grundstück nicht nur plastischer erscheinen, sondern sind außerdem ein guter Windschutz. Selbst eine Erhebung von nur einem Meter bietet erstaunlich großen Schutz und kann, wenn man sie schön bepflanzt, zu einem reizvollen Bestandteil des Gartens werden. Die Schutzpflanzung im Osten ist besonders wichtig, weil frühblühende Pflanzen nach Nachtfrösten vor der Morgensonne abgeschirmt werden müssen. Ein Erdwall gibt den Pflanzen die Möglichkeit, tief im Boden zu wurzeln. Man kann daher dort sowohl große Pflanzen als auch niedrigere Arten anpflanzen, die ihr Polster dicht am Boden bilden. Durch eine solche Erhebung im Garten kommen kleinwüchsigere Pflanzen auch besser zur Geltung.

Wer heimische Arten anpflanzen will, sollte in seinem Garten einen langen, von Osten nach Westen verlaufenden Erdwall anlegen. Denn die beiden Flächen einer solchen Erhebung lassen sich gärtnerisch gut nutzen. Die eine Seite liegt in der prallen Sonne, die andere im Schatten. Wenn die Möglichkeit besteht, diesen Erdwall gleichzeitig auch noch so anzulegen, daß er Windschutz bietet, schlägt man mehrere Fliegen mit einer Klappe. Die Bepflanzung der Nordseite braucht dem Gärtner kein Kopfzerbrechen zu bereiten. Es gibt viele Pflanzen, die für einen solchen Standort gut geeignet sind: Immergrün, Efeu und Farne schmücken ihn den ganzen Winter hindurch. Pflanzt man außerdem Christrosen und Schneebälle an, so ist der Hang im Frühjahr mit Blüten übersät. Viele kleine Blütenpflanzen, die einen kühlen, schattigen Standort lieben, wie der Kriechende Günsel, das Pfennigkraut, das Schöllkraut und das Wiesenschaumkraut, bedecken den Boden mit Polstern und

Das Wiesenschaumkraut, Cardamine pratensis, wächst auf feuchten Wiesen, bildet jedoch auch häufig große Farbteppiche an Straßenrändern.

sorgen im Frühling und Sommer für farbige Blütenpracht (s. auch S. 99 – 100 und S. 125 – 126).

Beim Bepflanzen eines Erdwalls, unabhängig davon, ob er steil ist oder nicht, sollte man immer oben beginnen und sich dann nach unten vorarbeiten. Auf einem terrassenförmig angelegten Abhang haben mehr Pflanzen Platz als auf einem steil abfallenden. Außerdem lassen sie sich viel reizvoller anordnen. Viele Arten werden sich malerisch über mehrere Terrassenebenen ausbreiten. Andere wieder werden in den Spalten und Ritzen des Materials wachsen, das Sie zur Stützung der Terrassen verwendet haben. Dafür eignen sich Stein, Torfblöcke (ideal für saure Böden), Äste oder Zweige und herausgestochene Rasenstücke. Frisch herausgestochene Rasensoden dreht man um, so daß die Grasseite nach unten zeigt, und setzt sie dann ein – zunächst in einer geraden oder gekrümmten Linie, dann übereinander, so wie man Backsteine legt. Dann sorgt man dafür, daß die Terrassenfläche auf derselben Höhe liegt wie der Wurzelteil des Rasenstücks, und bepflanzt die Terrasse sobald wie möglich. Das zuunterst gekehrte Gras verwest allmählich, aber die Rasenstücke selbst bleiben noch lange unversehrt – mindestens so lange, bis die anderen Pflanzen sich in ihnen verwurzelt und Halt gefunden haben.

Einen sehr steilen Abhang sollte man besser mit kriechenden, sich rasch ausbreitenden Pflanzen bedecken, statt ihn allzu dicht zu bepflanzen. Am Fuß des Hanges kann man die exotische Zwergmispelart *Cotoneaster horizontalis* anpflanzen. Sie wird eng an den Boden geschmiegt nach oben wachsen. Außerdem locken die Blüten dieser Pflanze Bienen an, und Vögel fressen ihre Beeren und finden in ihrem dichten Blattwerk gute Nistplätze.

An der Spitze eines Abhangs kann man die Kriechweide *(Salix repens)* anpflanzen. Ihre niederliegenden Zweige werden sich ausbreiten und nicht nur den Gipfel bedecken, sondern sich über den ganzen Abhang ergießen und mit den unteren Pflanzen verflechten.

Akelei, Storchschnabel und Süßdolde sorgen in dem abwechslungsreichen Blätterteppich, der diesen Erdwall bedeckt, für Farbe und Blüten. Mehrjährige Pflanzen oder Stauden gewährleisten eine stets wiederkehrende Blütenpracht, und Blumen, die sich – wie die Akelei – durch Selbstaussaat vermehren, sorgen dafür, daß der Pflanzenbestand ständig erneuert wird. Die hier abgebildeten Pflanzen vertragen nahezu alle Standorte – schattige, halbschattige und auch sonnige.

Wege im Wildgarten

Einmal angelegte Wege sind schwer wieder rückgängig zu machen. Der Gärtner sollte daher mit Bedacht vorgehen und sich für die Entscheidung, wo er Wege anlegen will, genügend Zeit nehmen. Gehen Sie auf Ihrem Grundstück umher, um ein Gefühl dafür zu bekommen, wo die Wege liegen sollten. Es kann Monate, unter Umständen sogar ein ganzes Jahr dauern, bis man zu einer Entscheidung über Lage, Beschaffenheit und Funktion der einzelnen Gartenwege gelangt ist.

Hat man den Weg erst einmal geplant, ist es häufig am besten, bei seiner Anlage bereits vorhandene Materialien zu verwenden. Vielleicht genügt schon eine einfache, natürliche Vertiefung der Erdoberfläche – wie auf einer Waldfläche, wo die herabgefallenen Blätter einfach festgetreten werden. Vorschläge für dauerhafte Wege, die für Wildgärten geeignet sind, finden Sie auf S. 128.

Es gibt wenige Gärten, in denen man beim Bepflanzen oder Bearbeiten nicht eine Menge Steine findet. Diese kann man als Untergrund oder Oberfläche für die Gartenwege verwenden. So geht man sicher, daß das Material für das entsprechende Gebiet typisch ist und daher eine harmonische Wirkung entstehen wird. Kies, Schotter und andere kleine, lose Steine sind hervorragend als Oberfläche für Gartenwege geeignet. Obwohl einige dieser Steine anfangs vielleicht sehr neu und auffallend wirken, werden sie sich bald in die Umgebung einfügen.

Ein tiefliegender, eingesunkener Pfad läßt den Wildgarten noch reizvoller und interessanter erscheinen. In einem Felsen- oder Alpengarten kommt er besonders gut zur Geltung. Dort bildet er ein kleines Tal. In einem Waldgartenstück entsteht ein solcher Weg, der etwas tiefer liegt als die allgemeine Bodenoberfläche, in ähnlicher Weise wie ein alter Waldpfad: Seine nicht scharf abgegrenzten Ränder werden jedes Jahr von herabfallenden Blättern bedeckt und liegen dadurch höher als der Weg selbst. Diese Wegränder sind warm und gut entwässert und bieten die idealen Bedingungen für bestimmte Blüten- und Blattpflanzen und Farne.

Der Weg sollte sich möglichst so durch den Garten hindurchschlängeln, daß der Besucher zu sehenswerten Stellen oder Pflanzen hingeführt wird. Oder zu Aussichtspunkten, die einen guten oder ungewöhnlichen Ausblick über den Garten oder die umliegende Landschaft gewähren. Wege, die zu einem versteckten, abgeschiedenen oder unerwarteten Teil des Gartens führen, verleihen ihm besonderen Reiz und eine geheimnisvolle Atmosphäre.

Hat man eine Blumenwiese oder einen Obstgarten mit Blumen, so ist es am einfachsten, die Wege mit dem Rasenmäher anzulegen. Der Weg sollte so breit oder doppelt so breit sein wie ein von der Maschine abgemähter Streifen. Ein solcher Weg ist auch praktisch, denn es ist viel angenehmer, nach einem heftigen Regen oder im Morgentau durch kurzgeschnittenes Gras zu gehen, als durch lange Grashalme zu waten. Ein solcher Wiesenweg muß regelmäßig gemäht werden.

Mit Steinen ausgelegte Wege erscheinen weniger

Am Rande eines Waldweges wachsende Gräser, Farne und bodendeckende Pflanzen wirken abgrenzend und richtungsbestimmend. Wenn es sich um kriechende Arten handelt, muß man sie ab und zu zurückschneiden, damit sie den Weg nicht überwuchern. Man sollte Wege stets schmal halten. Dann wird die Oberfläche schon allein durch das Begehen kurz gehalten, und man braucht sie nicht mit einer Hacke sauberzuhalten.

DAS GRUNDSTÜCK

hart und unnatürlich, wenn zwischen den Steinplatten Pflanzen wachsen. Niedrige und kriechende Pflanzen eignen sich dazu am besten. Aber wenn der Hobbygärtner die mit Steinen gepflasterten Teile seines Gartens nicht makellos unkrautfrei hält, werden sich nach und nach ohnehin überraschend viele verschiedene, sich selbst aussäende Pflanzen einstellen. Um unerwünschte Unkräuter zu verdrängen, sollte man in den Ritzen größerer Steine selbst Pflanzen aussäen. Wenn die Steine kleiner sind, kann man hier und da einen entfernen, die entstehende Lücke bepflanzen und warten, bis die Pflanze eine Kolonie gebildet hat. Für diesen Zweck eignen sich verschiedene Thymian-Varietäten besonders gut. Sie haben außerdem den Vorteil, daß sie duften, wenn man auf sie tritt. Schattige Wege kann man mit Nelkenwurz, Immergrün und Kriechendem Günsel bepflanzen.

EIN GEWUNDENER PFAD

Durch die Anlage eines Weges, der sich durch den ganzen Garten hindurchschlängelt, kann man sehenswerte Stellen besonders hervorheben. Ein Kiesweg führt von der Terrasse aus zwischen einer niedrigen Hecke 1 und einer Kräuterrabatte 2 hindurch und dann in ein kleines Dickicht 3 hinein. Am Teich 4 verbreitert er sich so, daß Platz für eine Sitzgelegenheit entsteht, und führt anschließend an einer kleinen Wiesenfläche 5 vorbei. Dann führt er als kurzgemähter Grasweg an einer Rabatte, die Schmetterlinge anlocken soll, 6 vorbei zum Haus zurück.

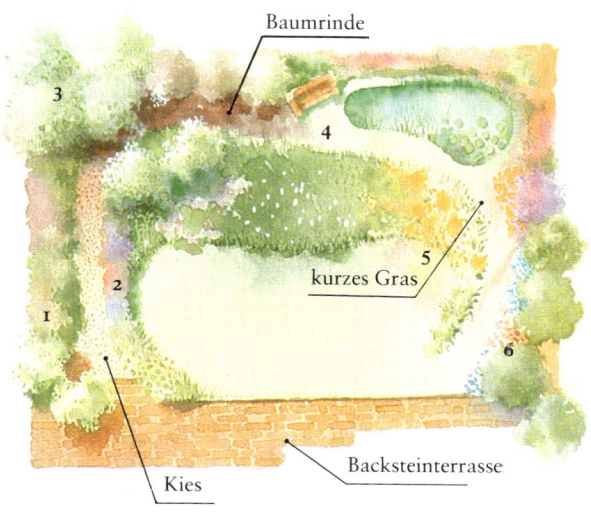

Baumrinde
kurzes Gras
Kies
Backsteinterrasse

Der Scheinmohn, Meconopsis cambrica, ist hervorragend zur Begrenzung eines Wildgartenweges geeignet. Er bringt heitere, gelbe Farbe in den Garten, gedeiht sowohl in der Sonne als auch im Schatten und blüht den ganzen Sommer hindurch. Er vermehrt sich reichlich durch Selbstaussaat (die Samen keimen selbst in den trockenen Ritzen zwischen Steinplatten) und trägt so dazu bei, daß der Weg allmählich in die zwanglose, natürliche Umgebung des Wildgartens übergeht.

Die verschiedenen Bodenarten

Wer einen Wildgarten anlegen möchte, muß sich zunächst darüber im klaren sein, daß die meisten im herkömmlichen Gartenbau beherzigten Ratschläge zur Bodenbehandlung und -verbesserung für ihn ohne großen Wert sind. Manchmal bietet schon eine geringe Veränderung des Bodens die Möglichkeit, viel mehr verschiedene Arten anzupflanzen, und mag daher gerechtfertigt sein. Doch im großen und ganzen sollte man versuchen, den bereits vorhandenen Boden möglichst gut zu nutzen, statt ihn zu verändern. Ein Wildgarten soll ja, abgesehen von seinen anderen Vorzügen, möglichst wenig Arbeit machen.

Auf dem europäischen Festland herrscht der Kalksteinunterboden vor. Dieser Boden beeinflußt die darüberliegenden Bodenschichten und damit natürlich auch den heimischen Pflanzenbestand und das Gedeihen bestimmter Gartenpflanzen. In Nordamerika ist das Gegenteil der Fall. Dort herrscht saurer Boden vor, und daher sind viele heimische Pflanzen des amerikanischen Kontinents, die in anderen Teilen der Welt beliebte Gartenpflanzen sind, Kalkflieher.

Saure Böden

Es gibt verschieden saure Bodenarten. Manche sind torfig, andere so reich an verwesten organischen Materialien, daß man sie beinahe als Torfböden bezeichnen könnte. Es gibt unter den sauren Böden auch sandige Böden und schwere Tonböden. Manche saure Böden sind sehr trocken oder neigen unter gewissen Umständen zur Trockenheit. Andere wieder sind feucht, ja sogar sumpfig. Manchmal kommt es vor, daß ein Teil eines Gartens, den man ständig und reichlich mit organischem Dünger und Kompost gemulcht hat, sauer wird. Das läßt sich durch einen einfachen Bodentest (siehe entsprechende Ausführungen auf S. 122) feststellen.

In einem Garten mit saurem Boden kann man eine herrliche Vielfalt heimischer Pflanzen zusammenstellen. Viele der seltensten und schönsten Arten gedeihen just auf diesem Boden. Natürlich muß man einigen einen ganz speziellen biologischen Lebensraum zur Verfügung stellen. Auf sehr saurem Boden könnte man eine Miniaturheide anlegen (s.S. 78 – 85). Saurer Boden eignet sich außerdem auch für eine spezielle Waldart, in der ganz andere Pflanzen wachsen als in Wäldern auf kalkigem Boden.

Alkalische Böden

Entgegen einer weit verbreiteten Annahme ist es durchaus möglich, einen Garten auf Kreideboden anzulegen. Natürlich bringt das Probleme mit sich. Aber man sollte nicht vergessen, daß einige der am meisten geschätzten wildwachsenden Blumen Europas auf Kreideboden wachsen und daß Kreide und Kalkstein miteinander verwandt sind. Kalkstein ent-

Rhododendron zeigt an, daß der Boden hier sauer ist. Der hübsche kleine, aus dem Nordosten Amerikas stammende Phlox divaricata *hat kriechende Wurzelstöcke, die ihm dabei helfen, den Boden mit einem dichten Polster zu überziehen.*

DIE VERSCHIEDENEN BODENARTEN

Moosglöckchen, *Linnaea borealis*

Wiesenstorchschnabel, *Geranium pratense*

Akelei, *Aquilegia vulgaris*

Dreiblatt, *Trillium*

hält viele anorganische Materialien, während Kreide wenige oder gar keine anderen Materialien enthält. Doch obwohl die Oberkrume bei Gärten auf Kreideboden nicht sehr tief ist, kann man in ihnen zahlreiche Arten anpflanzen.

In der freien Natur sammeln sich auf der Kalksteinbasis über einen Zeitraum von vielen Jahren hinweg Pflanzenmaterialien an und bilden eine saure Humusschicht. Wenn diese Schicht tief genug ist, können dort trotz des darunterliegenden Kalksteins einige kalkfliehende Pflanzen wachsen, z.B. die Schwarze Krähenbeere, *Empetrum nigrum*. Wer in einem Steingarten viele verschiedene Arten von ähnlichem Wuchs anpflanzen will, die aber unterschiedliche Anforderungen an den Boden stellen, kann dieses natürliche Phänomen durch Aufschütten von Humus nachahmen.

Neutrale Böden oder Mischböden

Auf neutralem Boden, d.h. auf einem Boden, der weder sauer noch alkalisch ist, gedeihen viele Pflanzen, die beide Bodenarten bevorzugen. Manche sind sehr anpassungsfähig. So wächst z.B. das Ruprechtskraut in allen Teilen meines Gartens: auf dem unbepflanzten, alkalischen Boden, auf Gartenblumenrabatten mit gutem Nährboden, in dem gutgedüngten Gemüsebeet und auf dem sauren Torfhügel.

Kalkfliehende Pflanzen gedeihen auf neutralen Boden besser, wenn sie vom Gärtner ein wenig Unterstützung erhalten. In diesem Fall kann man dem Boden ruhig etwas Torf zusetzen, um seinen Säuregrad zu erhöhen.

Waldböden

Die Zusammensetzung des Bodens unter Bäumen und Sträuchern ändert sich durch die verwelkten Blätter, die auf ihn fallen. Bei nährstoffarmen Böden kann das ein Vorteil sein. Wenn Bäume wie im Wald schon lange an ihrem Platz stehen, kann diese Blätterschicht sehr tief sein. Außerdem wird die Schicht eines jeden Jahres sich in ihrer Beschaffenheit von der darunter- oder darüberliegenden unterscheiden. Zersetzungsgrad und -geschwindigkeit variieren je nach Art der Bäume, von denen das herabgefallene Laub stammt.

Waldpflanzen sind darauf eingestellt, in dieser lockeren Laubstreu zu wachsen. Viele wie das Buschwindröschen haben kriechende Rhizome oder Wurzelstöcke. Diese können nicht nur Nährstoffe speichern, sondern sich auch durch die Laubdecke hindurcharbeiten und kleine Laubbodenteilchen ergreifen, die der Pflanze Nahrung bieten. Auf diese Weise breitet sie sich immer weiter aus.

Wer in seinem Garten eine kleine Waldfläche anlegen oder Waldpflanzen einführen will, muß den Pflanzen auch den entsprechenden Waldboden bieten. Verbessern Sie den Boden vor dem Pflanzen mit Lauberde und guter Komposterde.

Im Garten gedeihen erstaunlich viele Pflanzen gut auf normalem oder neutralem Boden. In der Natur jedoch kommen sie meist nur auf ganz bestimmten Bodenarten vor. Zum Beispiel bevorzugt jede der hier abgebildeten vier wildwachsenden Blumen eine andere Bodenart: Der Wiesenstorchschnabel wächst am liebsten auf Tonboden, das hübsche Moosglöckchen auf dem sauren Boden der Kiefernwälder, das nordamerikanische Dreiblatt, auch Waldlilie genannt, mag am liebsten gut entwässerten, humusreichen Waldboden, und die Akelei liebt Kalk. Versuchen Sie wildwachsende Pflanzen in Ihrer Umgebung zu bestimmen. Dann bekommen Sie eine Vorstellung von der Art Ihres Bodens.

Was kann man pflanzen?

Wer einen Wildgarten anlegen möchte, tut gut daran, sich vor Augen zu halten, daß ein solcher Garten nicht von heute auf morgen entstehen kann. Die Anlage eines mit Hasenglöckchen übersäten Waldstükkes, eines großen Heidegartens, eines Wasserfalls oder Bächleins mit den dazugehörigen Pflanzen braucht Zeit – vorausgesetzt, daß man kein Vermögen dafür ausgeben will. Doch selbst wenn man entsprechend viel Zeit und Arbeitsaufwand investieren und sorgfältig die geeigneten Pflanzen an ihren richtigen Platz setzen würde, könnte ein auf diese Weise über Nacht aus dem Boden gestampfter Wildgarten wohl kaum natürlich oder gar verwildert wirken. Er würde lange Zeit ein unnatürliches, gekünsteltes Aussehen beibehalten, selbst wenn man sich noch so viel Mühe gäbe, die Pflanzenzusammenstellung zwanglos und zufällig erscheinen zu lassen und unnatürlich wirkende Linien zu vermeiden. Die Natur kennt nun einmal keine Hektik. Die Veränderungen in unserem Garten haben sich allmählich ergeben. Natürlich kann der Gartenbesitzer aber auch einiges tun, um der Natur ein wenig auf die Sprünge zu helfen.

In der freien Natur bilden Pflanzen von selbst Kolonien. Häufig wachsen sie in so großer Anzahl beieinander, daß ganze von einer einzigen Art gebildete Teppiche entstehen, z.B. auf Grasflächen oder im Schatten unter Bäumen. Wenn man in seinem Garten bereits eine oder zwei Pflanzen derselben Art hat, lohnt es sich häufig, sie zu vermehren und der Gruppe noch weitere Artgenossen hinzuzufügen. Will man eine neue Pflanzenkolonie anlegen, so erhöht sich deren Überlebenschance, wenn man alle vorhandenen Pflanzen derselben Art ziemlich dicht auf einem einzigen Gartenstück zusammenpflanzt; verteilt man die Einzelpflanzen in großen Zwischenräumen über eine größere Fläche, besteht die Gefahr, daß sich zwischen ihnen eine robustere, unerwünschte Art ausbreitet und die Kolonie verdrängt (s.S. 44). Pflanzen Sie jedoch nicht zu viele Gruppen auf engem Raum zusammen. Die einzelnen Pflanzengemeinschaften sollten allmählich ineinander übergehen. Das gilt selbst dann, wenn eine Kolonie lediglich von Gras umgeben ist. In der freien Natur passiert dies ganz von allein. Der Gärtner muß der neuen Art eine Überlebenschance geben, indem er dafür sorgt, daß sie nicht zu dicht von Konkurrenz eingekreist ist.

Ansonsten jedoch können Sie Ihren Garten ruhig dicht bepflanzen. In freier Natur wachsen die meisten Pflanzen auch zusammengedrängt. In vielen Gärten ist der Boden im Frühjahr, wenn verschiedene blühende Zwiebelpflanzen unter oder zwischen Bäumen und Sträuchern Kolonien bilden, von einem Pflanzenteppich übersät. Wenn diese jedoch abgeblüht sind, bleibt er für den Rest des Jahres kahl. Das muß nicht sein. Frühblühende Pflanzen haben nämlich meistens nichts dagegen, von anderen Arten überwuchert zu werden. Ihre Blüten drängen sich durch das Blattwerk von Thymian, Heidekraut, Pfennigkraut und Efeu und durch die Sämlinge zweijähriger, viel später blühender Pflanzen (z.B. Fingerhut) hindurch. Außerdem haben diese überwuchernden Pflanzen den Vorteil, daß sie mit ihren Blättern die bereits verblühten, unordentlich wirkenden Pflanzen zudecken.

Wer neben heimischen, wildwachsenden Arten auch anerkannte Gartenblumen anpflanzen will, soll-

Rechts: *Je dichter die Pflanzen beieinanderstehen, desto rascher nimmt der Wildgarten Gestalt an. Einige Pflanzen, z.B. der Scheinmohn, Meconopsis cambrica (Mitte des Fotos) und viele Doldenblütler wie der im Vordergrund abgebildete Fenchel, werden sich allmählich auch auf andere Stellen des Gartens ausbreiten.*

Unten: *Wenn Sie einem Teil Ihres Gartens ein verwildertes Aussehen geben wollen, lassen Sie am besten einige der »Unkräuter« ungestört wachsen. Hohes, Bäume und Sträucher umsäumendes Gras trägt zum Erhalten vieler verschiedener Tiere aus Wald und Wiese bei.*

te daran denken, daß diese Kombination stets besser wirkt, wenn er Gartenpflanzen*arten* und keine Zuchtsorten oder Varietäten wählt. Die meisten Varietäten sind vom Menschen gezüchtet worden, wenngleich es auch einige gibt, die in der freien Natur wachsen. Alle Arten dagegen kommen irgendwo auf der Welt als wildwachsende Pflanzen vor. Daher lassen sich Arten meist gut miteinander kombinieren, selbst wenn sie aus ganz verschiedenen, weit entfernten Ursprungsländern stammen. Glücklicherweise gedeihen Arten aus einem bestimmten Geländetypus eines Landes im allgemeinen auch gut in dem entsprechenden Boden eines ganz anderen Landes. Vorausgesetzt, daß das Klima für sie geeignet ist. Daher kann man seinen Garten mit einer großen Vielfalt an Arten aus verschiedenen Ländern bepflanzen. Beispielsweise fühlt eine Pflanzenart aus Nordamerika, etwa der Hundszahn, sich auch in Nordeuropa wohl. Ebenso kann man Arten auch in umgekehrter Richtung »verpflanzen«. Es gibt äußerst anpassungsfähige Pflanzenarten. Dazu gehören beispielsweise viele Mohngewächse und alle sogenannten Gartenflüchtlinge.

Wenn Sie heimische Arten aussäen oder pflanzen wollen, brauchen Sie nur die Liste eines guten Samenhändlers oder Staudengärtners sorgfältig durchzulesen und dabei eher nach Arten als nach Varietäten Ausschau zu halten. Viele in der Natur seltene oder unter Naturschutz stehende Pflanzen werden heute in Gärtnereien erfolgreich vermehrt und können von dort bezogen werden. So ist z.B. die seltene Pfingstnelke, *Dianthus gratianopolitanus,* in einigen Spezialgärtnereien für Alpenpflanzen erhältlich. Das gilt auch für andere, wildwachsende Blumen, die in Katalogen zunehmend angeboten werden. Es lohnt sich daher nicht, geschützte Pflanzen auszugraben, zumal die Bußgelder auch ziemlich hoch sind, wenn man erwischt wird.

Da selbst ein ausgefuchster Botaniker nicht alle geschützten Pflanzen kennen kann, empfiehlt sich die Anschaffung eines Bestimmungsbuches. Entsprechende Pflanzen sind dort deutlich gekennzeichnet. Es ist übrigens auch nicht erlaubt, auf Wiesen oder in Waldstücken von der Naturschutzverordnung ausgeklammerte Pflanzen zu entnehmen, ohne den Besitzer des Grundstücks zu fragen.

Auf Seite 168 finden Sie Bezugsquellen für Pflanzen und Samen sowie Angaben von Bestimmungsbüchern.

Bäume und Sträucher

Man kann Bäume und Sträucher schon ziemlich groß kaufen. Bereits drei oder vier weit auseinanderstehende, große Bäume oder Sträucher bieten den dazwischen angepflanzten kleineren Windschutz und lassen sie zusammenhängender erscheinen. Immergrüne sind gute Bodendecker.

Man sollte Pflanzen wählen, deren Blüten Bienen und andere Insekten anlocken und die später vielleicht auch noch Beeren oder andere Früchte tragen, z.B. die Gemeine Eberesche *(Sorbus aucuparia)*, Süß- oder Vogelkirsche *(Prunus avium)* und Weißdorn *(Crataegus monogyna)*. Die hübsche Kanadische Felsenbirne *(Amelanchier canadensis)*, deren Laub im Herbst schön gefärbt ist, bringt kleine Früchte hervor, die Amseln sehr gern mögen.

Von den kleineren Baum- und Straucharten sollten

Auf saurem Boden sorgen Rhododendronarten und -varietäten für große Farbenpracht. Dazwischen und darunter angepflanzte heimische Bäume und Sträucher mildern ihre intensive Wirkung etwas ab und sind außerdem für die Erhaltung der heimischen Tierwelt besser geeignet. Laubabwerfende Arten bringen im Sommer lichten Halbschatten, den viele Blütenpflanzen und Farne gern mögen. Und im Frühjahr, ehe ihre Blätter sich entwickeln, lassen sie das für die Frühlingsblumen so wichtige Tageslicht durch.

Das hübsche Wolfsmilchgewächs, Euphorbia characias ssp. wulfenii *wirkt optisch dominierend. Zusammen mit vielen anderen, weniger auffälligen Pflanzen bedeckt es diese Gartenfläche fast das ganze Jahr hindurch mit frischem Grün. Lerchensporn, eine Efeu-Varietät, Zwergmispel und verschiedene Koniferen wachsen dicht beieinander. An der Mauer wächst das Zimbelkraut, eine kleine Pflanze, die bei uns schon seit langem verwildert ist.*

Die Königskerze, Verbascum thapsus, *wächst häufig auf Ödland und wird bis zu zwei Meter hoch. Es gibt viele schöne Königskerzenarten und -varietäten.*

Sie Schlehe, Hasel und Weide anpflanzen. Hasel und Weide bringen zeitig im Frühjahr ihre Kätzchen hervor, und die Schlehe sorgt für eine weiße Blütenpracht. Um die Vielfalt an Blüten und Früchten noch zu vergrößern, können Sie eine Wild- oder Gartenrose hinzufügen.

Wir haben manche unserer Bäume bereits als Sämlinge angepflanzt und gute Erfahrungen damit gemacht. Heute, 25 Jahre später, gehören sie zu den größten Bäumen in unserer Umgebung. Die älteren Bäume und Sträucher, die wir anpflanzten, schienen ein oder zwei Jahre lang kaum zu wachsen und schossen erst dann in die Höhe.

Wie man geschlossene Lebensräume schafft

Wer einen Wildgarten schaffen will, der zu jeder Jahreszeit beeindruckt, muß sein Grundstück dicht bepflanzen und jeden Zentimeter ausnutzen. So wachsen die Pflanzen auch in freier Natur. Solange Ihr Pflanzenbestand noch nicht groß genug ist, können Sie die Lücken mit Gras füllen.

Auf einer meiner Rabatten, die von einem riesigen Walnußbaum, niedrigeren Weißdornsträuchern, Amberbaum, Buddleja und Kreuzdorn beschattet ist, darf der duftende Waldmeister sich ausbreiten, wo er will. Im zeitigen Frühjahr teilt er sich das Beet mit Narzissen und anderen Zwiebelpflanzen; später folgen zweijährige, sich selbst aussäende Vergißmeinnicht und die viel höhere Nachtviole und schließlich Fingerhüte und Herbstzeitlosen.

An anderen Stellen greife ich auf *Euphorbia amygdaloides*, eine Wolfsmilch, zurück, die alle Lücken rasch füllt. Sie wächst unter meinen drei alten Fliederbäumen und bildet dort eine hübsche Kombination mit *Mahonia aquifolium* – einem kleinwüchsigen, im Winter blühenden immergrünen Strauch. Diese Mahonienart eignet sich hervorragend für Unterpflanzungen. Sie gedeiht selbst an Stellen, wo die meisten anderen Pflanzen eingehen. Außerdem locken ihre dicht beieinander stehenden, nach Honig duftenden gelben Blüten im Frühjahr die ersten Nahrung suchenden Insekten an. Weitere Arten, die man unter und zwischen Bäumen anpflanzen kann, habe ich in dem Kapitel über Waldgärten auf S. 68 – 77 zusammengestellt.

Bodendeckende und polsterbildende Pflanzen
Viele Pflanzen breiten sich auf dem Boden aus, bilden dort eine reizvolle Bodendecke und halten gleichzeitig andere, allzu üppig wuchernde Pflanzen in Schach – vorausgesetzt natürlich, daß Boden und Lage für sie geeignet sind. Der Kriechende Günsel, eine mehrjährige Pflanze, die rasch wächst und im Frühsommer blaue Blüten hervorbringt, bildet kriechende Ausläufer und bedeckt auf diese Weise rasch eine große Bodenfläche. Er eignet sich gut für sehr schattige, feuchte Standorte. Man kann mit ihm aber auch Bäume und Strauchgruppen umsäumen. In freier Natur wächst er auf leichten, kalkhaltigen Böden gern mit der Goldnessel, *Lamium galeobdolon,* zusammen, einer hübschen Pflanze, die sich in Ihrem Wildgarten sicherlich bald einstellen wird.

Viola labradorica, eine ungewöhnlich kleine Veilchenart mit purpurvioletten Blättern und Blüten, liebt recht feuchte, schattige Standorte und bildet rasch Kolonien. In meinem Garten wächst sie mittlerweile sogar auch an sonnigen Stellen und hat sich auf dem Rosenbeet – das eigentlich als ordentliches Beet geplant war – ausgebreitet.

Immergrün-Sträucher, die kleinere *Vinca minor* und die größere *Vinca major*, sind ideale Bodendecker, die sich selbst für große Flächen und schattige Hänge eignen. Sie bieten auch Tieren ausgezeichneten Unterschlupf und Schutz. Die beiden erwähnten Arten haben viele Varietäten hervorgebracht, die in Blatt- und Blütenfarbe von der Stammform abweichen.

Der Bittersüße Nachtschatten, *Solanum dulcamara,* wird in meinem Garten durch Vögel ausgesät. Er gilt zwar als Kletterpflanze, kriecht aber auch am Boden entlang und bedeckt ihn mit seinen kantigen Blattstielen, die violette, doldig-traubige Blütenstände und später leuchtend rote, glänzende Beeren tra-

gen. Diese Pflanze bildet eine sehr hübsche, reizvolle Bodendecke. Außer dem Bittersüßen Nachtschatten gibt es noch weitere Kletterpflanzen, die sich auch gern am Boden entlangranken und ihn bedecken – beispielsweise das Waldgeißblatt und unsere heimische Waldrebe, *Clematis vitalba*.

**Heimische Pflanzen,
die sich selbst vermehren**
Die meisten einjährigen und zweijährigen Pflanzen bilden Samen und säen sich selbst aus, wenn man ihre verblühten Blumen nicht abschneidet. Die Sämlinge siedeln sich um die Mutterpflanze herum an und bilden eine hübsche Bodendecke, können allerdings auch eine Bedrohung für die Nachbarpflanzen darstellen. Wenn das der Fall ist, sollte man ihrem Wachstum rechtzeitig Einhalt gebieten. Ich persönlich entscheide zunächst, wieviel Platz ich einer bestimmten Art zur Verfügung stellen will, reiße die schwächeren Sämlinge heraus und überlasse die Jung-

Nur wenige Pflanzen knüpfen so dichte Blütenteppiche wie die polsterbildenden Thymiane. Sie sind sehr anpassungsfähig und breiten sich üppig aus. Sie lieben leichten, wasserdurchlässigen Boden und Sonne. Man kann mit ihnen eine Mauer oder Steine bedecken, Ritzen und Spalten zwischen den Steinplatten füllen und einen Kiesweg weniger hart und unnatürlich erscheinen lassen. Selbst einem Rasen verleiht Thymian einen würzigen Duft. Thymus drucei z.B. hat viele Varietäten mit weißen, rosafarbenen, karminroten, malvenfarbenen und purpurnen Blüten hervorgebracht.

pflanzen dann sich selbst. Ich dünne sie nicht aus, wie man es in einem traditionellen Garten tun würde. Die Neigung mancher Pflanzen, sich selbst auszusäen, ist für den neuen Gartenbesitzer, dem zunächst nur ein paar Pflanzenarten zur Verfügung stehen, eine große Hilfe. Die Lücken zwischen den einzelnen Mutterpflanzen füllen sich bereits im nächsten Jahr von selbst.

In meinem Garten hat sich die Rote Lichtnelke auf einer Rabatte zwischen Gartenpflanzen angesiedelt. Sie nimmt sich dort zwar gut aus; doch da es sich um eine Waldpflanze handelt, habe ich einige ihrer Sämlinge herausgenommen und dorthin verpflanzt, wo Hasenglöckchen und andere krautige Pflanzen wachsen. An einer anderen Stelle wächst das Johanniskraut, *Hypericum perforatum*, so üppig, daß ich angefangen habe, mich auch noch nach anderen heimischen und ausländischen Johanniskrautarten umzusehen. Eine davon, das beerentragende, von Vögeln bevorzugte *Hypericum androsaemum*, sät sich jetzt in vielen Teilen meines Gartens selbst aus.

Nicht alle Pflanzen vermehren sich durch Samen.

Oben: *Die Rote Lichtnelke, Silene dioica*, hier zusammen mit Schwertlilien, ist schon lange eine anerkannte Gartenpflanze, vor allem ihre gefüllte Form. In der Natur wächst sie mit vielen verschiedenen Pflanzen zusammen, häufig mit Hasenglöckchen und Orchideen. Sie breitet sich gern in den Gärten bewaldeter Gegenden aus. Dort, und auch in freier Natur, kommen häufig Kreuzungen mit der Weißen Lichtnelke, *Silene alba*, vor. Es entsteht eine unter dem Namen *Melandrium x dubium* bekannte, rosa blühende Hybride.

Rechts: *Wenn Sie kleinwüchsige Pflanzen wildern lassen, bilden sie dicke Polster. Eine äußerst reizvolle Wirkung erzielt man, wenn man mehrere verschiedene Arten pflanzt. Allmählich ergänzen die einzelnen kleinen Pflanzenkolonien einander oder bilden Kontraste. Oft verflechten sie sich ineinander, eine Eigenschaft, die sich hier auf dem Foto an der hübschen kleinen amerikanischen Phloxart, Phlox stolonifera, zeigt. Dieser Phlox vermehrt sich, wie sein lateinischer Name verrät, durch Stolonen (Ausläufer).*

Manche haben auch kriechende Wurzelstöcke oder Rhizome. Das Maiglöckchen breitet sich mit Hilfe eines dicken unterirdischen Wurzelstocks aus, der jedes Jahr an einer anderen Stelle zwei neue Laubblätter hervorbringt. Zu den Pflanzen mit Rhizomen oder rhizomähnlichen Wurzeln gehören außerdem der nach Knoblauch riechende Bärlauch, die Einbeere, das Salomonssiegel und das bereits erwähnte Buschwindröschen.

Es gibt noch andere Vermehrungsmethoden. Der Gelbstern, *Gagea lutea*, vermehrt sich Weg durch winzige Bulbillen, die in den Achseln seiner Blätter entstehen. Diese lassen sich wie Samen aussäen.

Brombeeren säen sich selbst aus und vermehren sich auch noch durch Ausläufer. Sobald einer ihrer gebogenen Zweige mit der Spitze den Boden berührt, schlägt er Wurzeln und wächst an. Die niedergebogenen äußeren Zweige verwurzeln sich im Boden und sorgen für die Ausbreitung der Pflanzen. Man kann sie nach der Bewurzelung von der Mutterpflanze abtrennen und einpflanzen.

Kletterpflanzen

In der Natur ranken Kletterpflanzen sich an Bäumen empor. Die meisten Baum- und Schlingpflanzenarten vertragen sich gut miteinander. Auch in einem Wildgarten kann man seine Bäume mit Schlingpflanzen beranken, um jedes Stück Garten optimal auszunutzen und möglichst viele verschiedene Arten anzupflanzen. Hier jedoch sollte man die Pflanzenkombinationen vorausplanen und nicht zufällig entstehen lassen.

Das duftende Waldgeißblatt, das manche Schmetterlinge und Falter anlockt, ist sowohl in wilden Hekken als auch in Wäldern zu Hause. Es eignet sich gut zur Bekleidung laubabwerfender Bäume und zur Auflockerung einer sorgfältig gestutzten, vielleicht nur aus einer einzigen Strauchart bestehenden Gartenhekke. Diese erhält durch dazwischen gepflanzte Geißblattsträucher ein weniger strenges, verwildertes Aussehen. Auch zur Stechpalme paßt das Geißblatt gut. Außerdem kann man Hecken mit Hopfen und verschiedenen Wildrosenarten beranken. Die gelbblättrige Abart des Hopfens nimmt sich vor einem von dunklem Laub gebildeten Hintergrund besonders gut aus; man kann sie zum Beispiel mit einer purpurblättrigen Hasel kombinieren.

Die heimische Waldrebe, *Clematis vitalba*, gedeiht gut auf Kalk- und Kreideböden, wenn man ihr an-

Unsere hübsche heimische Hundsrose ist sehr variabel. Sie hat viele Formen hervorgebracht, deren Blüten größer und intensiver gefärbt sind, ja sogar stärker duften. Diese und andere ungefüllte Rosenarten (darunter auch kletternde Arten) passen hervorragend in den Wildgarten. Die meisten haben hübsche Hagebutten, die nicht nur dekorativ wirken, sondern mit ihrem Fruchtfleisch und ihren Samen auch viele Tiere anlocken.

fangs ein wenig Unterstützung gewährt. Ihre langen, ziemlich schwachen Blattstiele ranken sich umeinander und werden allmählich dicker und kräftiger. Wenn man diese Pflanze oder eine der kräftigen exotischen Arten an einem Baum emporranken lassen will, sollte man unbedingt einen großen, kräftigen Baum auswählen. Wenn sie eine entsprechende Stütze hat, kann die Clematis sehr hoch werden – bis zu 15 m – und ein Alter von 50 Jahren erreichen. Doch in ihrem Anfangsstadium brauchen diese Pflanzen vielleicht ein wenig Unterstützung, denn sie klettern nicht mit Hilfe von Ranken oder Zweigen, sondern umschlingen mit ihren Blattstielen alles, was ihnen begegnet. Man kann den Stamm des Baumes (oder der Stützpflanze) dicht mit einem meterhohen Maschendrahtzylinder umgeben, um die Zweige zum Emporwachsen anzuregen. Es gibt ein paar ausländische Clematis-Arten, die sich für Halbschatten eignen: die blau blühende, chinesische *Clematis macropetala*, die blaß oder leuchtend gelb blühende *Clematis tangutica* und die duftende *Clematis flammula*.

Zaunrübenarten besitzen schöne Blätter. Die der Rotbeerigen Zaunrübe sind herzförmig und – ebenso wie die Beeren – sehr glänzend. Die Beeren sind besonders dekorativ: Sie verändern ihre Farbe allmählich von Grün zu einem leuchtenden Rot, bilden dichte Trauben und sehen wie auf Hochglanz polierte Perlen aus.

Feldrose, *Rosa arvensis*

Bibernellrose, *Rosa pimpinellifolia*

Weinrose, *Rosa rubiginosa*

Filz- oder Waldrose, *Rosa tomentosa*

Hundsrose, *Rosa canina*

Es gibt viele farblich reizvolle ausländische Kletterpflanzenarten. Der Wilde Wein und verwandte Arten nehmen im Herbst eine schöne Färbung an. Sie lassen sich besonders gut mit dem Knöterich *Polygonum baldschuanicum* kombinieren: Es entsteht ein reizvoller Kontrast zwischen flaumigen weißen Blüten und leuchtenden Blättern. Alle genannten Arten eignen sich zur Berankung hoher Bäume. Man könnte mit ihnen auch einen Zaun schmücken, der dann wenigstens eine Zeit lang einem lebenden, belaubten Organismus ähnelt und nicht wie ein toter Gebrauchsgegenstand wirkt.

Rosen

Glücklicherweise sind Rosen auf der nördlichen Halbkugel in der Natur sehr verbreitet. Bei uns gibt es über ein Dutzend Arten, von denen viele auch Varietäten hervorgebracht haben. Die hübsche Hundsrose, *Rosa canina*, mit ihren zart geformten Knospen, die früher in Hecken und Gebüschen so verbreitet war, ist ein Muß für jeden Wildgarten. Sie ist sehr veränderlich. Ihre Blütenfarbe reicht von Blaßrosa bis hin zu Weiß. In freier Natur kommen auch Hundsrosen mit kräftigerer Blütenfarbe und stärkerem Duft vor.

Wo eine Wildrosenart gut gedeiht, liegt es nahe, auch noch andere heimische Rosen anzupflanzen. Wildrosen sind nicht nur wegen ihrer Blüten, sondern auch wegen ihrer Hagebutten, die sehr auffallend wirken können, ein schöner Schmuck für den Garten. Die Hagebutten der Apfelrose, *Rosa villosa*, sind rund und leuchtend gefärbt. Ihre Blüten sind rot. Die hübsche kleine, cremefarben blühende Feldrose, *Rosa arvensis*, hat kleine rote Hagebutten und purpurfarbene Stengel. Diese Art gedeiht im Schatten. Die Bibernellrose, *Rosa pimpinellifolia*, wächst in Meeresnähe, die Weinrose, *Rosa rubiginosa*, zieht kalkhaltige Böden vor und zeichnet sich durch duftende Blätter, hübsche rosa Blüten und runde Hagebutten aus. Die Wald- oder Filzrose, *Rosa tomentosa*, wächst auf Kreideböden.

Die meisten Gartenfreunde möchten auf Rosen nicht verzichten. Es gibt so viele verschiedene Rosenarten, daß Sie ganz bestimmt eine oder mehrere finden werden, die sich in Ihrem Garten wohlfühlt. Jedoch passen nicht alle Rosenvarietäten in einen Wildgarten. Das gilt vor allem für Teehybriden und Floribunda-Rosen. Eine einfache, ungefüllte Rosenart dagegen paßt gut hinein, selbst wenn es sich um eine ausländische Art handelt. In einem meiner verwilderten Beete wächst *Rosa rugosa*, eine Rosenart, die in Japan und China beheimatet ist. Sie ist inzwischen zwanzig Jahre alt, hat einen Durchmesser von etwa einem Meter und gedeiht, eng an heimische Bäume und Sträucher angeschmiegt, sehr gut.

Will man einen traditionellen Garten, in dem be-

WILDROSEN

Die weite Verbreitung von Rosa canina zeigt an, daß sie normalen Boden verträgt und sich auch an leichte Abweichungen von normalen Boden anpassen kann. Die anderen hier abgebildeten Sorten stellen speziellere Anforderungen. Rosa tomentosa wächst auf Kreideböden oder kalkiger Böden, Rosa pimpinellifolia auf Dünen und sandiger Heide. Die liegende Rosa arvensis dagegen bevorzugt den humusreichen Boden schattiger Waldränder und Hecken.

reits Rosenvarietäten und -hybriden wachsen, in einen Wildgarten verwandeln, so muß man sich um einen Kompromiß bemühen. Eine einfache Möglichkeit ist, die Rosen nicht zu schneiden, sondern wie Strauchrosen zu behandeln.

Schattenspendende Pflanzen

Schatten ist im Wildgarten meistens ein Vorteil. Doch manche Bäume bilden ein so dichtes Blätterdach, daß das geringe Tageslicht, das noch bis zum Boden vordringen kann, nur für einige wenige Pflanzenarten (größtenteils frühblühende Blumen) ausreicht. An den Stellen, wo der Schatten allmählich in sonnigere Flächen übergeht, gedeiht eine größere Artenvielfalt: z.B. Akeleien, Fingerhüte und Lilien.

Laubabwerfende Bäume spenden im Sommer den tiefsten Schatten. Das gilt ganz besonders für einige Arten, z.B. für die Buche. Unter einem solchen dichten Blätterdach kann man unter Umständen nur solche Blumen anpflanzen, die ihre Blütezeit im Herbst erreichen, wenn der Baum seine Blätter verliert, oder im Frühjahr, ehe er austreibt. Viele davon sind Zwiebelpflanzen, zum Beispiel das Hasenglöckchen.

Will man am Rande einer Baumgruppe eine Rabatte mit kleinwüchsigen Pflanzen anlegen, kann der äußere Rand der Rabatte mit der Grenze des Schattens zusammenfallen, den der Baum um Mittag wirft. Auf diese Weise geht man sicher, daß alle Pflanzen der Rabatte zu irgendeiner Tageszeit beschattet sind.

Unter einem dichten Blätterdach ist der Boden häufig recht trocken. Die Pflanzen dagegen, die am Rande des Blätterdachs wachsen, sind bei Regen starkem Tropfenfall ausgesetzt. Das mögen nicht alle Pflanzen. Die exotische Funkie, *Hosta*, wurde in romantischen Wildgärten unter anderem deshalb so häufig angepflanzt, weil sie Tropfenfall sehr gut verträgt.

Pflanzen, die dem Garten Farbe verleihen

Ein Wildgarten ist vielleicht weniger farbenprächtig als eine Parkrabatte, und die einzelnen Pflanzen blühen mit Sicherheit auch nicht so lange wie die einjährigen Hybriden aus der Samenhandlung. Dennoch lassen sich auch in einem Wildgarten prächtige Farbflecke einplanen. So kann man einigen Pflanzen eine größere Fläche zur Verfügung stellen, auf der sie sich ausbreiten und Farbteppiche bilden können.

Ich genieße in meinem Garten im Winter das Rot und Grün der Stechpalme, die Fülle der roten Zaunrübenbeeren in der Hecke, die orangefarbenen, prall gefüllten Samenkapseln der Stinkenden Iris, *Iris foetidissima*, und die rosige Farbenpracht winterblühender Heidekräuter. Im Frühjahr freue ich mich auf die ersten, hier und da in kleinen Gruppen angepflanzten Eisenhüte, die Hasenglöckchen und das Wiesenschaumkraut unter der Blutbuche, den Gamander-Ehrenpreis zwischen den Steinplatten und die Rote Lichtnelke in der Blumenrabatte. Meine Narzissen haben mittlerweile auf einem grasigen Abhang eine Kolonie gebildet. Aber eigentlich beginnt der Frühling mit den ersten Schneeglöckchen. Sie breiten sich in meinem Garten überall aus. Doch an einer be-

Die Wiesen-Glockenblume, Campanula patula, *ist überall verbreitet. Sie wächst auf Wiesen sowie an Weg- und Gebüschrändern. Manchmal findet man sie auch im Garten. Die zweijährige Pflanze blüht von Mai bis August, oft auch noch im Spätsommer.*

stimmten Stelle habe ich sie gezielt angepflanzt, um einen besonderen Farb-, Form- und Strukturkontrast zu schaffen: nämlich unter dem Hartriegel, *Cornus sanguinea*, dessen dunkelrote Zweige im Frühjahr, wenn sie noch kahl sind, heller werden. Wenn sich dieser Hartriegel aus einem weißen Schneeglöckchenteppich erhebt und im Hintergrund noch die silbrigweißen Samenstiele der Mondviole zu sehen sind, kommt er sehr vorteilhaft zur Geltung.

Noch ein weiteres Hartriegelgewächs, die Kornelkirsche, *Cornus mas*, blüht im zeitigen Frühjahr und erfreut den Gartenbesitzer mit zahllosen winzigen, gelben Blüten. Unter der Kornelkirsche habe ich in meinem Garten einen dichten Primel- und Veilchenteppich angepflanzt.

In dem Kapitel »Pflanzen mit dekorativen Blättern« auf S. 94 habe ich Arten zusammengestellt, die sich durch besonders schön geformte oder gefärbte Blätter auszeichnen.

Wer eine leuchtende Blütenpracht bevorzugt, sollte den sauren Boden liebenden Rhododendron und die Eucryphia anpflanzen. Es gibt kaum eine Art, die diese beiden an Blütenpracht übertrifft. Auch die Pfingstrosen zeichnen sich durch besonders prächtige Blüten aus. Außerdem sind sie in der Pflege unkompliziert, sie mögen am liebsten kalkhaltigen Boden und vertragen sowohl Sonne als auch Schatten. Eine Art, *Paeonia mascula*, kommt auf Steepholme, einer kleinen Insel im Bristol-Kanal, sogar verwildert vor. Mönche haben sie im Mittelalter als Heilpflanze dorthin gebracht. Es gibt noch weitere, ähnlich anspruchslose Pfingstrosenarten. In meinem Garten hat sich aus einem Sämling der schönen gelbblütigen *Paenoia lutea* mittlerweile eine 25 Jahre alte, etwa zwei Meter hohe und ebenso breite Pflanze entwickelt.

Die südamerikanischen Fuchsienarten, z. B. *Fuchsia magellanica*, kommen in Irland und Großbritannien stellenweise verwildert vor. Man verwendet sie dort gern als Heckenpflanzen. Sie gedeihen in normalem Boden, wenn er tiefgründig und nahrhaft ist.

Pflanzen von geradem, vertikalem Wuchs

Wenige meiner heimischen Gartenpflanzen bereiten mir so viel Freude wie der Fingerhut. Die meisten meiner Fingerhüte gehören zu weißen Varietäten. Diese Pflanzen wirken so verfeinert und ausgefallen, daß es fast wie eine Beleidigung klingt, sie als wildwachsend zu bezeichnen. Ich habe mit wenigen Fingerhutpflanzen angefangen und bin jetzt im stolzen Besitz mehrerer Kolonien, denn Fingerhüte säen sich selbst aus. Außer dem Fingerhut bilden auch Eisenhut und Königskerze solche hohen, ährenartigen Pflanzenformen. Sie verleihen einer Landschaft einen imposanteren Charakter, insbesondere wenn man sie in Gruppen zusammenstellt. Man sollte sie mit Pflanzen kombinieren, die kontrastierende Blütenformen besitzen, z.B. die Engelwurz. Da die Engelwurz im Hinblick auf Boden und Standort aber wählerisch sein kann (sie bevorzugt einen mäßig feuchten Standort), ist die Süßdolde besser geeignet.

Pflanzenformen spielen in einer Landschaft – und erst recht natürlich in einem kleinen Garten – eine wichtige Rolle. Die Distel, die sowohl durch ihre Schönheit als auch durch ihre Form das Gepräge des Gartens mitbestimmt, läßt sich sehr vorteilhaft einsetzen. Die hohe Eselsdistel, *Onopordum acanthium*, mit ihren wolligen Blättern und Stengeln, ist eine hübsche Ergänzung für jeden Garten.

Verschiedene Blattformen verleihen zusätzlichen Reiz. Die rundblättrige Funkie und der Fingerhut mit purpurroten Blütenraketen sorgen für Formenkontraste.

Oben: *Die Süßdolde,* Myrrhis odorata, *wird bis zu 1,5 Meter hoch. Ihre Blätter riechen nach Lakritze.*

Die Anlage eines naturgemäßen Gartens

Hin und wieder kommt es vor, daß manche Arten sich üppig ausbreiten – vor allem, wenn sie nicht gegen die Konkurrenz anderer Pflanzen ankämpfen müssen. Dann sollte man ihnen auf irgendeine Weise Einhalt gebieten (s.S. 138). Gartenbesitzer, die relativ isoliert auf dem Lande wohnen, brauchen sich bei der Auswahl ihrer Pflanzen keine allzu großen Beschränkungen auferlegen. Doch selbst sie müssen oft auf benachbarte Bauern Rücksicht nehmen, die nicht gerade begeistert sind, wenn sich bei ihnen Löwenzahn, Disteln und andere »Unkräuter« ungehindert selbst aussäen. In solchen Fällen muß man einen Kompromiß schließen. Probleme ergeben sich hauptsächlich, wenn eine bestimmte Pflanzenart dominiert. Bei gemischten Pflanzengesellschaften dagegen dürften keine Schwierigkeiten auftreten.

Viele wildwachsenden Pflanzen wie Gamander-Ehrenpreis, Seifenkraut, Weiße Taubnessel und Leinkraut kann man unter Kontrolle halten, indem man ihre Samenstiele vor dem Ausreifen abschneidet und ihre Wurzeln mit der Grabgabel umdreht. Man kann sie auch mit Hilfe der Zeitungs-Methode ersticken (s.S. 139). Es gibt auch mehrjährige Pflanzen, die in Schach gehalten werden müssen, weil sie sonst andere Arten verdrängen: z.B. die Acker-Glockenblume, *Campanula rapunculoides*, und das Schöllkraut.

Samenkörner legen manchmal einen beachtlichen Weg zurück, und häufig keimen und wachsen Pflanzen in Teilen des Gartens, die gar nicht für sie vorgesehen waren. Das kann sehr lästig sein. Eine wildwachsende Pflanze, die sich in eine mit Zuchtsorten bepflanzte Blumenrabatte verirrt hat, kann zwar reizend aussehen, solange sie jung ist oder gerade zu blühen beginnt. Doch in dem nahrhaften, guten Boden einer solchen Rabatte beginnt die Pflanze bald zu wuchern und erstickt die umstehenden Blumen, wenn man nicht eingreift. Man sollte sie herausreißen, sobald sie ihre dekorative Wirkung verliert und beginnt, sich allzu breit zu machen.

Überlassen Sie die Pflanzen sich selbst

In einem sorgfältig gepflegten Garten drängen die krautigen Pflanzen sich nicht auf engem Raum zusammen, sondern stehen recht weit auseinander. Ihre verwelkten Stiele werden im Herbst entfernt. Daher haben die neuen Keime und Triebe im nächsten Jahr keine Stütze und müssen mit Zweigen, Stangen oder Metallgerüsten abgestützt werden.

In freier Natur dagegen bleiben die verwelkten Pflanzenstiele und Zweige stehen, wenn das betreffende Gebiet nicht von Kühen abgegrast oder gemäht wird. Hin und wieder dienen die Stengel oder Zweige der Pflanze einer anderen Art als Stütze. Die jungen Pflanzen drängen sich durch eine dichte Pflanzendecke hindurch. Häufig sind sie auf die Stütze der anderen Pflanzen angewiesen, um ihre zarten, zerbrechlichen Stengel und Blüten aufrecht halten zu können. Das ist wichtig, denn die Blüten müssen in der Flugbahn der bestäubenden Insekten liegen und ihnen gut zugänglich sein. Diese stützenden Pflanzen sind, insbesondere auf Wiesen, häufig Gräser. Entfernt man eine Graspflanze, die sich in eine Gartenblumenrabatte gedrängt hat, so erzielt man damit unter Umständen ein unerfreuliches Resultat: Die Gartenblume, die das Gras vorher als natürliche Stütze benutzt hatte, hängt jetzt schlaff und kraftlos herunter und sieht unschön aus. Was soll der Besitzer eines Wildgartens also tun? Er hat zwei Möglichkeiten: Verirrte, unerwünschte Graspflanzen herauszureißen und die Pflanzen dann künstlich zu stützen – oder gar nicht einzugreifen und die Pflanzen sich selbst zu überlassen. Wenn er das tut, werden sie sich ebenso verhalten wie in der freien Natur. Eine Schlingpflanze wie die Wicke wird eine Nachbarpflanze als Stütze benutzen. Manche Pflanzen werden umfallen und am Boden entlangwuchern – aber was macht das schon? Pflanzen, die den Boden überwuchern, geben eine gute Bodendecke ab. Und eine kriechende, wuchernde Pflanze kann ihre Samen über eine größere Fläche verteilen als eine, die aufrecht wächst. In den Anfangsstadien der Koloniebildung ist das ein wichtiger Vorteil. Sie brauchen sich auch keine Sorgen zu machen, wenn zwei Pflanzenarten zu dicht beieinanderstehen und um ihren Platz kämpfen müssen. Im allgemeinen werden die Pflanzen mit diesem Problem gut fertig. Häufig verändert sich die Pflanzenzusammenstellung und -verteilung dabei von Jahr zu Jahr.

Stutzen und Schneiden

In den meisten gepflegten Gärten läßt sich das erwünschte ordentliche Aussehen nur durch Schnitt irgendwelcher Art aufrechterhalten. Das Gras wird ge-

Hasenglöckchen sehen auf einer Grasfläche hübsch aus. Da sie auf natürliche Weise einziehen sollten, ist es besser, das seit dem Herbst ungemähte Gras erst nach dem Hochsommer wieder zu kürzen. Im allgemeinen wirkt das ungemähte Gras, das um diese Zeit blüht, reizvoll genug. Wer seiner Wiese mehr Farbe verleihen möchte, kann aber auch noch weitere Blumenarten anpflanzen, die im Anschluß an die Hasenglöckchen blühen.

mäht; Hecken werden gestutzt. Blütenpflanzen werden entweder nach dem Verblühen zurückgeschnitten, oder man schneidet ihre abgeblühten Blumen ab, um die Samenbildung zu verhindern. Bäume und Sträucher werden alljährlich geschnitten, und zwar häufig zu stark. Doch wenn man eine Frühlingslandschaft sieht und die üppige Blüte des Weißdorns in England oder des Hartriegels in Nordamerika bewundert, kann man nicht umhin sich zu fragen: Wer beschneidet eigentlich diese Bäume und Sträucher? Niemand – und doch kann keine wohlbehütete Gartenpflanze sie an Blütenpracht übertreffen. Pflanzen, die man sich selbst überläßt, tragen weiterhin Blüten und Früchte – aber auf ihre Weise und zu ihrer Zeit. In manchen Jahren blühen sie üppiger, in anderen wieder ist die Blüte oder Ernte weniger gut. Daher braucht der Besitzer eines Wildgartens sich nicht allzu peinlich genau mit den Feinheiten des Schneidens vertraut machen. Er braucht auch die abgeblühten Blumen wildwachsender Pflanzen nicht abzuschneiden, denn sie *sollen* ja Samen tragen und sich selbst vermehren wie in der freien Natur. Auch Hekken, in denen Vögel und andere Tiere Unterschlupf gefunden haben, stutzt man besser nicht zu häufig.

Der Weg zum ökologischen Gleichgewicht

Manchmal keimen auf einem gerodeten Grundstück geradezu erschreckend viele Pflanzen. Wer diese Pflanzen nicht kennt, sollte erst einmal herausfinden, um welche Arten es sich handelt, statt sie sofort auszumerzen. Abgesehen von ihren anderen möglichen Vorzügen zeigen sie mit großer Wahrscheinlichkeit Bodenart und -beschaffenheit an (s.S. 122 – 123). Wenn Sie aus dem Pflanzenbestand Ihres Gartengrundstücks die reizvolleren Arten auswählen und behalten, werden Sie rascher zu einem guten ökologischen Gleichgewicht gelangen. Außerdem werden die Arten, die Sie absichtlich in Ihrem Garten eingeführt haben, sich leichter vermehren können.

Da jeder Garten einen Eingriff in die natürliche Pflanzenökologie darstellt, ist es nahezu unmöglich, das ideale, natürliche Gleichgewicht zu erreichen. Man kann aber mehr dazu beitragen, als es derzeit im traditionellen Gartenbau getan wird. Betrachten wir die weitverbreitete Methode, Pflanzen durch Spritzen von Blattläusen zu befreien. Wo Blattläuse sind, halten sich im allgemeinen auch Insekten oder Insektenlarven auf, die Blattläuse fressen, und diese werden durch das Spritzen ebenso vernichtet. Ganz egal, ob

wir moderne chemische Sprühmittel oder Seifenlaugenlösung verwenden. Insekten- und andere Schädlingsbekämpfungsmittel vernichten nicht nur den Schädling, gegen den sie gerichtet sind, sondern auch andere Insekten, die zu erhalten sich lohnt – beispielsweise solitäre Nachtfalter. Auch sie gehören zum reichen Spektrum an Insektenarten, welches für den gut geplanten Garten selbstverständlich ist.

Es gehört vielleicht ein wenig Mut dazu, auf diese Hilfsmittel zu verzichten. Doch bald nach dem ersten Überfall der Blattläuse auf Ihre Rosen, werden sich in Ihrem Garten automatisch auch mehr Tiere einstellen, die Blattläuse fressen: bestimmte Schwebfliegenarten, Marienkäfer, Florfliegen und Meisen. Diese werden die Blütenknospen rasch von Blattläusen befreien und das Gleichgewicht herstellen.

Es ist verständlich, daß der Gärtner etwas gegen Insekten hat, die sich – wie Blattläuse – in großen, häßlichen Massen auf Pflanzen ansammeln und ihnen den Saft entziehen oder – wie viele Larven oder Raupen – einen Großteil ihrer Blätter abfressen, so daß sie hinterher durchlöchert und unschön aussehen. Doch in der freien Natur begegnet man derartig verwüsteten Pflanzen relativ selten. Das kann eigentlich nur daran liegen, daß die natürlichen Feinde der schädlichen Insekten in der Natur zahlreicher vertreten sind.

Einfache Methoden reichen aus, um das ökologische Gleichgewicht in einem Garten wiederherzustellen. Obwohl vielleicht schon ein Teich vorhanden ist, kann man zusätzlich noch ein paar Vogelbäder im Garten verteilen. Wenn man sie sauberhält und regelmäßig füllt, werden sie viele verschiedene Vogelarten anlocken, denn sie bieten den Vögeln auch Trinkwasser. Wenn die Vögel erst einmal im Garten sind, werden sie auch bleiben und nach Nahrung suchen, vorausgesetzt, daß Sie Ihre Pflanzen nicht mit Insektenvernichtern besprühen. Einige werden sich in Ihrem Garten auch Nistplätze suchen.

DIE ANLAGE EINES NATURGEMÄSSEN GARTENS

Begrenzte und geschützte Gärten sind manchmal ein willkommener Zufluchtsort für weniger gern gesehene Tiergäste. Blattläuse zum Beispiel befallen viele Pflanzenarten. Rosen mögen sie besonders gern. Die Insekten setzen sich in häßlichen, dikken Klumpen an junge Triebe, saugen ihnen den Saft aus und schwächen oder zerstören sie. Glücklicherweise sind die Blattläuse eine gute Nahrung für Nestlinge. Die Vogeleltern sammeln die Schädlinge sorgsam ab und tragen dadurch zu ihrer Verminderung bei.

Lebensraum für Tiere aus Wald und Wiese

Wenn Sie keine Schädlingsbekämpfungsmittel mehr anwenden, wird Ihr Garten automatisch zu einem wichtigen Zufluchtsort für die verschiedensten Tiere aus Wald und Wiese. Die meisten Leute denken hierbei in erster Linie an Vögel, Bienen und Schmetterlinge und vergessen die Nacht- und Morgentiere sowie die vielen verschiedenen unterirdischen Lebewesen. Rechnet man diese mit, so wird Ihr Garten von einer erstaunlich komplexen, vielfältigen Tierwelt bewohnt oder besucht.

Um sich bewußt zu machen, welche Bedeutung Ihr Garten für diese Tiere hat, sollten Sie einmal versuchen, ihn als eine Reihe verschiedener, ineinandergreifender biologischer Lebensräume zu sehen. Beispielsweise könnten Sie Ihren häufig kurz gemähten und steril wirkenden Rasen rasch in eine grasbewachsene Lichtung verwandeln, in der es von Heuschrecken wimmelt. Eine Hecke ist nichts anderes als eine Art Miniaturdickicht; und wenn Sie im glücklichen Besitz ausgewachsener Büsche und Bäume sind, haben Sie bereits ein fertiges Gebüsch oder Wäldchen vor Ihrer Tür. Nun können Sie noch eine ganze Reihe winzig kleiner Lebensräume hinzufügen: Eine Mauer erfüllt eine ähnliche ökologische Funktion wie ein Felsvorsprung. In ihren Spalten und Ritzen siedeln sich bald Pflanzen, Insekten und nistende Vögel an.

Ebenso nützlich sind Pflanzen, die Tieren aufgrund ihres Wuchstyps einen behaglichen, hausähnlichen Unterschlupf bieten. Das ist einer der Gründe, warum man verwelkte Pflanzenteile im Herbst nicht entfernen sollte: Zusammen mit abgefallenen Blättern, Gras und Schlingpflanzen, die sich in sie verflochten haben, stellen sie einen guten, warmen, ja sogar windgeschützten Unterschlupf für Tiere dar. Zu diesen Pflanzen gehören die *Rubus*arten (Brombeere, Himbeere usw.). Es gibt so viele wildwachsende *Rubus*-Arten, -Unterarten und -Varietäten, daß sie hier gar nicht alle aufgezählt werden können. Zum Glück verschmähen die vielen Insekten, die wildwachsende *Rubus*arten besuchen, auch die Kultursorten nicht – was für den Gartenbesitzer, der nicht auf dem Land wohnt, eine große Erleichterung ist.

Wenn Sie in Ihrem Garten nicht genügend Platz für die große Kuppelform haben, zu der eine ausgewachsene Brombeere sich im Laufe der Jahre entwickelt, sollten Sie ein flaches Gerüst aus Stützpfählen und Drähten anbringen, an dem die Pflanze sich entlangranken kann – etwa an einem Wegrand oder an einer Seite eines Beetes. Auf diese Weise kann man sie unter Kontrolle halten.

Selbst eine geformte und gestützte Pflanze dürfte eine große Insektenvielfalt anlocken. Die Insekten besuchen die Pflanze in ihren verschiedensten Entwicklungsstadien und suchen frische oder verwelkte Blätter, Triebe, Blüten und Früchte. Das Waldbrettspiel, der Braune Waldvogel, das Rotbraune Ochsenauge und der schöne Kleine Eisvogel besuchen die Blüten wegen ihres Nektars, während wieder andere Schmetterlinge, z.B. die hübschen kleinen Achatspinner, die Brombeereulen und die rötlichbraunen Brombeerspinner, ihre Eier auf den Blättern ablegen.

Auch Himbeersträucher üben eine große Anziehungskraft auf viele Insekten aus. Fast immer findet man schöne grüne Spinnen auf ihnen. Daher lohnt es sich, wenn man genug Platz hat, einen Himbeerstrauchbestand anzupflanzen.

Ein richtig angelegter Komposthaufen enthält viele Zersetzer – Milben, Pilze und Bakterien sowie Würmer und Insektenlarven –, die Vögeln und kleinen Tieren als Nahrung dienen. Dieser reiche Insekten-

Rechts: *Wasser im Garten zieht alle möglichen Tiere an. Blattreiche Pflanzen an den Teichrändern bieten verletzlichen Tieren wie Fröschen, die zum ersten Mal aus dem Wasser kommen, Schutz. Frisch geschlüpfte Libellen und Wasserjungfern können an den großen, über dem Wasserspiegel liegenden Blättern emporklettern, wenn sie sich auf ihren ersten Flug vorbereiten.*

Links: *Die Fetthenne, Sedum spectabile, ist eine winterharte sukkulente Staude aus China, die gegen Ende des Sommers blüht und viele Schmetterlinge anlockt. Bei dem Gras, Festuca ovina, handelt es sich um eine Varietät des Schafschwingels, der in traditionellen Gärten häufig als Einfassungspflanze verwendet wird und in Wildgärten Tieren Samen und Unterschlupf bietet.*

vorrat lockt unter anderem Igel an – vor allem bei kaltem Wetter.

Im Leben eines jeden Tieres – ob Insekt oder Säugetier – spielen Nahrungsaufnahme und Fortpflanzung eine wichtige Rolle. Daher sollten Sie in Ihrem Garten viele Pflanzenarten haben, die Tieren als Nahrung dienen, und außerdem mit Hilfe von Bäumen, Sträuchern und Kletterpflanzen sichere Zufluchtsorte für sie schaffen: Unterschlupf für überwinternde Insekten, Nist- und Schlafplätze für Vögel und geschützte Schlupfwinkel für kleine Säugetiere wie beispielsweise Spitz- und Wühlmäuse.

Das oberste Gebot jeden Gartenbesitzers sollte die Vielfalt sein. Je mehr versteckte Schlupfwinkel Ihr Garten bietet, desto mehr und verschiedenartigere Tiere wird er anlocken. Außerdem sollten Sie Nistgelegenheiten für Vögel schaffen bzw. vorhandene verbessern. Hängen Sie – außer Reichweite der Katzen – Nistkästen auf. Eine dichte Hecke läßt sich noch verbessern und verschönern, indem man sie mit Kletterpflanzen durchzieht – dadurch erhält sie ein verwildertes, eng verflochtenes Aussehen und verlockt die Vögel dazu, in ihren verborgensten Winkeln Nester zu bauen.

Pflanzen mit verschiedenen ökologischen Funktionen

Viele verbreitete wildwachsende Pflanzen sind besonders nützlich, weil sie für die Tierwelt mehrere Funktionen erfüllen. So dienen Stechpalme und Efeu den Larven des Faulbaumbläulings als Futterpflanze. Der Faulbaumbläuling ist ein Waldschmetterling, der jetzt auch in Parkanlagen und Gärten vorkommt. Im Frühjahr legen die Weibchen ihre Eier auf die Blütenknospen der Stechpalme. Die nächste Generation im Sommer dagegen wählt als Eiablageplatz die ungeöffneten Efeuknospen. Wenn man eine dieser beiden Pflanzen zurückschneiden muß, sollte man es bei der Stechpalme zwischen Spätsommer und Frühling und beim Efeu zwischen dem späten Frühjahr und dem Sommer tun, um keine dieser Insektenkolonien zu zerstören.

Außerdem bieten beide Pflanzen Tieren das ganze Jahr über Unterschlupf. Vor allem die Stechpalme wird von kleinen Vögeln als Schlafplatz bevorzugt und ist auch ein hervorragender Nistplatz, denn durch ihre ledrigen, stachligen Blätter ist sie praktisch katzensicher. Die Blätter der Stechpalme werden häufig von den Larven der Stechpalmenminierfliege ent-

stellt. Im zeitigen Frühjahr suchen Blaumeisen, die sich von diesen Larven ernähren, die Stechpalmenblätter nach den verräterischen blassen Flecken ab, die die Insekten hinterlassen. Im Herbst ziehen die zahlreichen roten Beeren der weiblichen Pflanze Vögel, vor allem die Amsel und ihre Verwandten, magnetisch an.

Der Efeu blüht spät im Jahr und bietet Schwebfliegen, Wespen und Bienen eine üppige – und vielleicht letzte – Mahlzeit. Gelegentlich stellt sich auch der C-Falter ein.

Womit lockt man Schmetterlinge und Nachtfalter an?

Erstaunlich viele Leute beklagen sich darüber, daß ihre Gärten nicht von Schmetterlingen besucht werden. Sie sind sich oft gar nicht darüber im klaren, daß es trotz einer reichen Blütenpracht in ihrem Garten nichts gibt, was diese Insekten anlocken oder zum Bleiben veranlassen könnte. Zunächst muß man daran denken, daß das Leben eines Schmetterlings in zwei verschiedene Phasen zerfällt: Raupe und ausgewachsener Schmetterling. Die Nahrungsanforderungen dieser Tiere sind ganz unterschiedlich. Die ausgewachsenen Schmetterlinge besuchen nektarreiche Blüten, die Larven dagegen ernähren sich von einer bestimmten Blattart. Es lohnt sich, die entsprechenden Blumen auszusäen oder anzupflanzen und zu beobachten, wie von Jahr zu Jahr mehr Schmetterlinge den Garten besuchen. Was die Raupen angeht, so müssen Sie sich zunächst einmal darüber informieren, welche Pflanze für welche Insektenlarvenart am besten geeignet ist und welche Arten in der Umgebung Ihres Gartens überhaupt vorkommen.

Es kann passieren, daß Sie durch Zufall mit einer neuen Pflanze Schmetterlingseier in Ihren Garten einführen. Das war einmal bei mir der Fall. Einige Königskerzenpflanzen, die ich aus dem Garten eines Freundes mitnahm, waren, wie sich später herausstellte, von Raupen der Wollkrauteule übersät. Doch obwohl sie die Pflanzen anfangs verwüsteten, wuchsen doch etliche von ihnen an und säten sich später selbst aus.

Eine sonnige Blumenrabatte

Eine Rabatte mit Pflanzen, die Bienen und Schmetterlinge anlocken, ist ein guter Anfang für jeden Wildgarten. In den meisten Gärten existiert bereits eine

RABATTE FÜR SCHMETTERLINGE UND BIENEN
Manche Blumen locken mit ihrem Nektar zahlreiche Insekten an. Für kurzlebige Arten wie Schmetterlinge ist der Nektar eher Energiequelle als Nahrung. Andere Insekten suchen Pollen. Folgende sind »Insektenweiden«:

1 Goldrute, *Solidago caradensis*
2 Goldrute, *Aster novae-angliae*
3 Schafgarbe, *Achillea millefolium*
4 Karde, *Dipsacus sylvestris*
5 Roter Fingerhut, *Digitalis purpurea*
6 Beinwell oder Comfrey, *Symphytum officinale* oder *S. peregrinum*
7 Kornblume, *Centaurea cyanus*
8 Weidenröschen, *Epilobium angustifolium*
9 Sonnenhut, *Rudbeckia hirta*
10 Lungenkraut, *Mertensia virginica*
11 Wiesenschaumkraut, *Cardamine pratensis*
12 Salbei, *Salvia officinalis*
13 Scharbockskraut, *Ranunculus ficaria*
14 Kleiner Fuchs
15 C-Falter
16 Admiral
17 Perlmutterfalter
18 Bläuling
19 Aurorafalter
20 Hummel

DIE PLANUNG EINES WILDGARTENS

Blumenrabatte, und es macht relativ wenig Mühe, sie so zu gestalten, daß sie Tieren vom Frühjahr bis zum Spätherbst eine reichhaltige Nektarquelle bietet.

Obwohl Sie bei der Anlage Ihrer Rabatte hauptsächlich an Bienen und Schmetterlinge gedacht haben, wird sie auch viele andere Insekten anlocken. Die rasch von Blüte zu Blüte huschenden Schwebfliegen sind am auffallendsten. Diese Insekten sehen mit ihren häufig gelb-schwarz gestreiften Körpern nicht nur interessant aus, sondern haben auch noch einen anderen Vorteil: Viele ihrer Larven verzehren große Mengen von Blattläusen. Daher lohnt es sich, sie in den Garten zu locken. Da ihre Mundwerkzeuge kurz sind, bevorzugen sie flache, offene, leicht zugängliche Blüten, insbesondere von Korbblütlern. Die Larven bevorzugen für ihre Entwicklung – neben anderen Plätzen – morsches Holz. Also sollte man vielleicht einen oder zwei gefällte Baumstämme liegenlassen, um die Entwicklung einer Schwebfliegen-Population zu unterstützen. Allerdings können die Larven einiger Schwebfliegenarten Schäden an Pflanzenzwiebeln anrichten.

Büsche

Es gibt viele nektarreiche Büsche und Sträucher. Manche erzeugen noch mehr Nektar als unsere heimischen Pflanzen. Zu den besonderen Lieblingen der Insekten gehören die kleinblütige, im Frühsommer blühende *Buddleja alternifolia* und die blaßrosa und weiß blühenden Formen der *Buddleja davidii*. Ihre Blüten ziehen Schmetterlinge magisch an. An sonnigen Tagen sind sie von Feuerfaltern und Perlmutterfaltern übersät. Auch Hummeln und langzüngige Schwebfliegen laben sich an der reichen Nektarquelle. Manche Nachtfalter, z.B. das Schwarze Ordensband, besuchen die Blüten bei Nacht. Die schönen, dunkler blühenden Zuchtsorten haben leider keine so starke Anziehungskraft auf Insekten. Hat man in seinem Garten mehrere Buddleja-Sträucher gepflanzt, so erhält man eine längere Blütezeit, wenn man nur einen davon zurückschneidet; der unbeschnittene blüht zuerst. Da diese Pflanzen sich durch Selbstaussaat reichlich vermehren und mittlerweile sowohl in der Stadt als auch auf dem Land als Gartenflüchtlinge vorkommen, ist es gerechtfertigt, sie in den Wildgarten zu integrieren.

Escallonia virgata, eine der kälteunempfindlichsten Pflanzen der in Chile und anderen Teilen Südamerikas beheimateten Gattung *Escallonia*, ist eine meiner Lieblingspflanzen. Ich lasse in meinem Garten einige Sträucher wild wachsen. An schönen Sommertagen ist die blühende *Escallonia* von vielen Schmetterlings-und Bienenarten bevölkert, die alle in friedlicher Eintracht an den blaßrosa Blüten nach Nektar suchen.

Nesseln im Garten

Die Nessel ist bei Gartenfreunden wieder in Mode gekommen – wegen ihrer wohlschmeckenden jungen Triebe und deren Bedeutung als Nahrung für drei schöne Schmetterlinge (Kleiner Fuchs, Tagpfauenauge und Admiral). Viele Leute finden Nesseln häßlich. Daher sollten Sie Ihr Nesselbeet an den äußersten Rand Ihres Gartens verbannen. Dabei müssen Sie beachten, daß die Schmetterlinge ihre Eier nur auf junge Nesselblätter legen, die in der vollen Sonne liegen. Die Eiablage erfolgt im Frühjahr. Spätestens Ende Juni haben die Raupen die Brennesselpflanzen meist schon verlassen, um sich zu verpuppen. Wenn Sie die Nesseln dann bis knapp über dem Erdboden zurückschneiden, locken die neuen Triebe eine zweite Generation des Kleinen Fuchses an.

Admiral

Distelfalter   C-Falter

Brennesseln dienen den Raupen einiger unserer schönsten Schmetterlinge als Nahrung. Die Distelfalterraupen fressen sie manchmal anstelle der bevorzugten Kratzdistel. Doch für andere Raupen sind sie die Hauptnahrungsquelle. Schneiden Sie die Pflanzen im Hochsommer bis knapp über dem Boden zurück, so daß sie neue Triebe hervorbringen, auf denen dann die Eier der späteren Insektengeneration abgelegt werden können. Dadurch verhindern Sie auch, daß die Nesseln zu große Samenmengen bilden.

Die richtige Anlage und Bepflanzung

Wie schafft man eine natürlich wirkende Umgebung?

Egal, ob Sie einen neuen Garten anlegen, Ihren traditionellen Garten in einen Wildgarten umwandeln oder nur in einem Teil Ihres Gartens wildwachsende Arten pflanzen wollen – in den folgenden Kapiteln finden Sie dazu viele Ideen und Anregungen. Ich habe für jede Gartengröße, jeden Geländetypus und jede Bodenart Vorschläge zusammengestellt und zu zeigen versucht, wie man wildwachsende Pflanzen entweder allein oder in sorgfältig erdachten Kombinationen mit eingebürgerten und ausländischen Arten zur Geltung bringen kann.

Jeder Rasen läßt sich in eine Blumenwiese verwandeln, in der viele unserer altvertrauten Wiesenblumen blühen und einen Großteil des Jahres über für Farbenpracht sorgen. Ein Obstgarten ist der ideale Ort für die Anlage einer solchen Blumenwiese. Der im Spätsommer oder zeitigen Herbst erfolgende zweite Grasschnitt gewährleistet, daß der Garten zur Zeit der Obsternte gemäht und begehbar ist.

Vielleicht steht Ihr Haus auf einem bewaldeten Grundstück – oder auf einem, das einmal bewaldet war. In diesem Fall haben Sie vielleicht schon die richtigen Bodenbedingungen für malerische Wildgehölze, unter denen Sie Sträucher und einen hübschen, vielfältigen Pflanzenteppich anpflanzen können.

Wenn Ihr Grundstück sauren Boden aufweist, können Sie einen Heidegarten anlegen. Die zahlreichen Heidekrautgewächse – es gibt sowohl größere Bäume und Sträucher als auch kleinere, bodendeckende Arten – sind das ganze Jahr über interessant und farbenfroh, denn die meisten sind immergrüne Gewächse. In einen solchen Garten passen einige unserer selteneren heimischen Pflanzen: z.B. die am Boden entlangkriechende Immergrüne Bärentraube, die Preiselbeere mit ihren glänzenden Blättern oder – wenn der Standort feucht und schattig genug ist – das Moorglöckchen, *Wahlenbergia*. Es gibt noch viele andere heimische Pflanzen, die sich gut mit Heidekrautgewächsen kombinieren lassen. Man kann den Heidegarten also sehr abwechslungsreich gestalten. Vor allem die Weißbirke sieht phantastisch aus, wenn sie sich aus einem farbigen Heideteppich erhebt.

Mit winterharten Farnen, Gräsern und grünblütigen Pflanzen wie Nieswurz und Wolfsmilch kann man einen reizvollen grünen Garten anlegen. Es gibt viele heimische Arten, die sich hierfür eignen. In einem solchen Garten können Efeu-Varietäten – entweder als Bodendecker oder als Kletterpflanzen – eine wichtige Rolle spielen. Ein grüner Garten wirkt das ganze Jahr über attraktiv. Er eignet sich besonders gut für einen Innenhof oder ein sehr schattiges Grundstück. Er könnte zum Beispiel Teil eines Kräutergartens sein oder in ihn übergehen. Engelwurz, Rainfarn und Minzearten bilden an den schattigen, feuchten Stellen eine hübsche Bodendecke, während sonnenliebende Pflanzen wie Fenchel, Majoran und Thymian Schmetterlinge anlocken.

Ein Wassergarten bietet dem phantasievollen Gartenbesitzer zahlreiche Möglichkeiten. Es gibt viele schöne heimische Wasserpflanzen, die anpassungsfähiger sind als die exotischen Seerosen. Wenn ein Teich unangebracht ist, weil vielleicht kleine Kinder in Ihrem Garten spielen, können Sie die meisten dieser wasserliebenden Arten auch auf einer künstlichen kleinen Sumpffläche anpflanzen.

Die besonderen Eigenschaften eines felsigen oder sehr steinigen Grundstücks kann man ausnutzen, indem man einen Geröll-, Alpen- oder Kiesgarten anlegt. Denn ein steiniges Grundstück bringt die wichtigste Voraussetzung für einen solchen Garten mit: einen guten Wasserabzug. Bei sandigem Boden muß man eine sorgfältige Auswahl treffen. Es gibt etliche heimische und ausländische, vor allem australische Arten, die einen solchen Boden gut vertragen dürften. In frostfreien oder sehr geschützten Gebieten ist selbst die Anlage eines Wüstengartens mit Kakteen und Sukkulenten möglich.

Ein »unkrautbewachsener« Rasen, der nicht gemäht wird, so daß die Pflanzen und Gräser voll ausreifen und blühen können, entwickelt sich ganz von selbst zu einem Wiesengarten. Man kann zu den bereits vorhandenen Pflanzen nach und nach neue Arten hinzufügen. Sollte es aus irgendeinem Grunde notwendig sein, einen Teil des Rasens kürzer zu halten, so kann man aus ihm eine Frühlingswiese machen, die im Frühjahr von Blumen übersät ist. Gänseblümchen, Schlüsselblumen, Kleine Braunellen und andere Pflanzen, die auf dem Gras Rosetten bilden, überstehen das sommerliche Mähen und blühen daher auch im nächsten Jahr wieder.

Blumenwiesen und Blumenrasen

Es gibt kaum etwas Schöneres als eine blühende Wiese. Noch vor ein paar Jahrzehnten waren blumenübersäte Wiesen auf dem Lande ein häufiger, vertrauter Anblick. Das abgeweidete Gras war im Frühjahr mit Gänseblümchen bedeckt und überzog sich, sobald das Vieh oder die Schafe fortgetrieben wurden, rasch mit einem üppigen Schlüsselblumen- oder Löwenzahnteppich. Im Frühsommer folgten Butterblumen, dann Margeriten, Sauerampfer, Klee und Zittergras. All diese Pflanzen verliehen dem Heu im Hochsommer einen köstlichen Duft.

Heutzutage findet man solche blumenreichen Wiesenflächen leider nur noch an Abhängen, die so steil sind, daß man sie nicht bebauen und bearbeiten kann, oder an abgeschiedenen Orten auf dem Land, zu denen die moderne Landwirtschaft mit ihren Kunstdüngern und Unkrautvernichtern noch nicht vorgedrungen ist. Die Zerstörung dieses schönen natürlichen Lebensraumes mit seiner Vielfalt an nektarerzeugenden Blumen hat leider auch zur Dezimierung der Schmetterlinge beigetragen. Manche Arten sind schon ganz ausgestorben.

Wiesen mit Wildblumen lassen sich jedoch auf viel kleinerem Raum, selbst in einem Garten mitten in der Stadt, leicht anlegen. Viele Samenhandlungen bieten ein großes Sortiment an geeigneten Samenmischungen heimischer Wiesengräser und -blumen an.

Die für wildwachsende Blumen und Wiesengräser eingeplante Fläche braucht nicht unbedingt eben zu sein. Auch ein begrenzender Erdwall oder ein Abhang, der in einen formgerechteren Rasen übergeht, eignen sich gut. Sie können Ihre Wiese auf jedem steilen Grundstück anlegen, solange es gut zugänglich und nicht zu groß für die Bearbeitung mit der Sense ist.

Nicht alle haben die gleiche Vorstellung von einer Blumenwiese. Für mich gibt es drei verschiedene Blumenwiesen- oder -rasen. Die einfachste Form ist eine bereits vorhandene Rasenfläche, auf der die breitblättrigen Pflanzen, die der Rasen-Pedant als Unkräuter bezeichnen würde, sich ungestört vermehren dürfen und auf der zusätzlich noch ein paar Wildblumen kultiviert werden. Solche Grasflächen finde ich schöner als einen sorgfältig gepflegten, samtenen Rasenteppich. Bei richtiger Anlage und Pflege haben sie Ähnlichkeit mit den hübschen Rasenflächen, die man vor Häusern in der Schweiz und in Österreich so häufig findet. Sie sind den Alpenblumenwiesen nachgestaltet und bilden einen bunten Farbenteppich. Das ungeschnittene Gras ist im Frühjahr von Ehrenpreis, Gänseblümchen, Schlüsselblumen, Primeln, Wiesenschaumkraut und Braunellen übersät.

Wer romantischer veranlagt ist oder großes Interesse am Naturschutz hat, kann auch eine völlig neue Frühlings- oder Sommerwiese auf bisher unbebautem Boden anlegen. Hierfür gibt es spezielle Wildblumen- und Grassamenmischungen.

Es spricht zwar nichts gegen die Anlage einer Blumenwiese, die das ganze Jahr hindurch blüht; aber Sie werden feststellen, daß Ihre Wiese sich leichter pflegen läßt, wenn Sie sie in zwei Abschnitte unterteilen: einen für die Frühlingsblumen (etliche sind Zwiebelpflanzen, daher dürfen Sie das Gras erst im Hoch-

Rechts: *Gilbweiderich und Fingerhut, die auf diesem Foto in der Nähe der Bäume wachsen, verlangen nährstoffreichen Boden und tiefen Schatten.*

Unten: *Kornblumen und Mohn waren vor der Einführung der Unkrautvertilgungsmittel typische Ackerpflanzen. Auf dem hier abgebildeten Wiesenstück sind sie hauptsächlich durch ihre Gartenvarietäten (im Vordergrund Shirley-Mohn) vertreten. Wenn man sie verwildern läßt, entwickeln sie sich allmählich wieder zu ihrer Stammart zurück.*

sommer mähen) und einen für die Sommerblumen (hier wird das Gras zeitig im Jahr gemäht; dann läßt man es wachsen bis zum Spätsommer). Nach dieser Methode bin ich in meinem Garten vorgegangen: Unter meiner großen Blutbuche habe ich einen Wiesenrasen mit Frühjahrsblumen angelegt, die erblühen, ehe die Buchenblätter ein dichtes Blätterdach bilden. Dort, wo der Schatten der Buche aufhört, blühen Sommerwiesenblumen und verschiedene Gräser.

Manche stellen sich unter dem Begriff Blumenwiese eine farbenfrohe Grasfläche mit rotem Klatschmohn, blauen Kornblumen, gelben Feldmargeriten und purpurroten Kornraden vor. Das sind jedoch eigentlich Feldblumen, die früher, als man noch keine Unkrautvernichter verwendete, zwischen Hafer, Weizen und Gerste wuchsen. Wenn Sie diese Feldblumen in Ihrem Garten aussäen wollen, tun Sie dies besser auf einer anderen, von der Blumenwiese abgetrennten Fläche, denn diese einjährigen Arten verlangen eine ganz andere Pflege.

Bei der Planung einer Blumenwiese sollten Sie bedenken, daß die meisten Wiesenblumen am besten in nährstoffarmem Boden gedeihen. Nährstoffreiche »gute« Böden sind nicht geeignet, denn sie fördern das Wachstum kräftiger, robuster Gräser, z.B. des Weidelgrases. Dieses Gras neigt dazu, sich auf Kosten anderer Grasarten stark auszubreiten und die Blumen zu überwuchern, für die Ihre Wiese eigentlich bestimmt war. Manche Gartenbesitzer geben sich große Mühe, kargen Boden herzustellen, auf dem sie ihre Blumenwiese säen können. Sie entfernen vor der Aussaat einer Wiesenblumenmischung die Torfschicht und den darunterliegenden guten Boden. Doch es gibt auch eine einfachere Lösung. Wenn Ihr Gartenboden für eine Blumenwiese zu nährstoffreich ist, sollten Sie auf der geplanten Fläche zunächst einmal eine Grasmischung aussäen. Jäten Sie auf der entstehenden Grasfläche kein Unkraut. Entfernen Sie lediglich mehrjährige Pflanzen, die sich stark ausbreiten – wie Melde, Ampfer und Disteln. Wenn Sie nicht düngen und das abgemähte Gras stets mit peinlicher Sorgfalt entfernen, dürfte der Boden im Laufe von ein paar Jahren allmählich magerer werden. Dann können Sie einige der interessanteren Wildblumen pflanzen. Bis es soweit ist, versuchen Sie es mit ein paar unkomplizierten Wiesenblumen wie Wiesenknöterich, Hopfenklee, Margerite, Flockenblume, Akelei und Weißklee.

Wie verwandelt man einen Rasen in eine Blumenwiese?

Wenn Sie mit dem Gedanken spielen, einen Teil Ihres Rasens in eine Grasfläche mit Blumen zu verwandeln, und es nicht allzu eilig haben, könnten Sie nach der Methode vorgehen, die ich in meinem Garten angewandt habe. Ich ließ das Gras auf einer kleinen Fläche am hinteren Ende des Gartens ganz einfach ein Jahr lang ungestört wachsen und wartete ab, was für Arten dort blühten. Allzu üppig wuchernde Pflanzen wie den allgegenwärtigen Löwenzahn entfernte ich und schuf dadurch Platz für andere Arten, die ich pflanzen wollte. Ich grub jede unerwünschte Pflanze aus, entfernte sorgfältig alle Wurzeln (Löwenzahn hat tiefe Pfahlwurzeln) und ersetzte sie durch eine neue Pflanze.

Wenn Sie auf Ihrem Rasen Wildblumen aussäen oder pflanzen wollen, dürfen Sie keine Unkrautvernichter oder Dünger mehr verwenden. Breitblättrigen Pflanzen (dazu gehören z.B. Gänseblümchen, Ferkelkraut, Ehrenpreis, Weißklee, Kleine Braunelle und Hornklee) machen Sie es leichter, wenn Sie das Gras während ihrer Wachstumszeit nur etwa alle vierzehn

EINE BLUMENWIESE, DIE DAS GANZE JAHR HINDURCH BLÜHT

Man könnte sich einen Wiesenblumenkalender anlegen, denn es gibt kaum einen Monat, in dem nicht irgendeine Blumenart blüht. Jede Art drängt sich auf ihre eigene, charakteristische Weise durch das immer länger werdende Gras und sorgt dafür, daß ihre Blüten dem Sonnenlicht ausgesetzt und für die bestäubenden Insekten sichtbar sind.

1 Gänseblümchen, *Bellis perennis*
2 Löwenzahn, *Taraxacum officinale*
3 Ehrenpreis, *Veronica chamaedrys*
4 Scharfer Hahnenfuß, *Ranunculus acris*
5 Wiesenschaumkraut, *Cardamine pratensis*
6 Schlüsselblume, *Primula veris*
7 Kleiner Klee, *Trifolium dubium*
8 Gemeines Ferkelkraut, *Hypochoeris radicata*
9 Margerite, *Chrysanthemum leucanthemum*
10 Ackerskabiose, *Knautia arvensis*
11 Hornklee, *Lotus corniculatus*
12 Schafgarbe, *Achillea millefolium*

BLUMENWIESEN UND BLUMENRASEN

In einem Vorort gilt es vielleicht als rücksichtslos, Rasenunkräuter ungehindert wachsen zu lassen. Auf dem Lande jedoch schafft man damit ein wahres Paradies. Gelbe Löwenzahnteppiche erfreuen das Auge und bieten Tieren Nahrung. Bienen finden in Baumblüten und Wiesenblumen reichlich Pollen und Nektar. Später bringen Stieglitze und andere Vögel Leben in den Garten. Sie ernähren sich von den Löwenzahnsamen.

13 Kleine Braunelle, *Prunella vulgaris*
14 Hundswurz, *Anacamptis pyramidalis*
15 Wiesenstorchschnabel, *Geranium pratense*
16 Labkraut, *Galium verum*
17 Tausendgüldenkraut, *Centaurium erythraea*
18 Wilde Malve, *Malva sylvestris*
19 Kriechende Hauhechel, *Ononis repens*
20 Mutterkraut, *Chrysanthemum parthenium*
21 Feldenzian, *Gentianella campestris*
22 Skabiosen-Flockenblume, *Centaurea scabiosa*
23 Färberginster, *Genista tinctoria*
24 Herbstzeitlose, *Colchicum autumnale*

DIE RICHTIGE ANLAGE UND BEPFLANZUNG

EIN SOMMERLICHER WIESENGARTEN

Ein Wiesen-Wildgarten wird, seiner Bearbeitung und seinen Blumenarten entsprechend, in mehrere verschiedene Zonen eingeteilt. Die Wege legt man einfach an, indem man das Gras kurz mäht. Auf der Rasenfläche in der Nähe des Hauses, die regelmäßiger gemäht wird, blühen niedrige Rasenpflanzen. Vom Hochsommer an sollten Sie jedoch auch diese Rasenfläche einige Wochen lang nicht mähen, damit alle Arten blühen können. An der sonnigeren Seite des Gartens wachsen Kräuter und nektarreiche Blumen. Die Kräuter sind in Töpfen angepflanzt. Die aus heimischen Sträuchern (Hainbuche, Stechpalme und Liguster) bestehende Hecke duftet intensiv. Auf der Frühlingsblumenfläche unter der Eiche zeigen die trockenen Stiele der Zwiebelpflanzen an, daß hier jetzt gemäht werden kann.

An der Wegkreuzung befindet sich ein Miniaturkornfeld, auf dem Mohn und andere Ackerunkräuter wachsen und den Garten mit ihrer leuchtenden Farbenpracht schmücken. Dahinter (auf der Sommerwiese) gedeihen Flockenblume, Schafgarbe, Schachblume und Löwenzahn, außerdem Apfel- und Pflaumenbäume und ein Johannisapfel. In der hinteren linken Ecke des Gartens ist eine verwildertere Fläche mit sehr robusten, wuchernden Gräsern und Nesseln verborgen. Hinter ihnen ist der Komposthaufen versteckt.

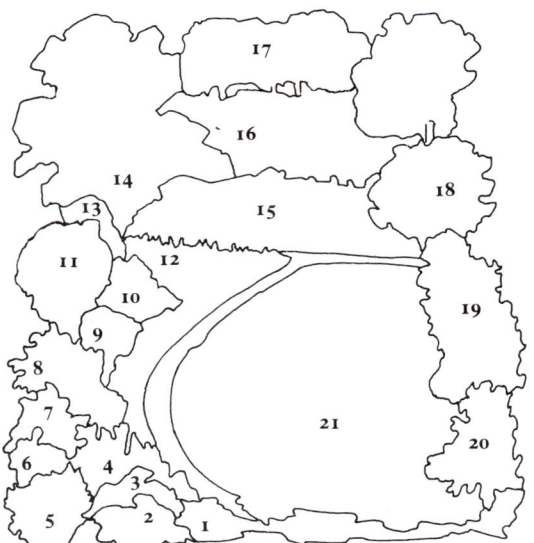

1 Thymiane, *Thymus*-Arten
2 Dost, *Origanum*-Arten
3 Salbei, *Salvia*-Arten
4 Rosmarin, *Rosmarinus officinalis*
5 Lavendel, *Lavandula*-Arten
6 Neubelgische Aster *Aster novi-belgii*
7 Sonnenhut, *Rudbeckia hirta*
8 Rose, *Rosa*-Arten
9 *Alchemilla*-Arten
10 Immergrün, *Vinca minor*
11 Weißer Flieder, *Syringa vulgaris*
12 Fläche mit Zwiebelpflanzen, die im Frühjahr blühen
13 Waldrebe, *Clematis vitalba*
14 Eiche, *Quercus*
15 Feldblumenrabatte: Mohn, *Papaver rhoeas* und Kornblumen, *Centaurea cyanus*
16 Sommerblumenwiese: Schachblumen, *Fritillaria meleagris*, Flockenblume, *Centaurea nigra*, Schafgarbe, *Achillea millefolium*, Ferkelkraut, *Hypochaeris radicata*
17 Obstbäume
18 Weißdorn
19 Hecke mit Geißblatt, *Lonicera periclymenum*
20 *Clematis montana*
21 Blumenrasen: Gänseblümchen, *Bellis perennis*; Ehrenpreis, *Veronica chamaedrys*, Löwenzahn, *Taraxacum officinale*

Tage mähen und die Schnitthöhe auf 8 cm einstellen. Im Frühsommer sollten Sie den Rasen vier oder fünf Wochen lang gar nicht mähen, damit die Blumen blühen und Samen bilden können. Im Herbst könnten Sie Blumenzwiebeln in den Rasen setzen, und zwar so, daß die Blumen kleine Tuffs und Grüppchen bilden. So erhalten Sie im nächsten Frühjahr schon rechtzeitig eine farbige Blütenpracht.

Egal, ob Sie Ihren Rasen nur mit Frühjahrsblumen besetzen wollen oder ob die Pflanzen nacheinander den ganzen Sommer und Herbst hindurch blühen sollen, es wird auf jeden Fall notwendig sein, neue Arten einzuführen. Sie können dabei nach einer der folgenden Methoden vorgehen (oder sie miteinander kombinieren):

Wenn Sie Blumen aussäen möchten, müssen Sie zunächst mit einer Stahlharke oder Egge die grasbewachsene Oberfläche entfernen. Beseitigen Sie alle Grasrückstände und säen Sie die Samenmischung im Herbst aus (s.S. 134).

Sie können auch im Topf gezogene Pflanzen in den Rasen einsetzen, wenn es Ihnen nicht zu kostspielig und die Fläche nicht zu groß ist. Heben Sie dazu topfgroße Rasenstücke aus (was sich am leichtesten mit einem Blumenzwiebelstecher bewerkstelligen läßt, s.S. 133) und setzen Sie die Pflanzen in Gruppen in den Boden. Auch das sollte am besten im Herbst geschehen, damit die Pflanzen nicht von den kräftigeren Gräsern überwuchert und erstickt werden. Doch wenn Sie daran denken, die Pflanzen stets reichlich zu gießen, können Sie sie jederzeit einpflanzen.

Wenn Sie bereits eine fertige Wiesenfläche in Ihrem Garten haben, können Sie Stücke davon in einen Rasen verpflanzen, um ihn abwechslungsreicher zu gestalten. Auch das ist bereits ausprobiert worden, und zwar auf unbebautem Boden: Man verwendete Stücke von einer Wiese, die in einen Steinbruch verwandelt werden sollte. Diese ordnete man in einem Schachbrettmuster (mit Zwischenräumen zwischen den einzelnen Stücken) an und säte um sie herum eine Wiesengrasmischung aus.

Oben rechts: *Die »Alpenwiese« ist äußerst vielgestaltig. Welches Gepräge sie annimmt, hängt vom Gelände und von der heimischen Pflanzenwelt ab. Bergwiesen kommen nicht nur im Gebirge vor.*

Rechts: *Eine ganz anders geartete Bergwiese entsteht, wenn man auf seinem Rasen kein Unkraut jätet. Dann ist er im Frühjahr von Gänseblümchen, Ehrenpreis, Löwenzahn übersät. Diese blühen jedes Jahr.*

DIE RICHTIGE ANLAGE UND BEPFLANZUNG

Links: Der Garten in Great Dixter ist einer der berühmtesten englischen Gärten. Sein derzeitiger Besitzer, Christopher Lloyd, gilt als einer der größten Gärtner dieses Jahrhunderts. Der Weg zum Haus führt durch einen ungewöhnlich schönen Wiesengarten. Zwischen den Gräsern gedeiht und blüht vom Frühjahr bis Herbst eine üppige, vielfältige Pflanzenwelt: Narzissen, Orchideen, Schachblumen, Margeriten, Herbstzeitlosen und Herbstkrokusse.

Unten: Die Blumenwiese wird nach und nach immer artenreicher, denn nicht nur der Gartenbesitzer sät oder pflanzt immer wieder neue Arten, sondern auch Insekten, Vögel und andere Tiere und der Wind tragen Samen und Sporen in den Garten. Manche Pflanzen, z.B. Orchideen, können nur keimen, wenn bestimmte Pilze vorhanden sind.

Die Anlage einer neuen Blumenwiese

Für die Anlage einer Blumenwiese auf noch unbebautem Boden gibt es mehrere Methoden. Sie dürfen jedoch nie vergessen, daß der Boden nährstoffarm sein muß, wenn Sie gute Resultate erzielen wollen. Planen Sie eine große Blumenwiese, ist die Aussaat vermutlich die preiswerteste Lösung. Bei einer kleineren Fläche könnten Sie sich überlegen, ob Sie Aussaat und Pflanzung nicht miteinander kombinieren wollen (s. unten und S. 134). Wichtig ist vor allem, daß Sie zunächst sämtlichen Pflanzenwuchs wie Quecken, Ampfer, Nesseln und Holunder ausmerzen. Graben Sie das Grundstück mit einer Gabel um und entfernen Sie auch alle der Wurzeln. Wenn es sich um eine größere Fläche handelt, werden Sie nicht darum herumkommen, sie mit einem Unkrautvernichter zu spritzen. Bearbeiten Sie den Boden dann mit einer Fräse. Bevor Sie aussäen oder pflanzen, sollte der Boden aufgelockert und guter Wasserabzug gewährleistet sein. Dann können Sie ihn rechen, bis er eine feine Krümelstruktur aufweist.

BLUMENWIESEN UND BLUMENRASEN

Eine neue Wiese sollte man am besten im Herbst aussäen, denn dann enthält der Boden genügend Feuchtigkeit. Außerdem tragen die kalten Wintermonate dazu bei, die Keimruhe einiger Samen zu brechen, so daß mehr Samen aufgehen als bei einer Aussaat im Frühjahr (s. auch S. 130 – 131). Wenn Sie eine abgepackte Gras- und Wiesenblumenmischung (oder selbst gesammelte Samen) verwenden, sollten Sie die mehrfache Menge feuchten Sandes beigeben, damit die Samen sich bei der Aussaat gleichmäßiger verteilen. Die Gras- und Wiesenblumenmischung wird normalerweise sparsam ausgesät (etwa 4 Gramm pro Quadratmeter). Ich empfehle, die Samen mit der Hand breitwürfig auszusäen. Wenn es sich jedoch um eine große Fläche handelt, können Sie auch einen Rasendüngerstreuer verwenden. Aber auch dann sollte man den Samen vor der Aussaat mit Sand vermischen. Danach muß der Samen mit dem Rechen in den Boden eingearbeitet oder (auf einem kleineren Grundstück) leicht mit Erde bedeckt und angetreten werden.

Eine weitere, für kleine Flächen geeignete Methode besteht darin, nur die Gräser auszusäen und die Wiesenblumen nachträglich einzupflanzen. Säen Sie zunächst die Wiesengräser aus, und zwar so, daß sie runde Flächen bilden. Ziehen Sie die Wiesenblumen im Anzuchtbeet und setzen Sie sie im nächsten Frühjahr an den unbewachsenen Stellen ein (siehe dazu S. 131).

Die Verwendung einer Heusamenmischung

Bei manchen Samenhändlern sind Heusamenmischungen von artenreichen Wiesen erhältlich. Hierbei handelt es sich um eine Mischung aus Spreu und Samen. Wieviel Sie aussäen müssen, hängt von der Reinheit der Saat-Spreu-Mischung ab. Richten Sie sich nach den Empfehlungen Ihres Samenhändlers. Sie können auch das Heu artenreicher Wiesen selbst verwenden (diese Methode wird in Holland und Schweden mit guten Ergebnissen angewandt). Wenn das Heu in noch grünem Zustand locker eingeballt wird, bleiben die meisten Samen an den abgeblühten Blumenköpfen hängen. Man verteilt das Heu im Herbst lose über die Oberfläche der geplanten Wiesenfläche und läßt es verwesen. Im nächsten Frühjahr keimen die im Heu enthaltenen Samen. Ein Ballen von dem artenreichen Heu kann etwa 150 – 200 g Samen enthalten – eine Menge, die für eine Fläche von 30 Quadratmetern ausreicht.

Blumen- und Grassamenmischungen

Eine abgepackte Wiesenblumenmischung enthält normalerweise bis zu 20 Wiesenblumenarten und bis zu sechs verschiedene Gräser. Firmen, die sich auf den Vertrieb derartiger Samen spezialisiert haben, bieten oft auch Samenmischungen für verschiedene Bodenarten an. Richten Sie sich nach den Hinweisen in den Katalogen dieser Firmen und kaufen Sie nur Samen, die für die in Ihrem Garten herrschenden Bedingungen geeignet sind (s. auch die Tabellen auf S. 142 – 145). Die meisten Gräser sind anpassungsfähig und wachsen überall. Aber es gibt einige, die unter ganz bestimmten Bodenbedingungen am besten gedeihen. Vielleicht enthält die gekaufte Samenmischung nicht so viele und nicht so schöne Gräser, wie Sie erwartet hatten. In diesem Fall können Sie die Mischung leicht anreichern, indem Sie zusätzlich Samen anderer hübscher Gräser aussäen, die in Ihrer Gegend wild vorkommen. Aber nehmen Sie sich in acht! Manche Gräser können zu einer lästigen Plage werden. Meiden Sie große, sich stark ausbreitende Gräser wie Rohrschwingel (*Festuca arundinacea*), Knäuelgras (*Dactylis glomerata*) und Wiesenlieschgras (*Phleum pratense*) sowie alle landwirtschaftlichen Zuchtsorten des Deutschen Weidelgrases (*Lolium perenne*). Auf kalkigem Boden gedeiht eine

Die farbenfreudige Blütenpracht der Getreidefelder kam teilweise durch verunreinigtes Saatgut zustande. Die Blumensamen wurden dabei zusammen mit dem Korn ausgesät. Noch ein weiterer Faktor trug zum Gedeihen der Feldblumen bei: Da Getreidepflanzen einjährig sind, wird der Boden vor der Aussaat und nach der Ernte umgewälzt. Auf diese Weise verhindert man, daß auf dem Acker mehrjährige Pflanzen wachsen, die die einjährigen Blumen früher oder später ersticken würden. Heute tragen reines Saatgut und Unkrautvernichter dazu bei, das Wachstum einjähriger Blumen auf dem Ackerland zu verhindern.

DIE RICHTIGE ANLAGE UND BEPFLANZUNG

Grasart, die dem Gartenbesitzer besonders ungelegen kommt, weil sie dazu neigt, sich auf Kosten anderer Arten sehr stark auszubreiten: die Zwenke *(Brachypodium pinnatum)*. Ehe Sie wilde Grasarten auf Ihrer Wiese aussäen, können Sie sich auch beim Naturschutzamt erkundigen, ob diese Arten für Ihre Bodenbedingungen und das in Ihrer Gegend herrschende Klima auch geeignet sind.

Viele, die bislang einen sorgsam gepflegten und getrimmten Rasen besaßen, wissen gar nicht, wie blühende Gräser aussehen. Es lohnt sich, ein kleines Stück des Rasens einen Sommer lang nicht zu mähen, um diese ausgewachsenen Gräser bewundern zu können. Sie werden vielleicht mit Überraschung feststellen, wie schön manche Gras»blüten« sind und wie stark sie sich in Länge, Form, Struktur und Farbe voneinander unterscheiden. Sie könnten auch erwägen, auf Ihrer Wiese einige ausländische Grasarten auszusäen. Diese breiten sich bald durch Selbstaussaat aus und blühen jedes Jahr (s. auch S. 91 – 94).

Feldblumenrabatten

Wenn Sie neben Ihrer Wiesenfläche eine Rabatte mit Feldblumen anlegen wollen, sollten Sie den Boden genauso vorbereiten wie für die Aussaat einer Blumenwiese. Nach der Aussaat müssen Sie regelmäßig alle wuchernden mehrjährigen Pflanzen beseitigen, die sich auf Ihre Rabatte verirrt haben, damit sie die einjährigen Feldblumen nicht ersticken. Wenn Sie die Feldblumenrabatte erst nach der Ausreifung der Samen mähen, säen die Blumen sich selbst wieder aus. Eine längere Blütezeit im nächsten Jahr erhalten Sie, wenn Sie im Spätsommer einige abgeblühte Blumenköpfe entfernen und die Samen aufbewahren (s. S. 129). Im nächsten Frühjahr können Sie sie dann in Saatkisten oder Anzuchtbeeten aussäen. Die im Frühjahr ausgesäten Blumen blühen später als diejenigen, die sich im Herbst selbst aussäen. Seltenere Feldblumenarten zieht man am besten in Anzuchtbeeten oder Saatkisten, um sicherzugehen, daß sie keimen. Manche Spezialisten bieten ein Sortiment bunter Feldblumen (Mohn, Kornblumen, Herbstadonisröschen, *Adonis annua*, und Kornrade) an, die heute auf Äckern nur noch selten zu finden sind.

Es lohnt sich, auch einige der hübschen einjährigen Gräser auszusäen, z.B. Zittergras (s.S. 150 – 151). Es gibt heimische und ausländische einjährige Grasarten. Man könnte zum Beispiel ein paar der landwirtschaftlichen Getreidearten wie Hafer, Weizen und Gerste mit einjährigen Feldblumen und einjährigen Gräsern kombinieren. Die Getreidearten sind zwar keine wildwachsenden Pflanzen. Dennoch schätzen die Tiere aus Feld und Wiese ihre Samen sehr. Auch hier wieder ist der Herbst die naturgemäße Zeit für die Aussaat.

Die Aussaat einer Deckfrucht

Viele wildwachsende Gräser wachsen langsam. Im allgemeinen ist eine Wiesenfläche mit langsam wachsenden Arten vorzuziehen, da sie sich leichter bearbeiten und in Ordnung halten läßt. Doch aus ästhetischen Gründen ist es vielleicht ratsam, eine rasch wachsende »Deckfrucht« auszusäen, die schnell keimt und dann abstirbt, so daß die ausdauernden Wiesenpflanzen und -gräser an ihre Stelle treten können. Zu diesem Zweck verwendet man auf großen Flächen beispielsweise eine Sorte des Italienischen Weidelgrases *(Lolium multiflorum)* – allerdings nur auf wenig fruchtbaren Böden (Kreide oder Ton), da es auf nährstoffreichen Böden zu üppig wächst. Für Gärten empfiehlt es sich daher nicht. Statt dessen könnte man eine Kornfeldmischung, Roggen oder Gerste (siehe oben), verwenden, sollte aber mähen, ehe die Samenstände voll ausgereift sind. Man muß die Deckfrucht vor der Samenbildung zurückschneiden, da sie sich sonst im nächsten Jahr selbst wieder

Im Gras wachsende Zwiebelpflanzen können durchaus reizvoll aussehen. Wenn man das Gras kurz hält, wirken sie aber doch sehr unnatürlich. Besser sieht es aus, wenn man das Gras wachsen läßt und zusätzlich mit kleinen Blumen bepflanzt.

aussät. Die geeignete Aussaatdichte für die Deckfrucht müssen Sie selbst durch Experimentieren herausfinden. In der Landwirtschaft verwendet man 30 kg pro Hektar. Aber auch mit einer geringeren Menge könnten Sie Erfolg haben. (500-Gramm-Packungen sind im Handel erhältlich und im Vergleich zu Samen wildwachsender Blumen preiswert.) Die Verwendung dieser Packungen lohnt sich, wenn Sie eine rasch wachsende Bodendecke benötigen. Sie wurden bereits auch von mehreren Naturschutzorganisationen zur Anlage von Blumenwiesen sehr erfolgreich verwendet.

Pflege einer Blumenwiese

Das Mähen oder Schneiden von Gras kann eine mühselige Arbeit sein. Vielleicht hoffen Sie, dieser Qual völlig entgehen zu können, indem Sie in einer Ecke Ihres Gartens eine wirklich verwilderte, naturbelassene Fläche anlegen. Doch wenn Sie das Grundstück völlig sich selbst überlassen und das Gras Jahr für Jahr weder gemäht noch abgegrast wird, überzieht sich die Fläche allmählich automatisch mit Sträuchern, Büschen und Gestrüpp; denn Sämlinge von Bäumen und Sträuchern haben die Tendenz, sich gegen die meisten anderen Arten durchzusetzen.

Es ist unmöglich, genaue, allgemein verbindliche Regeln für den Grasschnitt festzusetzen, da vieles von den Nährstoffen und dem Feuchtigkeitsgehalt Ihres Bodens sowie von dem Gras- und Wiesenblumenbestand Ihres Grundstücks abhängt. Außerdem gibt es beträchtliche jahreszeitliche Unterschiede. Ich kann lediglich allgemeine Richtlinien für die drei Rasen- oder Wiesentypen geben, die ich oben beschrieben habe.

Wie man einen Wiesenrasen mäht, habe ich bereits beschrieben (s. S. 61). Eine Frühlingswiese, bei der das Schwergewicht auf einer üppigen Blütenpracht

Links: Von Schlüsselblumen bewachsene Pfade sind nichts Seltenes. Vielleicht aber lassen sich Wege mit Gänseblümchen leichter anlegen. Leider wird es von Rasenliebhabern energisch bekämpft. Im Wildgarten spielt es eine wichtige Rolle, weil es so zeitig im Jahr blüht und weil seine Blütezeit so lange anhält.

Unten: Eine Frühlingswiese kann vom zeitigen Frühjahr bis zum Hochsommer blühen. Die Blüte beginnt mit den ersten Zwiebelpflanzen und setzt sich dann mit Margeriten, Schlüsselblumen, Ferkelkraut, Braunelle und Wiesenschaumkraut fort. Im Hochsommer oder ein wenig später (der genaue Zeitpunkt hängt davon ab, wie das Wetter ist und wann die Blumen aufblühen) können Sie die Wiese mähen und das abgemähte Gras entfernen. Halten Sie das Gras von nun ab entweder auf einer Höhe von 10 cm oder lassen Sie es wieder wachsen.

WELCHE WIESE MUSS WANN GEMÄHT WERDEN?

1 Frühlingswiese

Frühjahrsmitte bis Sommer — Hochsommer — Spätsommer und Herbst

2 Sommerblumenwiese

Frühsommer — Hochsommer bis Herbst — Herbst

Links: Eine Sommerwiese sollten Sie das ganze Frühjahr hindurch regelmäßig mähen (Schnitthöhe 7,5–10 cm) und dann vom Hochsommer bis zum Herbst ungemäht wachsen lassen. Die höheren Blumen, z.B. Ackerskabiose und Flockenblume, sind ideale Brutplätze für Schmetterlinge. Mähen Sie das Gras erst im Herbst wieder.

DIE RICHTIGE ANLAGE UND BEPFLANZUNG

im Frühjahr liegt, sollte erst im Hochsommer gemäht werden – zur Zeit der Heuernte. Kürzen Sie das Gras einmal und lassen Sie es dann wieder wachsen bis zum Herbst.

Bei einer Sommerwiese – es gibt mehr Sommer- als Frühlingsblumenarten und sie locken auch mehr Insekten an – würde ich Ihnen empfehlen, das Gras in den ersten Monaten des Jahres regelmäßig zu mähen. Mähen Sie es dann jedoch erst wieder im Spätsommer oder gar Herbst, wenn die Sommerblumen abgeblüht sind. Manche Arten blühen zweimal, und vielleicht müssen Sie die Wiese im Spätherbst noch einmal mähen. Sie können damit jedoch auch bis zum zeitigen nächsten Frühjahr warten. Mähen Sie, wenn es nicht frostig oder zu feucht ist.

Das Gras sollte niemals zu sehr gekürzt werden. Starkes Kürzen ist nur bei einem durch die Wiese führenden Weg erforderlich. Die Kürze des Grases sollte in etwa der Kürze einer abgegrasten Wiese entsprechen. Verwenden Sie entweder eine Sense oder einen Rasenmäher, dessen Schnitthöhe auf etwa 8 cm eingestellt ist. Bei dieser Schnitthöhe können die breitblättrigen Pflanzen überleben. Gleichzeitig aber wird das Gras doch so sehr gekürzt, daß sie genügend Licht und Sonne bekommen.

Man soll das abgemähte Gras stets von der Wiese

Kaum eine Blume sieht so reizend aus wie die Margerite oder Wucherblume – um nur zwei ihrer vielen volkstümlichen Namen zu nennen, die beweisen, daß sie den Leuten früher viel vertrauter war als heute. Da sie flache Wurzeln hat, gedeiht sie auch in äußerst armen Böden.

entfernen, damit der Boden nicht zu fruchtbar wird. Diese Arbeit wird Ihnen leichter fallen, wenn Sie die Grasreste erst einmal ein paar Tage liegen und austrocknen lassen.

Abgemähtes Gras darf niemals auf der Wiese verrotten. Wenn man es auf breitblättrigen Pflanzen liegen läßt, nehmen sie Schaden oder gehen ein; wenn es verrottet und den Boden anreichert, ist dieser für Wiesenblumen nicht mehr so gut geeignet.

Es scheint, als sei seltenes Mähen oder Bearbeiten mit der Sense einfacher als die Pflege eines richtigen Rasens. Doch selbst wenn Sie einen Rasenmäher verwenden, ist das Aufsammeln der langen abgemähten Grashalme eine mühselige Arbeit. Bei einer größeren Fläche lohnt es sich, einen kleinen Gartenschlepper zu mieten oder auszuborgen. Man kann das abgemähte Gras auf einen Anhänger laden und mit dem Gartenschlepper wegtransportieren. Bei größeren Wiesenflächen ist die Grasmenge für den Komposthaufen zu groß. Vielleicht sind aber unter Ihren Nachbarn Tierhalter, die für das Gras Verwendung haben.

Tiere, die Ihre Wiese besuchen

Sommerwiesenblumen sind viel artenreicher und locken mit ihrem Nektar auch mehr Insektenarten an als Frühlingsblumen. Zu den reizvollsten Sommerblumen gehören Skabiose, Majoran, Stengellose Kratzdistel, Herbstzeitlose und Margerite. Die Flockenblume ist nicht nur schön, sondern nützlich: Samenfressende Dompfaffen, Stieglitze und Grünfinken tun sich gern an ihren verblühten Blumenköpfen gütlich. Die Insekten werden Ihre Wiese so lange besuchen, bis die Kälte ihren Aktivitäten ein Ende setzt, und die langen Grashalme bieten den Puppen von Nachtfaltern und Tagschmetterlingen einen sicheren Platz zum Überwintern.

Will man Rücksicht auf die Schmetterlinge nehmen, so sollte man seine Grasfläche zweimal im Jahr mähen – das erste Mal im Hochsommer, wenn die erste Blüte vorbei ist, und das zweite Mal zum Sommerende, um abgeblühte Blumenköpfe und verwelkte Stengel zu entfernen. Doch selbst dann sollte man ein paar lange Grashalme stehen lassen, z.B. von Gräsern, die die Sträucher am Rande der Wiesenfläche umsäumen. In diesem hohen Gras können die Raupen sich ungestört verpuppen und überwintern. Lassen Sie abgemähtes Gras immer ein paar Tage liegen, ehe Sie es zusammenharken, damit die Raupen, Larven und anderen Tiere Zeit haben, an anderen Grashalmen einen neuen Zufluchtsort zu finden.

Es gibt viele Tagschmetterlinge und Nachtfalter, die im Larvenstadium Gräser als Futterpflanzen benutzen; z. B. Augenfalter und das Große Ochsenauge, das seine Eier auf Wiesengrasarten ablegt. Ein weiterer Wiesenschmetterling, der sich leicht in den Garten locken läßt, der Hauhechelbläuling, legt seine Eier nur auf Hornklee, Hopfenklee oder Klee.

Wenn das Gras höher wird, ist es mein größtes Vergnügen, von dem kurzgemähten Gartenweg aus nach den Schmetterlingen, Nachtfaltern und anderen Insekten Ausschau zu halten, die meine hübschen Gräser und Blumen besuchen. Es werden von Jahr zu Jahr mehr. Ich versuche die Arten zu bestimmen. Manchmal sehe ich auch eines der kleinen Säugetiere, die in meinem Garten Unterschlupf gefunden haben, z.B. Rötelmäuse, Zwergspitzmäuse und Igel.

Dost oder Wilder Majoran, *Origanum vulgare*

Kleiner Wiesenknopf, *Sanguisorba minor*

Margerite, *Chrysanthemum leucanthemum*

Stengellose Kratzdistel, *Cirsium acaule*

Rotklee, *Trifolium pratense*

Bienen sammeln Pollen und Nektar, um daraus Honig herzustellen. Schmetterlinge und Nachtfalter besuchen die Blüten, um an ihnen zu trinken. Jedes Klee-, Margeriten- oder Distelblütchen hält eine kleine Süßigkeit für sie bereit. Der Wilde Majoran lockt spät ausgeschlüpfte Schmetterlinge an. Der Kleine Wiesenknopf übt eine große Anziehungskraft auf Käfer und Schwebfliegen aus.

Waldgärten

Kaum ein Schauplatz der Natur ist so reizvoll wie ein kleiner Wald. Wenn Ihr Garten sehr klein ist, müssen Sie sich vielleicht mit einem oder zwei kleinen Bäumen und ein paar Sträuchern zufriedengeben. Wenn Ihr Grundstück jedoch groß genug ist oder einmal Teil eines Waldes war und noch Reste dieser Vergangenheit da sind, reizt es Sie vielleicht, aus Ihrem Garten ein kleines Waldstück zu machen. Eine bereits vorhandene Sträucherrabatte, ein paar Bäume, ein großer Baum, ein Obstgarten oder die Überreste eines Obstgartens, ja selbst eine aus verschiedenen Sträuchern bestehende Hecke, all das läßt sich leicht als Ausgangspunkt für einen solchen Waldgarten verwenden. Sie können weitere Bäume, Sträucher, Kletterpflanzen und kleinere Arten hinzufügen und zur Entstehung einer ökologisch lebensfähigen Pflanzengemeinschaft beitragen. Pflanzen Sie ein paar unserer heimischen früchte- und beerentragenden Bäume und Sträucher dazu: Schlehe, Vogelkirsche, Traubenkirsche, Holzapfel, Elsbeere und Eberesche. All diese Pflanzen locken Tiere an und verleihen Ihrem Garten im Frühjahr und Herbst besonderen Reiz. Sie lassen sich mit ausländischen Gehölzen kombinieren, z.B. mit der aus Nordamerika stammenden Kanadischen Felsenbirne oder ihrer engen Verwandten aus dem Kaukasus, der Mispel. Diese Pflanzen gehören zu den ersten, die im Frühjahr blühen. Ihre Blüten sehen hübsch aus und üben eine große Anziehungskraft auf die ersten nach Nahrung suchenden Insekten aus.

Wenn Sie bei der Anlage eines Waldgrundstücks ganz von vorn anfangen müssen, brauchen Sie viel Geduld. Nehmen Sie sich Zeit, eher ein paar Jahrzehnte als ein paar Jahre. Wenn in Ihrem Garten noch keine großen Bäume stehen, sollten Sie nicht in aller Eile welche pflanzen, sondern sich zunächst einmal auf den Unterwuchs konzentrieren. Pflanzen Sie an den äußeren Rändern Ihres Grundstücks lichtliebende, weiter innen schattenverträgliche Sträucher an. Warten Sie mit dem Anpflanzen von Bäumen mindestens ein paar Jahre. Diese Methode hat den Vorteil, daß man den Wald allmählich planen und anlegen und in der naturgemäßen Reihenfolge vorgehen kann. Damit erzielt man auf lange Sicht viel bessere Resultate. Wenn Sie sich in Ihrem Garten auch eine Lichtung wünschen, könnten Sie die Sträucher bis zum Boden zurückschneiden (s. S. 138–139). Während Sie sich noch mit der Entscheidung herumschlagen, welche Bäume Sie anpflanzen möchten und wo diese am besten stehen sollten, können Sie den Boden schon einmal mit Waldpflanzen polstern. Auf diese Weise bauen Sie schon vor der Anpflanzung der Bäume das Pflanzenkleid eines fertigen Waldes auf und können sicher sein, daß Ihr Garten bald eine große Vielfalt an Tieren aus Wald und Wiese anlockt.

Es ist ratsam, als Mulch für Ihre neuen Waldpflanzen Laubstreu und zerhackte Baumrinde zu verwenden (s. S. 124). Diese natürlichen organischen Mate-

Rechts: Das Laub zersetzt sich allmählich. Es entsteht Lauberde. Sie ist humusreich und gut entwässert, aber dennoch feuchtigkeitsspeichernd – ein idealer Wurzelboden.

Blumenteppich von nordamerikanischen Porzellansternchen gebildet – einjährigen Pflanzen, die sich durch Selbstaussaat vermehren.

rialien tragen nicht nur zur Bodenverbesserung bei, sondern es finden auch viele kleine Lebewesen, z.B. Käfer und Asseln, unter ihnen Nahrung und Unterschlupf. Man kann auch noch ein übriges tun, indem man die bereits vorhandenen Bäume mit Nistkästen für Vögel ausstattet.

Wenn sich auf Ihrem Grundstück umgestürzte Bäume oder abgebrochene Zweige befinden, die Sie wegräumen müssen, sollten Sie ein paar davon verrotten lassen. Faulendes Holz bietet zahlreichen Insekten, Pilzen, Moosen und Flechten einen Lebensraum und spielt eine wichtige ökologische Rolle. Schon ein paar dicke Holzscheite aus Ihrem Brennholzvorrat genügen. Ich habe solche Scheite in meinen Garten gelegt und außen herum Farne angepflanzt. Sie tragen dazu bei, den Boden feuchtzuhalten.

Die Vegetation eines Waldes

Alle bewaldeten Gegenden, ja alle Flächen, die sich in geologischer Hinsicht voneinander unterscheiden, haben ihren eigenen Waldtypus. Er besteht häufig aus vier verschiedenen Pflanzenschichten. Der herkömmliche Eichenwald ist ein gutes Beispiel für diese Vierschichtenstruktur.

Der Boden ist von den Laub- und Lebermoosen bedeckt, die bei beschattetem, feuchtem Boden deutlicher in Erscheinung treten. Darüber wachsen die Krautpflanzen. Sie bilden die sogenannte Krautschicht. Die dritte Schicht besteht aus Sträuchern und Kletterpflanzen, und die vierte wird von den Bäumen gebildet, die alles mit einem dichten Blätterdach bedecken. Obwohl die vier Schichten wechselseitig voneinander abhängig sind, spielt jede in der Ökologie des Waldes ihre Rolle. Wenn der Gartenbesitzer sich an diese von der Natur vorgegebene Struktur hält, erzielt er mit Sicherheit erfreuliche Resultate. Der Boden eines Waldgartens sollte von vielen verschiedenen Blatt- und Blütenpflanzen bedeckt sein. Aus dieser Bodendecke erheben sich die Kletterpflanzen und winden sich durch die Zweige der Sträucher zu den höherliegenden Ästen der Bäume empor. Manche, wie der Efeu, kriechen zunächst am Boden entlang, bis sie einen Baumstamm erreichen. Andere fallen kaskadenartig auf den Boden herab und bieten Windschutz und versteckte Schlupfwinkel.

Eichen sind in vielen Ländern der Welt heimisch oder eingebürgert. Es gibt laubabwerfende und immergrüne Arten. Die meisten gedeihen gut in tiefgründigem, lehmigem Boden; manche Arten vertragen keinen Kalk. Stieleiche und Wintereiche sind laubabwerfend und ziemlich anpassungsfähig. Beide Arten sind in Deutschland heimisch. Die Stieleiche (*Quercus robur*) bevorzugt Tonböden und schwere Lehmböden, die Wintereiche (*Quercus petraea*), deren Eicheln ungestielt sind, wächst auf sandigen flachen Böden. Sie verträgt auch einen etwas sauren Boden. In der freien Natur gedeiht natürlich unter jeder der beiden Arten eine andersartige Sträucher- und Krautschicht. Unter der Stieleiche findet man häufig eine Haselstrauchschicht, unter der Wintereiche dagegen wächst oft die Hain- oder Weißbuche. Im allgemeinen variiert der Unterwuchs der beiden Eichenarten je nach Höhe, Lichtintensität und Art des unter dem Boden befindlichen Gesteins ziemlich stark.

Unten: *Faulendes Holz bietet zahlreichen kleineren Tieren Lebensraum. Auf diesem Foto ist es von schönen Porlingen und üppigen smaragdgrünen Moosen bewachsen und auf diese Weise gleichzeitig verdeckt.*

Links: *Das geruchlose, aber schöne Hainveilchen, das auf lichten Waldflächen wächst, bevorzugt Abhänge und Erdwälle. Es blüht üppig, vermehrt sich reichlich durch Selbstaussaat und bedeckt den Boden mit herzförmigen Blättern.*

Eine Eiche muß in einem kleinen Garten nicht unbedingt auf Kosten anderer Pflanzenarten dominieren. Im Gegenteil. Sie gilt als einer der besten Schirmbäume. Ihre Wurzeln reichen tief in den Boden hinein und machen daher den in der Bodenoberfläche wurzelnden Pflanzen, die in ihrem Schatten gedeihen, nur wenig oder gar keine Konkurrenz. Das gilt sowohl für Sträucher als auch für die Krautschichtpflanzen. Wer Eichen in seinem Garten hat, kann in der tiefgründigen Humusschicht, die sich unter ihnen bildet, viele verschiedene Arten anpflanzen.

Die ersten frühblühenden Krautschichtpflanzen sind das Waldbingelkraut (*Mercurialis perennis*) und das Scharbockskraut (*Ranunculus ficaria*). Beide breiten sich rasch aus und müssen in Schranken gehalten werden. Dann folgen Buschwindröschen (*Anemone nemorosa*), Kriechender Günsel und – vorausgesetzt, daß der Boden feucht ist – Bärlauch. Alle vermehren sich reichlich, einige durch kriechende Wurzelstöcke. Ehe im späten Frühjahr das Blätterdach dichter wird, erblühen Primeln, Hasenglöckchen, Waldmeister und Veilchen, vor allem das Hainveilchen (*Viola riviniana*), das den Gartenbesitzer im Herbst manchmal noch mit einer zweiten Blüte erfreut. Von den selteneren Arten sollten Sie die Hohe Schlüsselblume (*Primula elatior*), die Einbeere, das Moschuskraut (*Adoxa moschatellina*) und das Waldvergißmeinnicht (*Myosotis sylvatica*) ausprobieren. Die Hohe Schlüsselblume ähnelt der Echten, zieht jedoch den feuchten Schatten des Waldes vor.

Auf saurem Boden könnte man einige ausländische Waldblumen anpflanzen, z.B. die nordamerikanische Waldlilie (*Trillium grandiflorum*) und den Hundszahn. Weitere für einen Waldgarten geeignete Pflanzen sind das heimische, spät blühende Kleine Wintergrün (*Pyrola minor*) und das reizende Moosglöckchen (*Linnaea borealis*).

Die Birke bietet dem Besitzer eines Wildgartens wegen ihrer Anpassungsfähigkeit wahrscheinlich mehr Möglichkeiten als viele andere Baumarten. Die bei uns heimischen Waldbirken, die Weiß- oder Hängebirke (*Betula pendula*) und die Moorbirke (*Betula pubescens*), deren Rinde weißer ist, gedeihen gut in nährstoffarmem Boden. Auf kalkigem oder sandigem, saurem Boden und auf Kies fühlen sie sich ebenso wohl wie auf normalem oder gar nährstoffreichem Boden. Auch viele schöne Formen wie *Betula jacquemontii* und die *Betula papyrifera* lassen sich ohne Probleme anpflanzen. Ihre Eleganz kommt besonders gut zur Geltung, wenn die Bäume weit auseinanderstehen und der Boden unter ihnen von einem dichten Pflanzenpolster bedeckt ist.

Die Schwarzerle (*Alnus glutinosa*), die im Herbst als einer der letzten Bäume die Blätter verliert, gehört zur selben Familie wie die Birke. Sie gedeiht zwar auch recht gut an trockeneren Standorten (in einem kleinen Dickicht, das am hinteren Ende meines Gartens entsteht, wächst eine schöne junge Schwarzerle), ist aber am häufigsten an feuchten Stellen oder gar direkt am Wasser anzutreffen. Sie kommt häufig zusammen mit Esche und Birke in feuchten Wäldern vor. Die Grauerle (*Alnus incana*) eignet sich gut für sehr schwer zu bebauende Böden. Sie wird bei Landgewinnungsprojekten verwendet.

Der lichte Schatten, den Sträucher und kleine Bäume werfen, ist ideal für viele Waldblumenarten. Wenn Sie in Ihrem Garten große Bäume haben, deren Blätterdach im Sommer sehr dicht wird und tiefen Schatten wirft, pflanzen Sie darunter am besten Blumen an, die im Frühjahr blühen, ehe die Bäume vollständig belaubt sind. Auch Arten, die im Herbst blühen, wenn das Laub abfällt, eignen sich für solche Standorte.

Bäume für den kleineren Garten

Ein kleines Gehölz findet in vielen Gärten Platz. Doch nur wenige Gartengrundstücke sind groß genug für die eigentlichen Waldbäume. Diese sind zwar, wenn man sie anpflanzt, noch nicht sehr hoch, nehmen aber eines Tages beträchtliche Ausmaße an. Wenn in Ihrem Garten für solche großen Bäume nicht genügend Platz ist, sollten Sie lieber kleinere Baumarten wählen oder sich für größere Sträucher entscheiden, die ihren Ausmaßen nach zwischen Busch und Baum stehen wie Hasel, Hainbuche und Gemeiner Schneeball. Ich habe Haselbäume in meinem Waldgarten und Haselsträucher in meiner Hecke.

Wenn diese kleinen Bäume die Rolle der obersten Waldschicht übernehmen, gibt es immer noch genügend andere reizvolle und nützliche Sträucher, die sich als Unterwuchs eignen. Außerdem haben die kleineren Bäume einen großen Vorteil: Da ihr Blätterdach im allgemeinen nicht so dicht ist, gedeihen unter ihnen verschiedenartige und manchmal sehr farbenprächtige Krautschichtpflanzen. Sie können die Krautschicht also viel schöner und abwechslungsreicher gestalten als in einem Wald mit dichtem Blätterdach. Pflanzen Sie möglichst viele verschiedene Baumarten an. Dadurch schaffen Sie auch mehr unterschiedliche Licht- und Schattenzonen.

Es spricht nichts dagegen, heimische und ausländische Arten miteinander zu kombinieren. Ich habe

Oben: *Die Hohe Schlüsselblume (Primula elatior) sieht aus wie eine große Schlüsselblume. Sie wächst jedoch – ebenso wie ihre kleinere Verwandte – in waldiger Umgebung und nicht auf Wiesen. Sie kreuzt sich mit beiden Arten.*

Links: *Viele ausländische Arten passen gut in eine aus heimischen Pflanzen bestehende Umgebung und wirken dort sehr reizvoll. Das gilt wohl am meisten für die Waldpflanzen. Auf diesem Foto nehmen die sternförmigen Blüten der Iris cristata den Platz ein, der in einem englischen und deutschen Frühlingswald Anemonen, Schlüsselblumen oder Veilchen zukäme.*

EIN WALDGARTEN

Blüten, Früchte und Blätter eines Waldgartens, in dem hübsche kleine Bäume, Sträucher und heimische Schlingpflanzen wachsen, sind für viele Tiere von lebenswichtiger Bedeutung. In dem hier abgebildeten Garten führt ein gewundener Pfad zu einem in einer Lichtung gelegenen Teich. Über den Teich führt eine Holzbrücke. Neben ihm stehen in der Nähe eines Vogelkirschbaums rustikale Sitzbänke. Sie gewähren einen Ausblick über den Teich, so daß man die Tiere, die ihn besuchen oder bewohnen, gut beobachten kann. Anschließend führt der Weg zu einem geißblattbewachsenen, versteckten kleinen Sommerhäuschen. Wenn man zum Haus zurückgeht (der Weg hat sich inzwischen in einen Graspfad verwandelt), kommt man an einer Waldpflanzenrabatte vorbei. Hier ist der Boden zwischen den Bäumen von vielen verschiedenen Wald- und Waldrandpflanzen gepolstert: Veilchen, *Viola*arten, Schlüsselblume, *Primula vulgaris,* Milchstern, *Ornithogalum umbellatum,* Buschwindröschen, *Anemone nemorosa,* Immergrün, *Vinca major,* Waldvergißmeinnicht, *Myosotis sylvatica,* Fingerhut, *Digitalis purpurea,* Schöllkraut, *Chelidonium majus* und Maiglöckchen, *Convallaria majalis.*

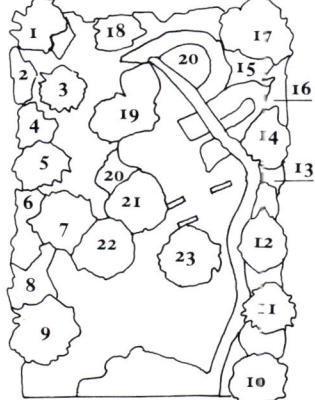

1 Mehlbeere, *Sorbus aria*
2 Himbeeren und Brombeeren, *Rubus*arten
3 Stechpalme, *Ilex aquifolium*
4 Schlehe, *Prunus spinosa*
5 Weißdorn, *Crataegus laevigata*
6 Gemeiner Schneeball, *Viburnum opulus*
7 Feldahorn, *Acer campestre*
8 Hasel, *Corylus avellana*
9 Wolliger Schneeball, *Viburnum lantana*
10 Elsbeere, *Sorbus torminalis*
11 Gemeiner Liguster, *Ligustrum vulgare*
12 Hainbuche, *Carpinus betulus*
13 Schmerwurz, *Tamus communis*
14 Weißbirke, *Betula pendula*
15 Faulbaum, *Rhamnus frangula*
16 Gemeine Waldrebe, *Clematis vitalba*
17 Winterlinde, *Tilia cordata*
18 Holunder, *Sambucus nigra*
19 Moorbirke, *Betula pubescens*
20 Roter Hartriegel, *Cornus sanguinea*
21 Gemeine Eberesche, *Sorbus aucuparia*
22 Johannisapfel, *Malus pumila*
23 Vogelkirsche, *Prunus avium*

DIE RICHTIGE ANLAGE UND BEPFLANZUNG

schon viele schöne kleine Waldgrundstücke gesehen, auf denen ausländische Arten wie Ahorn, Magnolie, Pieris, Zerreiche, amerikanischer Hartriegel, Rhododendron u.a. mit heimischen Bäumen eine reizvolle Mischung bildeten. Unter solchen gemischten Baumbeständen wächst häufig eine entsprechende Vielfalt schattenertragender Unterwuchspflanzen.

In meinem kleinen Wald, der immer noch im Anfangsstadium steckt, dominieren Bäume, die bereits da waren oder die ich ganz am Anfang pflanzte, als ich noch nicht an die Anlage eines Wildgartens dachte: Zerreiche, Blutbuche, Winterlinde, Pappel der Varietät 'Aurora', Apfelbaum, Pflaumenbaum, Quittenbaum und Eukalyptus. Doch jetzt pflanze ich zwischen diese älteren Bäume allmählich andere Arten. Die meisten sind aus Sämlingen entstanden, die ganz von selbst im Garten auftauchten und im allgemeinen unerwünscht sind. Sobald diese Pflanzen etwa zehn Zentimeter groß sind, nehme ich sie heraus und verpflanze sie in den Baumbestand meines Gartens. Manche Bäume ziehe ich auch aus Stecklingen oder aus selbst gesammelten Samen oder kaufe Jungpflanzen von Baumschulen (s. S. 129). Wenn man sich die winzige Pflanze ansieht, die aus einem Zwergmispel- oder Kiefernsamen entstanden ist, könnte man meinen, daß es Jahre dauern wird, bis sie eine ansehnliche Größe erreicht. Doch diese kleinen Pflanzen holen die älteren, von Baumschulen gekauften erstaunlicherweise rasch ein und überflügeln sie sogar, sobald sie erst einmal zwei oder drei Jahre alt sind. Das ist ermutigend für den Gartenfreund, der seine Bäume aus Samen ziehen möchte. Nützliche Waldgartenpflanzen, die sich auf diese Weise ziehen lassen, sind z.B. Erle, Espe, Feldahorn, Schlehe, Wolliger Schneeball, Kiefer, Weide, Hasel, Stechpalme und Gemeiner Schneeball.

Bei Baumschulen ist ein reichhaltiges Sortiment an Baumsämlingen erhältlich. Sie sind in der Regel 2 Jahre alt. Sie werden häufig als Heckenpflanzen verkauft und sind billig. Die als Unterwuchs oder Garteneinfriedung benötigten Bäume und Sträucher kann man ineinanderwachsen lassen wie in der freien Natur. Auf diese Weise bilden sie einen nützlichen Windschutz für die anderen, erleseneren Pflanzen Ihres Waldgrundstücks.

Sträucher und Kletterpflanzen
Die Strauchschichtpflanzen eines Waldes sind uns am vertrautesten, denn sie sind uns am nächsten. Sie wachsen ungefähr in Augenhöhe. Wir können sie berühren, und sie streifen uns gelegentlich, wenn wir an ihnen vorübergehen. Sie müssen sorgfältig ausgewählt werden, denn sie tragen viel zum Gepräge des Waldesinneren bei. Zum Glück gibt es viele heimische und ausländische Sträucher, die in einem Wald gut wachsen und sowohl im tiefsten Schatten des Waldesinneren als auch im weniger tiefen Schatten der Waldränder oder Lichtungen gedeihen.

Den Unterwuchs eines Waldgrundstücks erhält man am leichtesten, indem man irgendeiner vorherrschenden Strauchart gestattet, sich ungehindert auszubreiten. Hier wäre z.B. die Hasel zu nennen, sie gedeiht auf allen lehmigen Böden, und unter ihr wächst eine vielfältige Krautschicht, die üppig gedeiht.

Wenn ein traditionell angelegter Garten in eine bewaldete Fläche übergeht, kann man die beiden Flächen harmonisch verbinden, indem man die vorhandenen Gartenpflanzen mit wildwachsenden Arten kombiniert. Können sich die Pflanzen frei ausbreiten, wirken selbst so prächtige Gartenpflanzen wie das Gelbe Steinkraut nicht fehl am Platz. Zwischen den farbenprächtigen Gartenpflanzen kann man einige heimische Gartenblumen, z.B. Vergißmeinnicht, ansiedeln.

Die meisten Gartenfreunde jedoch legen sich lieber ein größeres Pflanzensortiment zu, statt nur eine einzige Art anzupflanzen. Auf feuchtem Boden oder in ausgesprochen tiefem Schatten (z.B. an manchen nach Norden zeigenden Waldrändern) gedeiht der Gemeine Schneeball. An solchen Standorten kann man auch den Echten Kreuzdorn (Rhamnus cathartica) und den Faulbaum (Rhamnus frangula) pflanzen. Beide Kreuzdorn-Arten dienen den Raupen des Zitronenfalters als Nahrung. Man darf den Faulbaum nicht mit der Erle verwechseln, die am gleichen Standort gedeiht. Weitere Sträucher, die sich für tiefen Schatten eignen, sind Buchsbaum, Lorbeerseidelbast, Mäusedorn, Traubenkirsche, Mannsblut (Hypericum androsaemum), Liguster, die ausländische Mahonia aquifolium sowie Stechpalme, Wacholder und Eibe.

Einige der als »kleine Bäume« bezeichneten Pflanzen kann man auf einem Waldgrundstück auch als Sträucher verwenden. Gute Beispiele hierfür sind die Salweide (Salix caprea) und der Feldahorn. Wenn diese kleinen, als Sträucher verwendeten Bäume zu groß werden, können Sie sie ab und zu rigoros zurückschneiden (s. S. 139).

Kletterpflanzen spielen auf einer bewaldeten Gartenfläche eine wichtige Rolle. Da sie ziemlich schnell wachsen, kann man mit ihnen die bereits vorhandenen Bäume rasch »bekleiden« und ihnen auf diese Weise ein waldähnliches Aussehen verleihen. Es ist jedoch besser, als Stütze für Kletterpflanzen einen

Oben: *Die Abbildung zeigt fünf früchtetragende wildwachsende Bäume und Sträucher die Leben und Farbe in ein bewaldetes Grundstück bringen: Stechpalme, Holunder, Vogelkirsche, Eberesche und Schneebeere. Auf manche der Früchte stürzen sich die Vögel, sobald sie reif sind. Andere fressen sie erst, wenn der Winter anbricht. Die aus Nordamerika stammende, in manchen Ländern Europas eingebürgerte Weiße Schneebeere ist bei Jagdvögeln und Bienen besonders beliebt.*

DIE RICHTIGE ANLAGE UND BEPFLANZUNG

Baum zu verwenden, der schon seit zwei oder drei Jahren am selben Ort steht (s. auch S. 40–41).

Obwohl man Efeu zu den Kletterpflanzen zählt, eignet er sich auch gut zur Bedeckung eines Waldbodens, vor allem an Standorten in tiefem Schatten, wo andere Pflanzen im allgemeinen weniger gut gedeihen. Je tiefer das Grün eines Blattes ist und je fester und härter es sich anfühlt, desto mehr Schatten kann die Pflanze vertragen. Das gilt für alle Pflanzenarten (s. auch S. 40–41).

Immergrüne

Wir haben eine viel größere Vielfalt an immergrünen heimischen Bäumen und Sträuchern, als auf den ersten Blick ins Auge fällt. Der Gartenfreund, der Abwechslung liebt, kann mit dieser Auswahl durchaus zufrieden sein, auch wenn die Liste der heimischen Arten in den Baumschulkatalogen vielleicht kürzer ist als die der ausländischen Bäume und Sträucher. Vor allem Efeu, Eibe und Stechpalme haben, als seien sie sich ihrer Besonderheit bewußt, zahlreiche Varietäten hervorgebracht. Einige sind recht außergewöhnlich und weichen in Wuchstyp und Aussehen stark von der Stammform ab. So gibt es beispielsweise eine niederliegende Wacholder-Varietät, eine säulenförmige Eiben-Spielart und eine Efeu-Varietät mit steifen Trieben. Neben Stechpalmen mit glatten Blättern findet man solche, deren Blätter von Dornen übersät sind. Die einzelnen Varietäten unterscheiden sich auch hinsichtlich der Größe, Form und Farbe ihrer Blätter, vor allem in der Panaschierung. Es lohnt sich also, beim Besuch einer Baumschule oder eines Forstgartens erst einmal nachzusehen, was für Varietäten erhältlich sind, statt sich sofort für den Grundtypus zu entscheiden. In Großbritannien gibt es nur wenige heimische Koniferen. Dennoch ist es erstrebenswert, diese Bäume im Garten zu haben, da viele sich hervorragend als Windschutz eignen, z.B. Kiefern. Die sehr dicht benadelten Arten bieten außerdem nistenden Vögeln guten Unterschlupf. Es gibt eine so große Auswahl an ausländischen Koniferen, daß sich für jede Bodenart geeignete Arten finden lassen.

Hecken und Waldstreifen

Sehr alte Hecken, die aus vielen verschiedenen Arten bestehen, sind, wie man vermutet, Überreste eines früheren Waldes. Als das Land zu landwirtschaftlichen Zwecken gerodet wurde, ließ man als Begrenzung oder Abschirmung einen schmalen Streifen aus Bäumen und Sträuchern stehen. Bald entstand daraus eine gute, dichte Hecke. Daher sind die in einer Hecke herrschenden Bedingungen denen eines Waldes ähnlich. Die Hecke bietet Pflanzen und Tieren Schatten, Feuchtigkeit und gute Abschirmung.

Wenn Sie eine Wildhecke anlegen wollen, sollten Sie ziemlich dicht pflanzen. An den natürlichen Hecken in Ihrer Umgebung erkennen Sie, welche Bäume und Sträucher sich am besten für Ihren Garten eignen. Die meisten heimischen Arten gedeihen gut auf normalem Boden. In meinen aus heimischen Arten bestehenden Hecken ist der Feldahorn eine besondere Augenweide. Er behält seine Blätter noch lange, wenn das Laub der anderen Arten schon längst abgefallen ist. Kombinieren Sie ihn mit verschiedenen Weißdornarten, wie zum Beispiel mit Gemeinem Schneeball, Hundsrose, Stechpalme, Liguster, Kreuzdorn und Schlehe.

Wenn der Platz in Ihrem Garten für eine kleine Waldfläche oder ein Dickicht nicht ausreicht, so können Sie eine bereits vorhandene Rabatte verbreitern und ihr ein waldähnliches Aussehen verleihen. Bepflanzen Sie sie so, als handle es sich um einen Waldrand. Wenn die Rabatte sich in der Nähe einer Hecke befindet, läßt sich der Waldeffekt leichter erzielen, vor allem, wenn die Hecke aus mehreren verschiedenen Arten besteht. Stützen Sie bei jeder Gehölzart

Oben: *Das Schmalblättrige Weidenröschen* (Epilobium angustifolium) *ist eine hohe, mehrjährige Pflanze. Es ist in Wäldern sowie auf Heide- und Ödland verbreitet.*

Unten: *Der Waldsauerklee* (Oxalis acetosella) *besitzt kriechende Wurzeln, breitet sich rasch aus und ist ein guter Bodendecker für schattige, feuchte Waldgartenflächen.*

einen Hauptstamm mit einem Pfahl ab, so daß er über die Hecke hinauswächst. Auf diese Weise erhalten Sie bald eine Reihe kleiner Bäume, z.B. Weißdorn, Weide, Schlehe und Stechpalme.

Am Rande des Waldstreifens oder der Hecke können Farne, Lichtnelken, Wolfsmilchgewächse, Wiesenstorchschnabel, Weidenröschen, Fingerhut, Königskerzen und Silberblatt wachsen. Je nach Bodenbedingungen kann man auch die hübsche Feldrose und andere kletternde Arten pflanzen.

Wenn der Boden Ihres »Waldrandes« feucht, aber nicht naß ist, gedeihen Goldnessel, Blutweiderich, Eisenhut, Rainfarn, Gilbweiderich und Pfennigkraut.

An trockenen, steinigen oder kiesigen Stellen können Sie Storchschnabel und verschiedene Johanniskrautarten (z.B. *Hypericum calycinum* und *Hypericum montanum*) pflanzen. Heidelbeere und andere niedrige Sträucher dieser Familie, Besenheide und andere Heidekrautgewächse können die Grundlage einer vielfältigen Pflanzengemeinschaft bilden. Hierzu passen auch Farne, Wassergamander und andere Lippenblütler. Unter den Lippenblütlern gibt es viele wildwachsende Kräuter.

In manchen Gärten fällt dieser Waldrand mehr ins Auge als alles andere. In diesem Fall wird der Gartenbesitzer natürlich den Wunsch haben, ihm ein möglichst reizvolles und einladendes Aussehen zu verleihen. Hierfür gibt es einige allgemeine Richtlinien. Eine dicht belaubte Pflanze gibt einen guten Hintergrund für eine zartere, feiner strukturierte Art ab; und eine Pflanze, die sich am Boden ausbreitet, nimmt sich gut vor oder am Fuße eines schmalen oder säulenförmigen Gewächses aus.

Die Anlage eines Waldrandes ist die ideale Lösung für Gartenbesitzer, die darüber klagen, daß ein großer Teil ihres Grundstücks im Schatten liegt. Vielleicht steht im Nachbargarten ein Baum, der so hoch ist, daß er den Rand Ihres Gartens beschattet. Oder eine hohe Mauer sorgt, zumindest den größten Teil des Jahres hindurch, für tiefen Schatten. Wenn Sie einen Waldrand anlegen, ist der Baum aus dem Nachbargarten genau der richtige Hintergrund. Eine hohe Mauer wirkt weniger hart, wenn sie von Schlingpflanzen überwuchert ist. Die Blätter dieser Pflanzen können am Fuß der Mauer allmählich in das Laub schattenliebender Sträucher übergehen. Diese wiederum geben einen guten Hintergrund für eine farbenfrohe Krautschicht ab. Ich habe es in meinem Garten selbst ausprobiert.

Das Efeudickicht bietet dem Zaunkönig einen geschützten, verborgenen Nistplatz. Der kleine Vogel nistet auch gern in Löchern oder Spalten, in Erdwällen und Mauern.

Unten Eine Rabatte läßt sich so anlegen, daß sie wie ein Waldrand wirkt – wenn sie einen Teil des Tages über beschattet ist. Die Erde muß mit Laub durchsetzt sein. Sind diese Bedingungen erfüllt, kann man typische Waldrandgewächse anpflanzen. Viele Krautschichtpflanzen haben hübsche Blätter, die den kleineren Pflanzen darunter Schatten spenden.

Heidegärten

Die Familie der Heidekrautgewächse *(Ericaceae)* besteht aus etwa 1500 Arten, die in torfigem, saurem oder fast neutralem Boden gedeihen. Viele denken bei dem Wort Heide automatisch an kühle, nördliche Gefilde. Die meisten Heidekrautarten sind jedoch auf den windgepeitschten Hochebenen Südafrikas zuhause. Fast alle Heidekrautgewächse gedeihen am besten in ungeschützten Gärten mit mildem, aber windigem Klima.

Heidegärten, in denen Polster verschiedener Heidekrautarten ineinanderwachsen, sind schon lange beliebt. Sie sehen jedoch manchmal sehr gekünstelt aus. Bei den meisten Heidekrautgewächsen handelt es sich um niederliegende, langsam wachsende Sträucher. Daher kommen sie in einer hügeligen Landschaft, etwa als Bekleidung eines Abhangs oder als weiche Polsterflächen zwischen Felsbrocken, am besten zur Geltung.

Solche Wellenlinien lassen die Gartenlandschaft reizvoller erscheinen. Sie können, wenn der Garten nicht hügelig ist, auch durch die Anpflanzung von Arten verschiedener Höhe und verschiedenen Wuchstyps entstehen. Man beginnt beim Bepflanzen mit der niedrigsten Ebene und nutzt eventuell vorhandene Vertiefungen des Grundstücks aus. Man kann Graswege oder -flächen mit kurzem Gras anlegen. Statt des Grases eignen sich auch Kriechpflanzen als Bodendecke. Thymian gedeiht auf demselben Boden wie Gras. Ein aus kriechendem Thymian bestehender Rasen kann schön farbig und sehr reizvoll sein und die Blütezeit in Ihrem Garten verlängern.

Neben den eigentlichen Heidekräutern gibt es eine große Auswahl anderer Heidekrautgewächse, die Sie pflanzen können: Moosbeeren und andere beerentragende Sträucher sowie die natürlicher wirkenden kleineren Rhododendronarten. Ferner findet man viele Pflanzen, die zwar nicht zu den Heidekrautgewächsen gehören, aber auf saurem Boden gedeihen und gut in eine Heidelandschaft passen. Viele Ginsterarten und Koniferen (z.B. Wacholder) bilden mit ihren aufrechten Formen einen reizvollen Kontrast zu den niederliegenden Heidearten.

Viele Heidekrautgewächse sind Immergrüne. Grün ist jedoch keineswegs die vorherrschende Farbe einer Heidelandschaft, denn die verwelkenden Blütenstiele und die Spitzen der jungen Blätter sorgen für ständige Farbenvielfalt. Wenn man immergrüne Heidekräuter mit laubabwerfenden Arten wie z.B. der Heidelbeere kombiniert, entsteht eine sehr harmonische Farbzusammenstellung.

Die Besenheide *(Calluna vulgaris)*, auch Heidekraut genannt, bedeckt vom Spätsommer an Moore und Waldränder mit ihrem wunderschönen Blaßrosa. Sie ist die einzige Art der Gattung *Calluna* und in Kleinasien, Nordeuropa und dem östlichen Nordamerika heimisch. Die Besenheide ist sehr variabel. Manche Formen sind aufrecht und buschig, andere sind niederliegend und breiten sich am Boden aus. Die sehr eng mit ihr verwandten Erikaarten *(Erica)* werden verwirrenderweise auch als »Heide« bezeichnet.

Heidegärten

Die meisten Heidekrautgewächse gedeihen am besten in torfigem, saurem Boden. Daher empfiehlt es sich, viel feuchten Torf in das Beet einzuarbeiten und die frisch umgegrabene Oberfläche mit einer weiteren Torfschicht zu bedecken. Es ist auch möglich, auf alkalischem Boden künstliche Moorbeete anzulegen. Auf lange Sicht lohnt es sich aber nicht, da man ständig mit Hilfe von Eisenpräparaten (Fetrilon, Sequestren) das Gelbwerden der Blätter (Chlorose) verhindern muß.

Unter den Schmetterlingsblütlern gibt es einige sehr hübsche polsterbildende Pflanzen, die den Eindruck erwecken, als sei der Garten von kleinen Hügelchen bedeckt (s. Pflanzen für trockene Heidegrundstücke, unten). Darüber können sich größere Sträucher und Bäume erheben.

Wenn Sie unter den Bäumen und Sträuchern Heidekraut anpflanzen wollen, sollten Sie die Pflanzen zur selben Zeit in den Boden setzen. Dann werden die Wurzeln später nicht mehr in ihrem Wachstum gestört. Außerdem kann man dann alle Pflanzen in ihrer Eingewöhnungszeit gleichzeitig pflegen, und sie können sich rasch einander anpassen, solange sie noch jung sind. Am besten ist es, den Boden mit einem tiefen Torf- oder Kompostmulch zu bedecken. Darin können die jungen Pflanzen sich gut verwurzeln.

Pflanzen, die auf dieser Bodenart wachsen, neigen zum raschen Austrocknen. Also regelmäßig gießen, bis sie fest im Boden verankert sind und keine ständi-

Oben: *Die Besenheide* (Calluna vulgaris) *liebt Moore, Waldböschungen und Waldränder auf saurem Boden und blüht im Spätsommer. Sie gehört wie die eng mit ihr verwandten Erikaarten zu den Lieblingspflanzen der Bienen.*

Rechts: *Ein Abhang mit saurem Boden ist der ideale Platz für einen Heidegarten. Hier kommen aufrecht wachsende und kriechende Pflanzen gleichermaßen gut zur Geltung. Eine besonders schöne Wirkung wird erzielt, wenn man immergrüne Heidepflanzen mit Birken kombiniert. Ihre silbrigweiße, glitzernde Rinde bildet einen Farb- und Strukturkontrast zu den Heidekräutern. Manche Heidekräuter (z.B. Erica mediterranea) werden sehr buschig und können eine Höhe von über 1,5 m erreichen.*

ge Pflege mehr brauchen! Es ist ratsam, die neuen Gartenbewohner nach dem Pflanzen noch zwei Jahre lang besonders im Auge zu behalten (vor allem in Trockenzeiten) und darauf zu achten, daß ihr Boden stets feucht genug ist.

Junge Heidekräuter scheinen am besten zu gedeihen, wenn man sie dicht nebeneinander anpflanzt. Wenn Sie zunächst nur ein paar Pflanzen haben, sollten Sie diese dicht auf kleinen Flächen zusammendrängen. Sobald Ihnen mehr Pflanzen zur Verfügung stehen, können Sie die Heideflächen Ihres Gartens allmählich ausdehnen.

Eine Erhebung in Ihrem Garten könnten Sie in einen Felsgarten oder Felshügel verwandeln. Auch ein Teich oder Kanal passen sehr gut zu Gartenflächen mit saurem Boden, denn das Wasser verwischt den Eindruck der Trockenheit und Dürre, der einer Heidelandschaft im Sommer anhaftet. Sie könnten auf dem Hügel kleine Plateaus anlegen und auf ihnen Erikagewächse und andere Arten anpflanzen, die einen heißeren, trockeneren Standort vertragen.

Harmonische Farbzusammenstellungen

Manchmal wachsen auf saurem Boden kleine Gehölze oder Dickichte, die hauptsächlich aus Rhododendren bestehen. Diese Pflanzen werden im ausgewachsenen Zustand oft sehr groß. Soviel ich weiß, spielt der Rhododendron für unsere heimische Tierwelt nur eine geringe Rolle, obwohl dicht beieinander wachsende Rhododendronsträucher Tieren natürlich gute Schlupfwinkel bieten. Rhododendronanpflanzungen könnten unter Umständen aber so dicht und üppig werden, daß sie gelichtet werden müssen.

Einige laubabwerfende amerikanische Arten, die allgemein unter dem Namen »Azaleen« bekannt sind, obwohl es sich eigentlich um Rhododendren handelt, eignen sich hervorragend für den Heidewildgarten und verleihen ihm besonderen Reiz. Sie bedecken die Landschaft im späten Frühjahr und zeitigen Sommer mit Blüten und im Herbst mit farbenfrohem Blattwerk. Als Beispiele wären der nordamerikanische *Rhododendron calendulaceum* (auch *Azalea calendulacea* genannt), der duftende *Rhododendron occidentale* und der *Rhododendron nudiflorum* zu nennen. Der japanische *Rhododendron japonicum* (der vielen Gärtnern und Gartenfreunden unter dem Namen *Azalea mollis* bekannt ist) ist eine sehr beliebte Wildgartenpflanze.

Rhododendron gedeiht am besten unter recht weit

auseinanderstehenden Bäumen, z.B. Eichen. Der lichte Schatten schützt die Blüten vor zu kräftiger Sonneneinstrahlung und verhindert, daß sie zu rasch verdorren. Am Waldrand oder in einer Waldlichtung sieht eine Rhododendrongesellschaft entzückend aus.

Heidekräuter, die milderes Klima bevorzugen

Einen Heidegarten kann man auch auf neutralem oder kalkhaltigem Boden anlegen. Das ist hauptsächlich zwei Erikaarten zu verdanken: der Schneeheide (*Erica carnea*), die in den Alpen auf Kalkgestein heimisch ist, und der in Galway (Irland) und Südwesteuropa beheimateten *Erica mediterranea*. Beide Arten vertragen einen leicht kalkhaltigen Boden. Sie haben, ebenso wie die Besenheide (*Calluna*), viele zu Handelszwecken gezogene Varietäten hervorgebracht. *Erica mediterranea* wird bis zu 3 m hoch und blüht zeitig.

Die ebenfalls in Südwest-Europa heimische Cornwallheide (*Erica vagans*) blüht den ganzen Sommer hindurch bis zum zeitigen Winter, ist aber weniger winterfest als *Erica mediterranea* und sollte daher nur in wintermilden Gebieten angepflanzt werden. *Erica vagans* ist ein breiter, wuchernder Strauch, der 1 m hoch wird und dichte, rosa Blütentrauben bildet. Die Kulturformen haben kräftigere und klarere Farben.

Die Irische Heide (*Daboecia cantabrica*) sieht ein wenig wie ein ungewöhnlich großes Heidekraut aus.

Stechginster und Besenginster wachsen in freier Natur auf Heideflächen sehr üppig und bilden mit ihren auffallenden gelben Schmetterlingsblüten einen schönen Kontrast zum Purpurrosa von Erika und Besenheide. Auf dem Foto ist die Art Ulex europaeus *abgebildet. Falls Sie noch mehr Goldtöne in Ihrem Garten haben wollen: Manche Baumschulen führen auch Erikaarten mit gefärbtem Laub. Zusammen mit purpurrot blühenden Varietäten läßt sich damit ein herrlicher Farbteppich knüpfen.*

HEIDEGÄRTEN

Von den echten Erikaarten unterscheidet sie sich darin, daß ihre Blumenkrone abfällt, während die der Erika am Stiel bleibt und nacheinander viele hübsche rostrote Farbtöne annimmt, die besonders gut zur Geltung kommen, wenn die Blüten vom Regen oder Nebel naß sind. Die Irische Heide blüht während der Sommermonate und sieht dann ganz besonders schön aus. Es gibt von ihr die Varietät *Daboecia var. alba* und eine Varietät *Daboecia var. bicolor*, bei der eine einzige Pflanze drei verschiedene Blütenfarben aufweist. Manche Blüten sind purpurrot, manche weiß, manche purpurrot und weiß! Diese Art nimmt, ebenso wie die Cornwallheide, in harten Wintern häufig Schaden, erholt sich aber im allgemeinen rasch wieder. Sobald die Frostgefahr vorüber ist, sollten Sie alle beschädigten Pflanzenteile abschneiden.

Heidekrautgewächse für feuchte Standorte

Arten, die ständig feuchten Boden brauchen wie die Glockenheide *(Erica tetralix)*, pflanzt man am besten an Ufern an. Allerdings gedeiht keines der Heidekräuter in völlig durchnäßtem Boden. Wenn keine natürliche Wasserquelle vorhanden ist, sollten Sie die Pflanzen auf irgendeine Weise bewässern. Mit einer Tröpfchen- oder Rasenbewässerungsanlage, die Sie den jeweiligen Bedürfnissen entsprechend einstellen

EIN HEIDEGARTEN
Die Farben eines Heidegartens können sowohl natürlich und gedämpft als auch leuchtend bunt sein. Viele heimische grünblättrige Arten haben Varietäten mit leuchtenden Blüten und Blättern hervorgebracht. Manche Erikaarter blühen den ganzen Sommer hindurch bis spät in den Herbst hinein: *Erica vagans* 'Mrs. D.F. Maxwell' 1, Grauheide, *Erica cinerea* 2, ihre Varietät *E.c.* 'alba minor' 3 und *Erica mackaiana* 4. Die Besenheide, *Calluna vulgaris*, blüht ähnlich: *C.v.* 'Golden King' 5 und *C.v.* 'Silver Queen' 6. Der Boden ist mit purpurrot blühenden Thymianen 7 gepolstert. Dahinter sind *C.v.* 'H. E. Beale' 8 und *C.v.* 'Peter Sparbes' 9 angepflanzt. Weitere Sträucher: Besenginster, *Cytisus scoparius* 10, Strauchveronika, *Hebe* 11 und Kriechwacholder, *Juniperus horizontalis* 12. Auf der rechten Seite wachsen Preiselbeere, *Vaccinium vitis-idaea* 13 und Heidelbeere, *Vaccinium myrtillus* 14. Zwischen Erdbeerbaum, *Arbutus unedo* 15 und Birke, *Betula*-art 16 wachsen Irische Heide, *Daboecia cantabrica* 17 und Stechginster, *Ulex europaeus* 18.

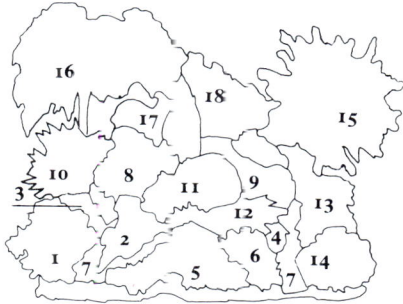

können, läßt sich der richtige Feuchtigkeitsgrad erreichen.

Erica tetralix breitet sich auf dem Boden aus, wird bis zu 50 cm hoch und erfreut den Gartenbesitzer vom Sommer bis zum Spätherbst mit weichbehaarten jungen Trieben und rosa Blüten. Sie hat viele hübsche Varietäten hervorgebracht, die alle keinen trockenen Boden mögen, was Gartenfreunde, die sie spontan in einem Gartencenter kaufen, häufig nicht wissen. *Erica ciliaris* wuchert mehr als die Glockenheide und besitzt größere, kräftiger gefärbte Blüten. Sie blüht vom Hochsommer an. Auch bei dieser Erikaart handelt es sich um einen niederliegenden Strauch, der selten höher als 30 cm wird.

Die zu den Heidekrautgewächsen gehörende Preiselbeere (*Vaccinium vitis-idaea*) gilt ebenfalls als reizvoller Bodendecker für Heide- und Waldgärten und ist eine traditionelle Gartenpflanze. Der zarte, immergrüne kriechende Strauch mit seinen kleinen, aber festen, ledrig-grünen Blättern wächst in der freien Natur auf Torfmooren. Er blüht ab Mai mit glockenförmigen, blaßrosa Blüten. Nach der Blüte bildet der Strauch kleine, eßbare rote Früchte. Ähnlich im Wuchs ist die Heidelbeere (*Vaccinium myrtillus*) und die Moosbeere (*Vaccinium microcarpum* und *Vaccinium oxycoccos*). Alle brauchen feuchten Boden und feuchtes Klima. An solchen Standorten gedeiht auch die immergrüne Echte Lavendelheide oder Rosmarinheide (*Andromeda polifolia*), deren Varietäten oft in Gärten auf kalkfreiem Humusboden angepflanzt werden. *Andromeda polifolia* ›Minima‹ ist fast niederliegend.

Zu den feuchtigkeitsliebenden Pflanzen, die auf saurem Boden gedeihen, gehört auch der aromatisch duftende Sumpfporst (*Ledum palustre*). Er ist im nördlichen Amerika, Europa und Asien heimisch und bildet endständige Dolden mit weit geöffneten Blüten. Der Sumpfporst, ein breiter, dichter, 1 m hoher immergrüner Busch, besitzt dunkelgrüne, an der Unterseite rostfarbene und filzige Blätter und cremefarbene Blüten. Er wird in unseren Gärten schon seit vielen Jahren angepflanzt.

Andere Pflanzen für feuchten, sauren Boden

Der schöne Beinbrech (*Narthecium ossifragum*) ist eine etwa 15 cm hohe, ausdauernde Kriechpflanze. Er bringt im Hochsommer orangegelbe Lilienblüten hervor, die in großer Zahl an einem Stiel sitzen, und gedeiht auf feuchten Beeten und Rabatten und an den Rändern eines Moores oder Teiches sogar auf normalem Boden. Seine Varietät *americanum* hat kleinere Blüten und schmalere Blätter.

Wer seltene Wildpflanzen sucht, kann es mit dem schönen Moorglöckchen (*Wahlenbergia hederacea*) versuchen. Es braucht torffreien Boden und sollte bei Trockenheit feuchtgehalten werden. Gärtner empfehlen die Anzucht aus Samen auf lebendem Sphagnum.

Eine weitere, recht seltene Pflanze für feuchte Böden ist *Genista anglica*, der Englische Ginster, ein zierlicher, 60 cm hoher Ginsterstrauch. Man findet ihn eher an feuchten Berghängen als an feuchten Waldrändern.

Dieses Haus sieht aus, als sei es aus dem Garten emporgewachsen, ein Eindruck, der durch den Efeu noch verstärkt wird. Um die Heidekräuter, die große Flächen mit üppiger Blütenpracht und immergrünen Blättern bedecken, braucht der Gartenbesitzer sich kaum noch zu kümmern, wenn sie erst einmal angewachsen sind. Ein solcher Garten macht wenig Arbeit, stellt aber einen schützenden Zufluchtsort für viele Tiere dar.

HEIDEGÄRTEN

Pflanzen für trockene Heidegrundstücke

Die Grauheide *(Erica cinerea)* bedeckt auf trockenem Heideland häufig große Flächen. Dieser schöne, bis zu 60 cm hohe, bodendeckende Strauch eignet sich für trockene Heidegrundstücke. Er blüht vom Sommer bis zum Spätherbst dunkelkarminrot bis purpurrot.

Die Heidelbeere läßt sich gut mit Heidekraut kombinieren und ist wegen ihrer hübschen Färbung im Herbst sehr zu empfehlen. Der besondere Reiz der Heidegärten liegt darin, daß sie sowohl im Herbst als auch im Winter durch schöne Farben auffallen.

Der immergrüne Stechginster wird in traditionellen Gärten häufig übersehen, obwohl er ein hübscher Strauch ist. Er eignet sich ganz wunderbar für Heidegärten. Er wächst schnell, läßt sich aus Samen ziehen und lockt sowohl Vögel als auch Insekten an. Häufig blüht er schon zu einer Zeit, in der es noch nicht viele andere Blumen gibt, und bietet daher den ersten Schmetterlingen Nektar. Der Stechginster *(Ulex europaeus)* ist zwar in erster Linie ein Frühjahrsblüher, blüht aber häufig auch zu anderen, nicht genau festgelegten Zeiten. Es gibt auch einen im Herbst blühenden zwergigen Stechginster *(Ulex gallii). Ulex minor* ist noch kleiner und blüht ebenfalls im Herbst. Beide Zwergginster sind polsterbildend. Wenn sie mit leuchtend gelben Blüten übersät sind, harmonieren sie mit den Purpurfarben des Heidekrauts.

Dieses Haus sieht aus, als sei es aus dem Garten emporgewachsen, ein Eindruck, der durch den Efeu noch verstärkt wird. Um die Heidekräuter, die große Flächen mit üppiger Blütenpracht und immergrünen Blättern bedecken, braucht der Gartenbesitzer sich kaum noch zu kümmern, wenn sie erst einmal angewachsen sind. Ein solcher Garten macht wenig Arbeit, stellt aber einen schützenden Zufluchtsort für viele Tiere dar.

Der eng verwandte Besenginster *(Cytisus scoparius)* ist eine wahre Pracht, wenn er in voller Blüte steht. Er hat eine Varietät *(Cytisus prostratus)* hervorgebracht, die von manchen Botanikern als Unterart betrachtet wird.

Alle diese Pflanzen gehören zu den Schmetterlingsblütlern. Ein weniger bekannter Schmetterlingsblütler, der sich ebenfalls für trockene Heideflächen eignet, ist der recht seltene Sandginster *(Genista pilosa)*. Er zeigt kleine gelbe Blüten, weich behaarte Fruchthülsen und blüht von Frühjahr bis Herbst.

Zu den reizvollen kleineren Blumen gehören die Veilchen. Sie vermehren sich reich durch Selbstaussaat. Das Hainveilchen *(Viola riviniana)* kommt häufig in unmittelbarer Nachbarschaft des Hundsveilchens *(Viola canina)* vor, das blauere, aber blassere Blüten hat. Ein echtes Heideveilchen ist das Torfveilchen *(Viola stagnina)*, das blasse, milchblaue Blüten hat. Diese drei Arten wachsen häufig nebeneinander, und es kommt des öfteren zu Kreuzungen. Dabei entstehen manchmal unfruchtbare, oft auch teilweise fruchtbare Hybriden.

Die schöne Rundblättrige Glockenblume *(Campanula rotundifolia)* bildet mit ihren nickenden blauen Blütenrispen eine hübsche Ergänzung zu den Blumen trockener Heidegrundstücke.

Pflanzen für Felsblöcke

Auf saurem, steinigem Boden dürfte die Immergrüne Bärentraube *(Arctostaphylos uva-ursi)* gedeihen, ein kriechender, immergrüner Zwergstrauch, der in Moorgebieten auf Geröllabhängen wächst. Diese bo-

Im Frühjahr blühende Zwiebelpflanzen (z.B. diese Narzissen) können zwischen Heidekräutern sehr apart wirken. Einer der großen Vorteile der Heidekräuter besteht darin, daß sie den Boden das ganze Jahr hindurch mit einem Farbteppich schmücken. Diese Pflanzen haben meistens mehr zu bieten als schlichtes Grün. Ihre Blütentriebe bringen monatelang Farbe in den Garten. Sobald sich die Knospen bilden, nehmen sie eine leichte Färbung an, die allmählich intensiver wird, je mehr die Blüten reifen. Die Blüten halten meist lange.

HEIDEGÄRTEN

Links: *Ein malerischer Waldrand in einem Heidegebiet. Der Boden ist von einem dichten Heidekrautpolster bedeckt. Darüber wachsen viele verschiedene Sträucher, z.B. Pyracantha, Amelanchier, Cytisus, Rhododendron und Astilbe. Ihre Früchte oder rotbraunen Samenstiele tragen zu der farbigen Harmonie bei und bilden einen großartigen Kontrast zu den immergrünen Koniferen im Hintergrund.*

Oben: *Die Cornwallheide (*Erica vagans*) ist weniger winterhart als andere Erikaarten. In Gebieten mit mildem Klima blüht sie vom Hochsommer bis zum Spätherbst. Sie hat mehrere Varietäten hervorgebracht, die sich in Farbe und Aussehen von der Stammart unterscheiden.*

dendeckende Pflanze liebt lichten, sonnigen Stand auf trockenen Böden. Sind diese Bedingungen gegeben, bildet sie mächtige Rasen. Die Bärentraube ist wegen ihrer Anspruchslosigkeit und Härte beliebt.

Felsblöcke können, geschickt plaziert, sehr viel zur Entstehung einer Moor- oder Heideatmosphäre beitragen. Ein oder zwei geschmackvoll verteilte große Blöcke sind häufig wesentlich wirkungsvoller als viele kleine verstreute Felsbrocken. Ein Stück Fels kann sehr malerisch wirken, wenn man es mit einem Baum oder einer Baumgruppe kombiniert. Manchmal läßt sich durch die Anordnung zweier Felsbrocken der Eindruck erwecken, als wachse der Baum aus einer Spalte eines einzigen Felsens heraus. Dieselbe Methode kann man auch in kleinerem Rahmen auf einem Felshügel anwenden. Hier eignen sich kleinere, vielleicht kriechende Sträucher, z.B. Heidekräuter und ein paar Koniferen.

85

Farn- und Laubgärten

Eine Rabatte auf der Nordseite oder ein von Bäumen überschatteter Wegrand bereitet vielen Gartenbesitzern Kopfzerbrechen. Dabei ist das häufig der ideale Platz für einen grünen Garten mit Farnen und Gräsern. Es gibt viele heimische und exotische Pflanzenarten mit schönen Blättern, die sich gut mit Gräsern und Farnen kombinieren lassen. Leider ist vielen Gartenfreunden auch noch heute die filigrane Welt der edlen Farne mit ihrer Formvielfalt verschlossen.

Wenn Farne und Gräser nebeinander wachsen, entsteht ein angenehmes Bild verschiedener grüner Formen und Oberflächenstrukturen. Häufig gesellen sich, je nach der Jahreszeit oder Panaschierung der Varietäten, auch noch andere Farbtöne hinzu. Farne und Gräser eignen sich hervorragend zur Einfassung von Waldwegen, Wald- und Strauchrabatten und zur Bepflanzung schattiger oder halbschattiger Stellen im Garten.

Wenn Sie nur einen Teil Ihres Gartens mit wildwachsenden Arten bepflanzen wollen, können Sie ihn im Sommer mit Farnen und Gräsern füllen. Im Frühjahr, wenn diese grünen Pflanzen noch nicht aktiv sind, polstern Sie den Boden dazwischen mit Primeln, Veilchen und Schöllkraut. Sobald die Blütenpflanzen verdorren und keine Zierde mehr für den Garten sind, werden sie von den wachsenden Gräsern und Farnen überdeckt.

Farne und Gräser verleihen kompakteren Pflanzen (z.B. Stechpalme, Efeu und anderen Immergrünen, darunter auch Rhododendron) ein elegantes Aussehen – ganz gleich, ob man sie unmittelbar darunter, um sie herum oder zwischen ihnen anordnet. Die reizvollste Wirkung erzielen Sie, wenn Sie verschiedene Farnarten miteinander kombinieren. Im lichten Schatten von Bäumen und Sträuchern verleihen große Farne dem Garten zusätzlichen Reiz.

Rechts: *Der großblättrige Efeu jenseits des Brückenbogens und der panaschierte Buchsbaum (links) sind Varietäten zweier heimischer, immergrüner Arten, die viele verschiedene Formen hervorgebracht haben. Efeu und Buchsbaum bieten vielen Tieren Unterschlupf. Das an der Mauer wachsende kleine Zimbelkraut und der gelbblütige Lerchensporn (Corydalis) vermehren sich reichlich durch Selbstaussaat. Im Vordergrund sind die Blätter der asiatischen Bergenie zu sehen (einige ihrer Arten sind winterfest).*

Links: *Die Scheinkalla (Lysichitum americanum) bringt zunächst riesige gelbe, aronstabähnliche Blüten und dann hübsche Blätter hervor. Sie eignet sich gut zur Bepflanzung von Ufern oder feuchten Stellen, an denen auch der Königsfarn (Osmunda regalis, rechts) gedeiht. Beide Pflanzen geben dem Garten viele Monate lang Farbe. Der Farn nimmt gegen Jahresende eine hübsche rostbraune Färbung an. Im Hintergrund ist die Atlaszeder (Cedrus atlantica) zu sehen.*

DIE RICHTIGE ANLAGE UND BEPFLANZUNG

Farne

Farne sind für den Gartenbesitzer deshalb nützlich, weil sie gerade an den Standorten gedeihen, die die meisten Blütenpflanzen nicht vertragen. Die meisten Farne brauchen Feuchtigkeit, aber es gibt auch einige, die trockene Standorte mögen. In tiefem Schatten, ja selbst unter Zweigen und Ästen, die bei Regen stark tropfen, kann man eine oder mehrere Farnarten in Gruppen anpflanzen. Die meisten Wurmfarne *(Dryopteris)* eignen sich für diesen Zweck. Der bekannteste ist der Wurmfarn *(Dryopteris filix-mas)*, der selbst in staubigen Stadtgärten überlebt. Wenn er gut abgeschirmt ist, bleibt er nahezu immergrün und sieht sowohl auf einer Rabatte als auch auf einem bewaldeten Grundstück hübsch aus. Die einzige Ausnahme bildet der Starre Wurmfarn *(Dryopteris villarii)*: Er gehört zu den Farnen, die an sonnigen, trockenen, ja sogar ungeschützten Standorten wachsen.

Farne gehören zu den ältesten Pflanzen der Welt und kommen auf der ganzen Welt wild vor. Man nimmt an, daß es etwa 10 000 Arten gibt. Natürlich sind nicht alle auf der nördlichen Halbkugel winterfest. Die meisten nordamerikanischen Farnarten sind laubabwerfend, die meisten japanischen immergrün.

EIN FARNGARTEN IN EINEM HOF

In der Ecke eines winzigen, mit Steinplatten ausgelegten Stadtgartens hat Wasser nicht nur dekorativen Wert. Es spielt eine viel wichtigere Rolle: Es reinigt und befeuchtet die Luft und schafft auf diese Weise das ideale Mikroklima für heimische Farne und andere feuchtigkeitsliebende Pflanzen. Stadtgärten sind häufig von benachbarten Gebäuden überschattet. Glücklicherweise gibt es viele Blattpflanzen, die hier gedeihen. Je dunkler das Grün ihrer Blätter ist, desto mehr Schatten vertragen sie. Wenn Ihr Hof sonnig ist, sollten Sie alle schattigen Stellen ausnutzen, um diese Arten anzupflanzen – selbst den Schatten, der zu einer bestimmten Tageszeit von hohen, blattreichen Pflanzen wie Königsfarn, Frauenfarn und Weißwurz geworfen wird. Diese Pflanzen bieten den polsterbildenden Arten gute Abschirmung.

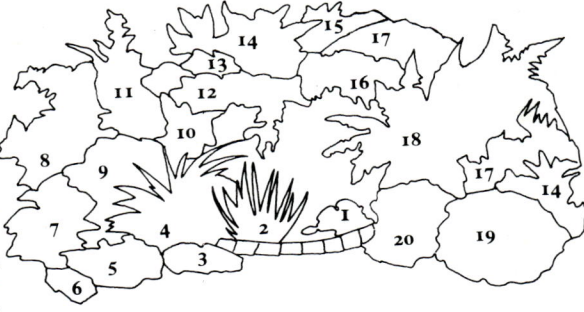

1 Wohlriechende Seerose, *Nymphaea odorata* 'Minor'
2 Kalmus, *Acorus calamus*
3 Pfennigkraut, *Lysimachia nummularia*
4 Hängesegge, *Carex pendula*
5 Veilchen, *Viola*arten
6 Thymiane, *Thymus*arten
7 Schlangenwurz, *Calla palustris*
8 Frauenfarn, *Athyrium filix-femina*
9 Wurmfarn, *Dryopteris filix-mas*
10 Krauser Rollfarn, *Cryptogramma crispa*
11 Salomonssiegel, *Polygonatum multiflorum*
12 Efeu, *Hedera helix*
13 Streifenfarn, *Asplenium trichomanes*
14 Hirschzunge, *Phyllitis scolopendrium*
15 Zimbelkraut, *Cymbalaria muralis*
16 Tüpfelfarn, *Polypodium vulgare*
17 Sternsteinbrech, *Saxifraga stellaris*
18 Königsfarn, *Osmunda regalis*
19 Zittergras, *Briza media*
20 Porzellanblümchen, *Saxifraga umbrosa*

Um einen großen Baum herum kann man viele kleinere Pflanzen ansiedeln, die unter dem schützenden, schattigen Blätterdach gut gedeihen. Denken Sie jedoch daran, den Boden, in dem sie wurzeln, immer wieder mit Lauberde oder einem anderen organischen, feuchtigkeitsspeichernden Material zu mulchen. Dazwischen setzt man andere, in Form und Struktur gegensätzliche Pflanzenarten.

Bei uns sind beide Arten vertreten. Bei vielen Farnarten zeichnen die jungen Farnwedel sich durch reizvolle Kupfer- oder Bronzefarbtöne aus. Selbst Rosa oder Tiefrot kommen vor. Bei den Varietäten ist die Färbung häufig auffallender als bei den Stammformen, außerdem unterscheiden die Wedel der einzelnen Varietäten sich auch in Form und Beschaffenheit.

Graben Sie in freier Natur wachsende Farne nicht aus, in den Katalogen der Baumschulen mit Staudengärtnereien findet man eine große Farnauswahl. Wenn Sie mit Farnen wenig Erfahrung haben, beginnen Sie am besten mit den vier unkompliziertesten Arten: Rippenfarn, Frauenfarn, Wurmfarn und Hirschzunge. Sehr majestätisch wirken Wurmfarn und Frauenfarn. Beide sind laubabwerfend – selbst in milden Wintern und in sehr geschützten Gärten. Echte Immergrüne sind dagegen die Schildfarne, die einen leicht sauren Boden bevorzugen und an den Wurzeln immer feuchtgehalten werden müssen (s. auch S. 134 – 135).

Auf Kiesflächen im Garten erscheinen häufig ganz unerwartet einige Farnarten, die in freier Natur an Mauern wachsen. Diese Farne brauchen im allgemeinen keinen Schatten und auch nicht viel Feuchtigkeit. So wächst der hübsche und dennoch robuste Streifenfarn *(Asplenium trichomanes)* an ungeschützten Standorten. Die Mauerraute *(Asplenium ruta-muraria)* gedeiht ebenfalls auf flachen, steinigen, gut entwässerten und kalkhaltigen Böden. Selbst den schönen, viel größeren Frauenfarn findet man oft an solchen Standorten, obwohl er in Wäldern oder an schattigen Hängen auf kalkreichen Böden zuhause ist. Dieser Farn hat tief eingeschnittene, etwa 45 – 90 cm lange Wedel und ist sehr variabel. Sie könnten sich eine reizvolle Sammlung verschiedener Frauenfarnvarietäten anlegen.

Farne, die in der freien Natur an Mauern wachsen, kann man auch in Felsen- und Steingärten anpflanzen. Auch steinige Erdwälle und sogar Geröllhaufen eignen sich, vorausgesetzt, daß sie von einer dünnen Boden-, Kompost- oder Lauberdschicht bedeckt sind. Auf diese Weise kann man einen Schutt- oder Geröllhaufen gut tarnen. Passende Arten sind: Milzfarn *(Ceterach officinarum)*, Streifenfarn *(Asplenium adiantum-nigrum)*, Blasenfarn *(Cystopteris fragilis)*, Tüpfelfarn *(Polypodium vulgare)* und Hirschzunge *(Phyllitis scolopendrium)*. Letztere gibt es in schönen Spielarten.

Der vitale Wurmfarn (Dryopteris filix-mas) gedeiht nahezu überall. Er hat zahlreiche verschiedene Formen hervorgebracht. Sie weichen in Form und Größe häufig stark vom ursprünglichen Typ ab. Der Gemeine Wurmfarn wird zwar zu den laubabwerfenden Farnen gerechnet, bleibt jedoch an einem geschützten Standort oder in milden Wintern nahezu immergrün. Man kann ihn auf einer »verwilderten« Gartenfläche anpflanzen oder auf einer Rabatte mit anderen Farn- und Pflanzenarten kombinieren.

Die Hirschzunge gedeiht gut auf Rabatten und in Ritzen und Spalten. Denken Sie jedoch daran, daß diese Farne an zu trockenen Standorten verdorren. Wenn man sie im Schatten pflanzt, entwickeln sie sich viel schöner, als wenn sie Sonne und Trockenheit ausgesetzt sind. In meinem Garten haben sie sich auf der Nordseite eines heckenbewachsenen Erdwalls ganz von selbst eingestellt und wachsen dort inmitten üppiger Gräser und Hecken.

Wenn Sie eine alte Mauer schmücken wollen, bepflanzen Sie sie einmal mit Tüpfelfarn. Füllen Sie bereits vorhandene Ritzen und Spalten oder selbst geschaffene Zwischenräume mit Lauberde und pflanzen Sie junge Farne an. Diese haben die besten Überlebenschancen. Der kleine Tüpfelfarn, der auf Bäumen wächst, ist einer der wenigen *Epiphyten* Europas. Er gedeiht jedoch auch an Felshängen, alten Mauern und manchmal sogar auf Dächern, vor allem, wenn sie moosig sind. Man kann ihn auch auf einen alten Baumstumpf pflanzen. Er verträgt Trockenheit und unterscheidet sich durch seine Rhizome von den meisten anderen Farnen. Wenn Sie diesen Farn teilen und verpflanzen, dürfen die Rhizome nicht völlig vom Boden bedeckt sein, sondern – wie die bei Iris – zur Hälfte aus dem Boden herausschauen. Der Wurzelteil soll im Boden verankert, der obere Teil der Luft ausgesetzt sein.

Der Tüpfelfarn gesellt sich anscheinend nicht gern zu anderen Farnen und Pflanzen, sondern bildet lieber an einem gesonderten Standort Kolonien. Geben Sie ihm eine kleine Fläche für sich allein. Man kann die Pflanzen zu jeder Jahreszeit teilen.

1 *Hirschzunge,* Phyllitis scolopendrium.
2 *Rippenfarn,* Blechnum spicant.
3 *Gemeiner Wurmfarn,* Dryopteris filix-mas.
4 *Frauenfarn,* Athyrium filix-femina.

Ziergräser

Wer einen Wildgarten anlegen möchte, der vielen Tieren Zuflucht und Unterschlupf bietet, sollte einen gewissen Raum für verschiedene Gräser erübrigen. Die meisten sind nicht nur besonders dekorativ, sie bieten auch vielen Tieren Schlupfwinkel oder gar Nistplätze. Manche Arten dienen den Raupen von Nachtfaltern und Schmetterlingen als Nahrung. Es ist gut, den ganzen Winter über etwas hohes Gras stehenzulassen, damit die überwinternden Puppen einen sicheren Unterschlupf haben. Grassamen sind äußerst nahrhaft und spielen auf dem Speisezettel vieler Vögel und auch einiger Säugetiere eine wichtige Rolle.

Rabatten mit verschieden hohen Gräsern können sehr interessant und schön sein. Die reizvollsten Effekte jedoch entstehen durch Gräser mit langen, gebogenen Halmen, die sich graziös aus einem dichten grünen Teppich erheben.

Ein heimisches Gras, das mir in meinem Garten viele Monate lang Freude bereitet, ist die große Waldtrespe *(Bromus ramosus)* mit ihren geneigten, überhängenden Rispen.

In ihrer Nähe wächst häufig die schlanke Waldzwenke *(Brachypodium sylvaticum)*. Doch nicht alle Trespen (unter denen es viele Wiesengräser gibt) sind in Gärten oder auf Ackerland gern gesehen. Manche Trespen kommen bei uns stellenweise verwildert vor, z.B. das Zittergras *(Bromus briziformis)*. Es wird getrocknet und gefärbt in Blumenarrangements verwendet.

Der Riesenschwingel *(Festuca gigantea)* wächst ebenfalls häufig in der Nähe der Trespen. Der Rohrschwingel *(Festuca arundinacea)* ist eine weitere hüb-

Grüne Pflanzen wirken wunderbar beruhigend. Eine wahre Wohltat für alle Menschen, die tage-, vielleicht sogar wochenlang nicht aus der Stadt herauskommen. In diesem kleinen, mit Steinplatten ausgelegten Hof wachsen panaschierte Varietäten heimischer Pflanzen (Schwertlilie, Gräser und Efeu). Sie bilden mit heimischen Wolfsmilcharten und der hübschen ausländischen Euphorbia characias ssp. wulfenii eine harmonische Kombination.

sche Grasart mit verschiedenen Varietäten, die sich an unterschiedliche Bodenarten und Lebensräume angepaßt zu haben scheinen. Sie kann eine Höhe von 1,5 m erreichen. Wer sie deswegen im Garten halten möchte, sollte nur Samen von hohen Exemplaren verwenden.

Der Waldschwingel *(Festuca altissima)* wächst in Wäldern, an schattigen Stellen und an Ufern. Er unterscheidet sich von den anderen Schwingelarten durch seine breiten, flachen Blattspreiten.

Die Waldhirse *(Milium effusum)*, eine ausdauernde, immergrüne Grasart, kann bis zu 1,2 m hoch werden und hat bis zu 30 cm lange, bandförmige Blätter. Gartenbesitzer kennen vielleicht eher die Varietät *Milium var. aureum*.

Gräser, die sich zur Anpflanzung in Tuffs eignen

Am Rande eines dichten Buchenwaldes in meiner Nähe befindet sich ein steiler Abhang. Die Stellen, an denen das Licht durch die schmalen, gebogenen Baumstämme hindurchscheint, sind von Perlgras *(Melica uniflora)* bewachsen. Wenn dieses Gras nicht auf einem bewaldeten Abhang hohe Grasflächen bildet, wirkt es am hübschesten an einer schattigen Hekke oder an einem Bach. Es gedeiht sowohl auf leichten als auch auf schweren Böden gut. (In Gärten werden häufig *Melica uniflora 'Variegata'*, eine grün-cremefarben gestreifte Varietät, sowie eine Albinoform mit weißen Ährchen angepflanzt.)

Für Gartenfreunde, die goldene Gräser bevorzugen, gibt es eine goldblättrige Form des Wiesenlieschgrases *(Phleum pratense)*. Diese Form, *Phleum pratense var. aureum*, eignet sich gut für etwas verwilderte Gartenflächen und sonnige oder leicht schattige Standorte.

Das im Mittelmeerraum heimische einjährige Kanariengras *(Phalaris canariensis)* kommt häufig wildwachsend auf Ödland vor. Es hat sich bei uns wahrscheinlich durch Vogelfutter verbreitet. Eine weitere einjährige Grasart mit längeren Blütenrispen, *Phalaris minor*, kommt ebenfalls in freier Natur vor. Das

EINIGE BLÜHENDE GRÄSER
1 Trespe, *Bromus erectus*
2 *Bromus madritensis*
3 Wasserschwaden, *Glyceria maxima*
4 Sammetgras, *Lagurus ovatus*
5 Riesenschwingel, *Festuca gigantea*

große, ausdauernde Rohrglanzgras *(Phalaris arundinacea)* mit seinen hübschen, purpurfarbenen Rispen ist viel robuster. Es kommt wild häufig in Wassernähe vor. Von diesem Gras gibt es auch eine panaschierte Form, das Bandgras *(Phalaris arundinacea var. picta)*, das in Gärten schon seit langem angepflanzt wird und in normalem Boden in Sonne und Schatten gut gedeiht.

Die Zittergräser sind vielleicht die hübschesten Grasarten, die es gibt. Das Kleine Zittergras *(Briza minor)*, das wie so viele andere Gräser eigentlich im Mittelmeergebiet beheimatet ist und daher einen sonnigen Standort bevorzugt, ist inzwischen ein weit verbreiteter Gartenflüchtling geworden. Man kann es auch im Wiesengarten anpflanzen. Das Große Zittergras *(Briza maxima)* eignet sich gut für trockene Bodenerhebungen. Das Gemeine Zittergras *(Briza media)* ist eine ausdauernde Pflanze, die auf kalkhaltigen Böden vorkommt. Es gedeiht aber auch auf normalen schweren oder leichten Böden und fühlt sich an trockenen Standorten ebenso wohl wie an feuchten. Die zitternden, herabhängenden Ährchen sind purpurrot. *Briza media* hat zwei Varietäten, eine mit grünen und eine mit gelben Ährchen.

Aus dem Mittelmeergebiet stammt auch das Sammetgras *(Lagurus ovatus)*. Es hat sich auch in anderen Ländern eingebürgert und wird häufiger gepflanzt als die bisher erwähnten Arten, u.a. für Trockensträuße. In freier Natur findet man es auf Sanddünen, daher eignet es sich gut für trockene und sandige Standorte.

Das Wollige Honiggras *(Holcus lanatus)* wird in traditionellen Gärten gern als Einfassungspflanze verwendet oder auf Rabatten in Gruppen zwischen Blütenpflanzen angepflanzt.

6 Rohrschwingel,
  Festuca arundinacea
7 Zittergras,
  Briza media
8 Perlgras,
  Melica uniflora
9 Flattergras,
  Milium effusum
10 Wolliges Honiggras,
  Holcus lanatus

Seltener anzutreffen ist das wohlriechende Vanille- oder Mariengras *(Hierochloe odorata)*. Früher verstreute man es an Kircheneingängen. Die Schwaden, z.B. *Glyceria fluitans* und *Glyceria plicata*, besitzen anmutige Rispen mit weit auseinanderstehenden Ährchen. Sie locken Wasservögel an, die sich von ihren Samen ernähren, und wachsen vor allem in Gräben und an sumpfigen Stellen. *Glyceria maxima* 'Variegata' mit gestreiftem Laub ist eine in Staudengärtnereien erhältliche schöne Grasform.

Riedgräser und Binsen

Auch Riedgräser und Binsen sind im Wildgarten nützlich und dekorativ. Insgesamt gibt es beinahe tausend Arten. Die meisten (nicht alle) bevorzugen nasse, saure Böden.

Die flaumigen Wollgräser *(Eriophorum)* sind keine echten Gräser, sondern gehören, wie die Seggen, zu den Riedgräsern *(Cyperaceae)*. Sie kommen in Torfmooren vor, gedeihen aber auch an normalem Boden und an Teichrändern.

Säen Sie die Samen gleich an dem für die Pflanzen bestimmten Standort aus. Erwähnenswert sind das Schmalblättrige Wollgras *(Eriophorum angustifolium)* und das Breitblättrige Wollgras *(Eriophorum latifolium)*.

Einige Riedgräser und Binsen sind Gartenpflanzen. Am beliebtesten ist die Große Segge oder Hängesegge *(Carex pendula)*, die in feuchten Wäldern und an schattigen Standorten vorkommt. In Gärten wächst sie meist an Teichrändern.

Auf bewaldeten Grundstücken mit feuchtem, schwerem Boden bringt die hübsche Waldsegge *(Carex sylvatica)* Abwechslung in die Krautschicht. Auf nassem, torfigem Boden sollten Sie es mit der Schnabelsegge *(Carex rostrata)* versuchen, die mit ihren gelben Früchten sehr hübsch aussieht.

Manche Gattungen gedeihen an trockenen Standorten und auf kreidigen Böden, z.B. die sehr verbreitete Blaugrüne Segge *(Carex flacca)* und die Frühlingssegge *(Carex caryophyllea)*.

Binsen spielten in traditionellen Gärten (außer in großen Wassergärten) bislang kaum eine Rolle; der diesbezügliche Geschmack ist dabei, sich zu ändern. Zu den wenigen Binsen, die hier angepflanzt wurden, gehört die Teichsimse *(Scirpus tabernaemontani)*. Sie ist meistens in ihrer Varietät *Scirpus tabernaemontani var. zebrinus* vertreten, die lange, röhrenförmige, auffällig grün-weiß geringelte Halme hat.

Eine der reizvollsten Arten ist die Waldsimse *(Scirpus sylvaticus)*. Sie hat sehr breite, grüne Blätter und knäuelige grüne Ährchen und liebt nasse, schattige Standorte. Die Teichbinse *(Scirpus lacustris)* besitzt dicke grüne Halme und trägt im August schokoladenbraune Blütenstände.

Pflanzen mit dekorativen Blättern

In Wildgärten werden gern exotische Arten mit dekorativen Blättern gepflanzt, z.B. Funkie, *Ligularia* und *Rodgersia*. Es gibt aber auch viele heimische Pflanzen, die wegen ihrer hübschen Blätter hier nicht fehlen sollten. Schöne pfeilförmige Blätter besitzt der Aronstab *(Arum italicum* und *Arum maculatum)*. Bei *Arum italicum* kommen die Blätter im Herbst, bei anderen Arten im Frühjahr. Aronstäbe wachsen in dichten Gruppen. Im Sommer treten ährenartige, beerentragende Fruchtstände an die Stelle der Blüten.

Die handförmigen Blätter der im zeitigen Frühjahr blühenden Stinkenden Nieswurz *(Helleborus foetidus)*, sie riecht eigentlich gar nicht so unangenehm, wachsen ebenso üppig und reichlich wie die dichten grünen Blütenknäuel. Dadurch wirkt die Pflanze sehr attraktiv. Die Grüne Nieswurz *(Helleborus viridis)* ist sowohl im blühenden Zustand als auch ohne Blüten reizvoll. Lange, dunkelgrüne und spießförmige Blätter hat die Stinkende Iris *(Iris foetidissima)*. Erfreulicherweise bleiben sie den ganzen Winter hindurch grün. Ihre Blüten sind unscheinbar, die beerigen Samenstände jedoch leuchten orangefarben und sehen im Winter sehr dekorativ aus.

In Wäldern und an halbschattigen Stellen bilden die langen, dicht beblätterten Stiele der Weißwurz *(Polygonatum multiflorum)* einen guten Kontrast zu kleinwüchsigeren Nachbarpflanzen. Die Blätter halten sich länger als die Blüten (aus denen manchmal kleine schwarze Beeren entstehen) und nehmen im Herbst eine goldgelbe Färbung an.

Der immergrüne Lorbeerseidelbast *(Daphne laureola)* kommt besonders häufig in Buchenwäldern vor. Er trägt im zeitigen Frühjahr grüne, schwach duftende Blütentrauben. Der Gewöhnliche Seidelbast *(Daphne mezereum)* erfreut im Frühjahr den Gartenbesitzer mit seinen duftenden Blüten. Später tun sich die Vögel an seinen purpurroten Beeren gütlich. Achtung: Alle Seidelbastarten draußen sind geschützt. Man kann sie aber in jeder Baumschule kaufen. Sämtliche Teile des Strauches sind stark giftig.

Der Gefleckte Aronstab (Arum maculatum) *wächst bei uns an schattigen Stellen auf Böschungen und in Wäldern. Er bildet einen ährenartigen Fruchtstand mit leuchtenden orangefarbenen Beeren, die Vögel sehr gern mögen.*

Die Wolfsmilchgewächse (*Euphorbia*-Arten) gehören zu den reizendsten Wildgartenpflanzen; sie sind mit leichten, sandigen Böden zufrieden. Ihr kriechender Wuchs und die Polsterbildung machen sie für Steingärten zur beliebten Staude. *Euphorbia lathyris* hat graugrüne Blätter und Stiele, wird häufig bis zu 1 m hoch und sieht aus wie ein Strauch. Sie ist einjährig, obwohl sie manchmal Eigenschaften zweijähriger Pflanzen aufweist. Wenn Sie sie einmal im Garten haben, sät sie sich im allgemeinen selbst wieder aus.

Unter den Doldengewächsen gibt es viele Pflanzen mit dekorativen Blättern, z.B. Engelwurz, Süßdolde und Fenchel. Ich habe sie in dem Kapitel über wildwachsende Kräuter (S. 96 – 101) beschrieben. In dem Kapitel über Wassergärten (S. 102 – 113) finden Sie weitere Pflanzen mit dekorativem Blattwerk.

Für die meisten Pflanzen mit schönen Blättern läßt sich ein geeigneter Standort im Wildgarten finden. Sie können sich gut an verschiedene Bedingungen anpassen. Die üppige, exotische Funkie (Hosta), die hier in feuchter Umgebung wächst, gedeiht auch unter Bäumen. Daneben das Salomonsiegel, eine Waldpflanze, die auch den lichten Schatten unter Sträuchern verträgt.

Der Kräuter-Wildgarten

Kräuter leisten der Menschheit schon seit Jahrhunderten wertvolle Dienste – nicht nur in Küche und Kosmetik, sondern auch als Heil- und Färbemittel. Wer sich einen Wildgarten anlegen möchte, dem rate ich dringend, Platz für möglichst viele verschiedene Kräuterarten einzuplanen. Kräuter sehen schön aus, duften und ziehen Insekten und Vögel an.

Zu meinen Lieblingsgewürzen gehören einige Kräuter, die bei uns in England auch wild vorkommen: Kerbel, Kümmel und Petersilie. Der köstliche Wiesenkümmel (*Carum carvi*), eine zweijährige Pflanze, die im Sommer blüht, ist in der freien Natur ziemlich verbreitet, seltener findet man die Petersilie (*Petroselinum crispum*). Was vielleicht ein wenig überrascht, hier entdecke ich sie auch an Kalksteinmauern und in Steinböden. Gewürzkräuter wachsen in der freien Natur niemals so üppig wie in dem tiefgründigen, gut gedüngten Boden eines Gemüsegartens. Dasselbe gilt für viele wildwachsende Pflanzenarten, die im Garten angepflanzt werden. Der gute Boden und die fehlende Konkurrenz anderer Pflanzen führen zu üppigem Wachstum.

Der Gartenkerbel (*Anthriscus cerefolium*) ist bei uns nicht heimisch, kommt aber in der Nähe von Gärten oft verwildert vor. Es lohnt sich immer, ihn auszusäen, denn die Pflanze wächst zu einer Zeit, in der frische grüne Kräuter rar sind, nämlich in den späten Winter- und den ersten Frühjahrsmonaten, und sät sich von alleine aus. Gartenkerbel besitzt weiße, zarte Blütendolden. Wegen der Verwechslungsgefahr mit wildwachsenden, ähnlich wie Kerbel aussehenden, giftigen Doldenblütern empfiehlt es sich, nur Gartenkerbel aus der Samentüte zu verwenden. Er ist außerdem feiner im Aroma.

Die Thymiane sind eine artenreiche, bunt zusammengewürfelte Pflanzengattung. Sie lassen sich nur schwer klassifizieren und bestimmen. Es gibt etwa 100 verschiedene Arten, die alle in Afrika und Eurasien beheimatet sind. Nur ein paar von ihnen kommen bei uns wild vor. Da meine Begeisterung für das Kochen größer ist als mein Interesse an Botanik, ignoriere ich das Durcheinander und säe und verwende einfach alle Arten meines pikanten Lieblingsgewürzes, die mir zur Verfügung stehen. Die Bienen mögen alle Thymianarten.

Auch die nach Apfel duftende Römische Kamille (*Anthemis nobilis*), die ursprünglich aus Südwest-Europa stammt, aber schon seit Jahrhunderten in unseren Gärten kultiviert wird, sollte man ausprobieren. Aus den getrockneten Blüten der gefüllten und ungefüllten Formen kann man einen beruhigenden, schmerzlindernden Tee und ein Spülmittel zum Aufhellen der Haare zubereiten.

Welchen Platz erhalten Kräuter im Wildgarten?

Üblicherweise sät man Kräuter der Zweckmäßigkeit halber entweder in Reihen im Küchengarten oder in einem Kräuterbeet oder einer Rabatte in der Nähe des Hauses aus, wobei im allgemeinen mehrere verschiedene Arten auf demselben Beet wachsen. Der Gartenbesitzer versucht meist, einen für alle Kräuterarten geeigneten Boden zu schaffen. Dabei ist diese Maßnahme vom gärtnerischen Standpunkt aus eigentlich gar nicht erforderlich, denn in der freien Natur wachsen Kräuter in vielen verschiedenen Böden. Man findet sie gleichermaßen an sonnigen und schattigen, trockenen und feuchten Standorten oder auch an Ufern. Daher lassen sich die meisten Kräuter gern in die weniger karge Umgebung eines Gartens ver-

Rechts: *Eine Fülle süß duftender Kräuterblätter, die sich durch unterschiedliche Farbtöne und Oberflächenstrukturen auszeichnen. Viele Kräuterarten gibt es auch in goldenen, panaschierten, purpurfarbenen oder bronzeblättrigen Varietäten. Die meisten ziehen im Winter ein; doch ihre Fruchtstände, die vielen Tieren Nahrung bieten, sollte man erst im Frühjahr abschneiden.*

Links: *Der Schlafmohn* (Papaver somniferum) *kommt bei uns verwildert vor. In der Bundesrepublik sind Anbau und Pflege dieser Drogenpflanze verboten. Man tut gut daran, auch »verirrte« Schlafmohnpflanzen zu entfernen und stattdessen lieber Ranunkelmohn, Shirley- oder Seidenmohn auszusäen.*

pflanzen, wo sie zwischen den anderen Pflanzen gut gedeihen.

Ich persönlich habe einen Kompromiß geschlossen und pflanze in meinem Garten auf einem langen Erdwall ausschließlich Kräuter an. Es handelt sich um einen künstlichen Erdwall. Er ist dicht bepflanzt und viel höher als die ihn umgebende Gartenfläche und fungiert gleichzeitig als Windschutz für den Küchengarten.

Auf diesem Erdwall haben mehrere biologische Lebensräume Platz. Er verläuft von Osten nach Westen. Die eine Seite ist also der prallen Sonne ausgesetzt, die andere liegt völlig im Schatten. Die weiter oben wachsenden Pflanzen erhalten unterschiedlich starken Windschutz und Schatten. Der Wall ist 20 m lang, so daß die Arten, die sich stark ausbreiten, z.B. Minze, Rainfarn und Seifenkraut, genügend Platz haben, um miteinander um die Vorherrschaft zu kämpfen. Ihre Blätter sind sehr verschiedenartig, manche wollig, manche glänzend, andere wieder fein strukturiert und grün. Sie bilden einen dichten, kontrastreichen und doch harmonischen Farbteppich. Zwischen ihnen breiten sich Fenchel, Ochsenzunge, Majoran, Zitronenmelisse und Portulak aus. Sie vermehren sich durch Selbstaussaat.

Ein Doldengewächs sollte in keinem Kräuter-Wildgarten fehlen, nämlich die Süßdolde (*Myrrhis odorata*), eine hübsche, anmutige Pflanze, die die meisten Bodenarten verträgt. Die weißen Dolden blühen im Frühjahr. Dann entstehen längliche Samen, die in frischem Zustand eßbar sind und (ebenso wie Wurzeln und Blätter) als Salatzutat verwendet werden können.

Die beiden als Kräuter verwendbaren Wiesenknöpfe wachsen nebeneinander an der schattigen Hangseite meines Erdwalls. Der Kleine Wiesenknopf oder Pimpernell (*Sanguisorba minor*) wächst auf trockenen, kalkhaltigen Feldern. Seine Blätter riechen nach Gurken. Der Große Wiesenknopf (*Sanguisorba officinalis*) wächst im allgemeinen auf feuchteren Feldern und gedeiht in schweren Tonböden.

Der Rainfarn (*Chrysanthemum vulgare*) eignet sich hervorragend zur Bepflanzung eines Erdwalls. Er gibt dem Boden Halt. In freier Wildbahn wächst er im allgemeinen an Flußufern, Straßenrändern und Hecken. Er besitzt farnähnliche Blätter. Mit Hilfe seines kriechenden Wurzelstockes breitet er sich rasch aus.

Am Fuße des Erdwalls habe ich verschiedene Thy-

miane angepflanzt. Die polsterbildenden Arten wachsen auf der Sonnenseite des Erdwalls in den mit Sand oder Kies bestreuten Zwischenräumen der Steinplatten, wo sie nicht zertreten werden können.

Im Mittelmeergebiet heimische Salbeiarten sowie Rosmarin, Ysop und Lavendel bleiben an ihrem ursprünglichen Standort und werden mit den Jahren immer breiter.

Manche einjährige Pflanzen überlasse ich völlig sich selbst: z.B. die Ringelblume, den Borretsch, das Mutterkraut und den Kerbel.

Die niederliegende Poleiminze (*Mentha pulegium*) eignet sich wundervoll als Bodendecke oder zur Bepflanzung feuchter, mit Steinplatten ausgelegter Gartenflächen, die auch ein wenig sandig sind. Wer in seinem Garten Gräben, feuchten oder sumpfigen Boden hat, sollte die Wasserminze (*Mentha aquatica*) pflanzen. Sie duftet herrlich und wurde früher gern zum Streuen verwendet. Durch das Abschneiden der Blätter sorgte man gleichzeitig dafür, daß sie sich nicht allzu breit machte. Die als Kulturpflanze angebaute, in Mitteleuropa heimische Engelwurz (*Angelica archangelica*) hat sich auch an einigen Flußufern eingebürgert. Im Wildgarten gedeiht sie am besten im Schatten in tiefgründigem, feuchtem Lehm und paßt gut in die Nähe eines Teiches.

Eßbar ist der Pferdeeppich (*Smyrnium olusatrum*).

Legen Sie in Ihrem Kräutergarten einen Weg an! Man kann ihn so geschickt gestalten, daß er kaum ins Auge fällt. Ein gerader Pfad wirkt natürlicher und fügt sich besser in die Wildgartenumgebung ein, wenn man an seinen Rändern und zwischen den Steinplatten weitere Kräuter anpflanzt. Der Thymian blüht wochenlang. Und selbst wenn er abgeblüht ist, schmückt er den Garten immer noch mit einem dichten, trittfesten Teppich aus kleinen, würzig duftenden Blättern.

Oben: *Der Rainfarn (Chrysanthemum vulgare), früher ein sehr geschätztes Heilkraut, wächst normalerweise sehr üppig an Flußufern. Seine farnähnlichen Blätter haben einen aromatischen Duft.*

DER KRÄUTER-WILDGARTEN

Man kann seine dicken Stiele schälen und kochen wie Spargel. Vor der Einführung des Selleries wurde er in England als Gemüsepflanze angebaut.

Felsige Küsten scheinen der bevorzugte Lebensraum einiger unserer schmackhaftesten Pflanzen zu sein. Die Mutterwurz *(Ligusticum mutellina)* verleiht Suppen einen sellerieartigen Geschmack. Sie ist geschmacklich und botanisch eng verwandt mit dem bekannten Liebstöckel *(Levisticum officinale)* und mit dem etwas kleineren Blattsellerie.

Der Echte Baldrian *(Valeriana officinalis)* blüht mit weißen bis dunkelrosa Blüten. Er fühlt sich in feuchten Wäldern, Gräben und allen feuchten, kalkigen oder kreidigen Böden wohl.

Pikant duftende Blätter und kleine Lippenblüten zeichnen den Steinquendel aus. Im allgemeinen wächst er auf trockenen, grasbewachsenen Erhebungen, vor allem auf Kalk- oder Kreideboden. Der echte Steinquendel *(Calamintha nepeta)* hat blassere, gestielte Blüten. Obwohl er in England angeblich selten

EIN KRÄUTERBEET AN DER BÖSCHUNG

Die meisten Kräuter, die wir in unseren Gärten kultivieren, sind heimische Arten. Sie behaupten schon seit Jahrhunderten ihren Platz neben den geschätzteren ausländischen Gartenpflanzen. Im Wildgarten wirken sie sehr gut, wenn man sie auf einer Böschung ansiedelt. Diese kann gleichzeitig als attraktive Grenze zwischen zwei verschiedenen Gartenbereichen dienen. Außerdem bietet sie den Pflanzen unterschiedliche Standorte und Bedingungen. Sie weist eine sonnige und eine schattige Seite auf. Der Boden ist oben gut entwässert, unten dagegen feuchter. Die nektarreichen Blüten und die Samen locken zahlreiche verschiedene Insekten, Vögel und kleine Säugetiere an. Schmetterlinge, Nachtfalter und Bienen besuchen die Pflanzen häufig. Bienen sammeln – was vielleicht ein wenig überrascht – auch an den kugeligen Blütenständen aller Laucharten Nektar.

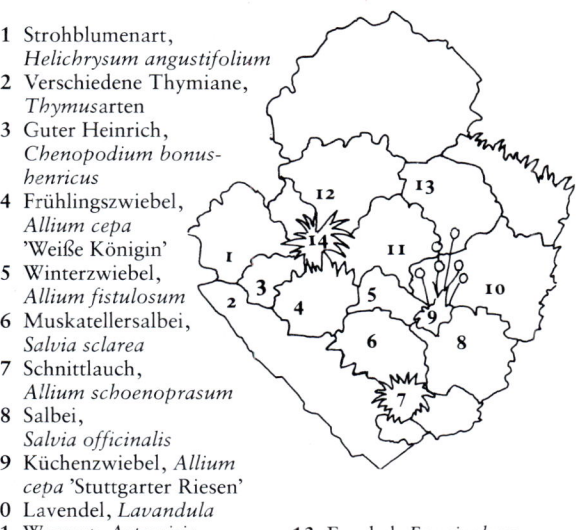

1. Strohblumenart, *Helichrysum angustifolium*
2. Verschiedene Thymiane, *Thymus*arten
3. Guter Heinrich, *Chenopodium bonus-henricus*
4. Frühlingszwiebel, *Allium cepa* 'Weiße Königin'
5. Winterzwiebel, *Allium fistulosum*
6. Muskatellersalbei, *Salvia sclarea*
7. Schnittlauch, *Allium schoenoprasum*
8. Salbei, *Salvia officinalis*
9. Küchenzwiebel, *Allium cepa* 'Stuttgarter Riesen'
10. Lavendel, *Lavandula*
11. Wermut, *Artemisia absinthium*
12. Engelwurz, *Angelica archangelica*
13. Fenchel, *Foeniculum vulgare*
14. Knoblauchartiger Lauch, *Allium scorodoprasum*

ist, stellte er sich ganz von selbst auf meiner Kieseinfahrt ein. Wenn Sie sich in Ihrem Garten Steinquendel wünschen, sollten Sie in der Staudengärtnerei nach *Calamintha nepetoides* fragen, die dort meist als Bergminze geführt wird.

Ein großes, schönes Kraut ist der Beifuß *(Artemisia vulgaris),* der an Straßenrändern und auf Ödland üppig gedeiht. Er hat schmale, an der Oberseite grüne, an der Unterseite weißgrüne Blätter. Früher glaubte man, diese Pflanze halte Mücken fern. Ihr Verwandter, der Wermut *(Artemisia absinthium),* wurde zur Abwehr von Flöhen verwendet. Man streute ihn auf dem Boden aus oder trocknete ihn und steckte ihn in kleinen Beuteln zwischen die Kleider. Diese sehr schöne Pflanze (sie ist aromatischer und bitterer als der Beifuß) wächst ebenfalls auf Ödland, vor allem am Meer. Der Strandbeifuß *(Artemisia maritima)* ist noch würziger und flaumiger als die beiden anderen *Artemisia*arten.

Kräuter, die Bienen, Schmetterlinge und Vögel anlocken

Viele Kräuter üben eine besondere Anziehungskraft auf Tiere aus. Ihnen sollten Sie unbedingt einen Platz einräumen. Dann wird es in Ihrem Garten stets von Bienen und Schmetterlingen wimmeln; und später werden sich auch Vögel einstellen, die nach Samen suchen.

Alle Thymianarten locken Bienen an. Der in Europa heimische *Thymus praecox* wächst auf trockenen Erhebungen und Heiden in kurzem Gras. Der größere oder Quendel-Thymian *(Thymus pulegioides)* hat größere Blätter und kriechende Stengel. Unter seinem Hauptblütenkopf sitzen zusätzlich Quirle mit kleineren Blüten. Das unterscheidet ihn vom *Thymus praecox.* Er wächst in freier Natur auf kalkhaltigen Böden und hat viele Varianten hervorgebracht. Der Echte Thymian *(Thymus vulgaris),* eine aufrechte, buschige Pflanze, vermehrt sich reichlich durch Selbstaussaat. Er stammt ursprünglich aus Südeuropa.

Eine weitere, bei uns heimische Bienenpflanze ist der Andorn *(Marrubium vulgare).* Er ist silbrig und flaumig und gedeiht am besten auf armen Böden. Noch beliebter jedoch ist der Borretsch *(Borago officinalis),* der behaarte Blätter und leuchtend blaue Blüten hat. Seine Blüten ergeben hervorragenden Honig. Er kommt als Gartenflüchtling auch wild vor und eignet sich ausgezeichnet für eine trockene Bö-

Links: *In Großbritannien gibt es zwei wildwachsende Engelwurzarten. Nur die auf dem Foto abgebildete Waldengelwurz* (Angelica sylvestris) *ist heimisch. Sie ist nicht eßbar. Die Arzneiengelwurz,* Angelica archangelica, *hat sich eingebürgert. Sie ist weniger farbenfroh, hat größere, runde Dolden und eingeschnittene, farnähnliche Blätter. Sie wird bereits seit Jahrhunderten als Zutat zu Süßwaren und Gebäck und auch als Heilmittel verwendet.*

Unten: *Beinwell* (Symphytum officinale), *der auf feuchten Wiesen, an Flüssen, Kanälen und gelegentlich auch an Straßenrändern wächst, hat weiße, purpurrote oder rosafarbene Blüten. Er ist schon seit langem ein geschätztes Heilkraut und wurde früher zum Verbinden von Wunden (Soldatenkraut!) verwendet. Beinwellblätter schmecken auch wunderbar, wenn man sie in geschlagenen, dünnen Eierteig taucht, anbrät und zuckert.*

schung oder eine andere trockene und sonnige Stelle im Garten.

Einer meiner Bekannten, der Bienen hält, pflanzt in der Nähe seiner Bienenkörbe stets Zitronenmelisse (*Melissa officinalis*) an. Das ist eine alte Imkertradition, denn man glaubt, daß die Bienen durch den Duft dieser Pflanzen den Weg nach Hause finden. Dieses Kraut ist zwar nicht schön, macht diesen Mangel aber durch seinen erfrischenden Zitronengeruch und seine starke Wirkung auf Bienen wett. Es gibt auch noch eine auffälligere, gelb panaschierte Form. Hübscher jedoch ist das Immenblatt (*Melittis melissophyllum*), auch Waldmelisse genannt. Diese Art hat große, etwa 5 cm lange, cremig-weiße Blüten mit langer, purpurrot gefleckter Unterlippe. Sie ist ausdauernd und wächst auf allen Böden, zeigt sich jedoch in Halbschatten und tiefgründigem Laub von ihrer besten Seite.

Die Minzen erfreuen uns im Spätsommer mit ihrem zarten Blütenschleier und locken viele verschiedene Insekten herbei. Viele Minzarten werden schon seit Jahrhunderten angepflanzt. Daher dürfte jeder Gartenfreund eine ihm zusagende Art finden.

Die Rundblättrige Minze (*Mentha rotundifolia*) ist eine der besten Gewürzminzen und scheint überall zu gedeihen. Ihre Blätter sind tatsächlich fast rund und an der Unterseite grau und weich behaart. Es gibt auch eine hübsche panaschierte Form mit weiß und cremefarben gezeichneten Blättern, die an den Spitzen manchmal blaßrot sind.

Das hintere Ende meines Gartens war früher ein Acker. Die Ackerminze (*Mentha arvensis*) ist zwar auf dem Lande schon fast ausgestorben, aber an dieser Stelle meines Gartens wächst sie immer noch.

Dost oder Wilder Majoran (*Origanum vulgare*) gedeiht an sonnigen, heckenbewachsenen Böschungen gut und vermehrt sich auf kalkhaltigem Boden reichlich durch Selbstaussaat. Er gehört zu den Lieblingspflanzen der Schmetterlinge. Die Blütenfarben variieren von grünlichweiß bis hin zu einem dunklen Purpurrot. Die leuchtend gefärbten Blätter der goldblättrigen Form (*Origanum var. aureum*) wirken ebenso dekorativ wie Blüten.

Der Schnittlauch (*Allium schoenoprasum*) hat sich von Nordasien aus quer über Europa ausgebreitet. Er kommt manchmal wildwachsend auf Kalkstein vor, bevorzugt einen sonnigen Standort, gedeiht aber auch im Schatten. Mit seinen lilaroten, kugeligen Blüten lockt er, wie die meisten Lauchgewächse, Insek-

ten an. Wer Knoblauchkraut (*Alliaria petiolata*) anpflanzt, um den Aurorafalter anzulocken, hat bald viele dicht beieinanderstehende Sämlinge, die er ausdünnen und in der Küche verwenden kann.

Eine der Nahrungspflanzen des schönen, seltenen Schwalbenschwanzes ist der Fenchel (*Foeniculum vulgare*). Er wächst häufig wild auf Ödland, an Straßenrändern oder auf Meeresklippen in der Sonne.

Viele Kräuter produzieren große Samenmengen. Daher sollten Sie die abgeblühten Blumen nicht gleich nach der Blüte abschneiden. Wenn in der Nähe Ihres Hauses oder auf der Schmetterlingsrabatte Lavendel und Rosmarin wachsen, können Sie beobachten, wie Stieglitze, Buchfinken und Meisen an den Blütenstielen entlangbalancieren, um sich die ölhaltigen Samen zu holen. Arten wie Fenchel, Süßdolde, Petersilie und Kerbel werden während der mageren Herbst- und Wintermonate immer wieder von Vögeln besucht, bis von den Blütendolden nur noch Skelette übrig sind, die sich silhouettenhaft vom Winterhimmel abheben.

Die leuchtend gelben Korbblüten des Habichtskrauts (Hieracium) und das Orange der Ringelblume (erstere ist eine heimische, letztere eine ausländische Art) bilden eine natürlich wirkende Ergänzung zu dem leuchtenden Borretsch-Blau.

Wassergärten

Vor Jahren baute ich in meinen Garten einen winzig kleinen Glasfaserteich ein, um den Leserinnen einer Frauenzeitschrift zu zeigen, wie schnell und leicht sich ein Wassergarten anlegen läßt. Dieser Teich gehört mittlerweile zu den schönsten Teilen meines Gartens. Mein Mann und ich haben schon viele Stunden an ihm verbracht. Wir beobachten die Wassermolche, bestimmen die sich gelegentlich einstellenden Libellen- oder Wasserjungfernarten und sehen den Wespen und Bienen zu, die sich zum Trinken auf Seerosenblätter setzen. Wir haben auch Kaulquappen in unseren Teich gesetzt, die uns später beim Bearbeiten der Rabatten als winzig kleine Frösche wiederbegegneten. Wir bewundern die Sumpfdotterblumen und die Seerosen mit ihren schwimmenden Blüten und Blättern und genießen den Moschusduft des Mädesüß. Vom Haus aus sehen wir häufig Elstern und Krähen, die ins Wasser watscheln oder heraushüpfen, ihre nassen Federn schütteln und sich eilig einen Platz an der Sonne zum Trocknen suchen. Wir planen nun auch noch einen größeren Teich anzulegen, in dem noch mehr heimische Pflanzen Platz haben.

Man kann einen Gartenteich so anlegen, daß er geeignete Bedingungen für verschiedene Pflanzen bietet: An manchen Stellen darf er tief sein, was bestimmten Pflanzenarten zusagt, an den Rändern dagegen flach, was wieder anderen Arten entgegenkommt. Man kann ihn auch überquellen lassen, so daß er Sumpfpflanzen einen geeigneten Lebensraum bietet. An seinen Ufern lassen sich viele verschiedene Arten anpflanzen, so daß zu fast jeder Jahreszeit etwas blüht. Möglich ist auch, ihn einfach mit Gras und einem kleinen, leicht begehbaren Ufer zu umgeben.

Teichpflanzen gedeihen am besten, wenn das Licht mindestens acht Stunden am Tag ungehindert einstrahlen kann. Manche Pflanzen, z.B. Seerosen, brauchen pralle Sonne, sonst blühen sie nicht gut. Tiere, die Schatten bevorzugen, werden unter den Seerosenblättern Zuflucht suchen. Die Schwimmblätter tragen dazu bei, übermäßiges Algenwachstum zu verhindern, denn sie schneiden den unteren Wasserschichten einen großen Teil der Lichtzufuhr ab. Dadurch schaffen sie ein ausgewogenes Licht-Schatten-Verhältnis, was sehr wichtig ist.

Ein natürlicher Teich in einem Wald kann zwar sehr reizvoll sein. Es ist aber trotzdem besser, den Gartenteich nicht in der Nähe überhängender Bäume anzulegen, denn durch Schatten und abfallendes Laub entsteht stehendes Wasser. Die sich am Grund des Teiches ansammelnden Blätter sondern Gase ab, die sich schädlich auf Fische und andere Tiere auswirken.

Vorbereitende Arbeiten

Beginnen Sie im zeitigen Frühjahr mit der Anlage Ihres Gartenteichs (s. S. 102 – 113), dann haben Sie genügend Zeit, ihn zu bepflanzen. Außerdem wird das Wasser auf diese Weise der Witterung ausgesetzt und erwärmt sich. Sie können die Pflanzen dann einsetzen, ehe die Tierwelt des Teichs aktiv wird. Setzen Sie die Wasserpflanzen vor den Fischen in den Teich, damit die Tiere nicht unnötig gestört werden.

Bei einem kleinen Teich empfiehlt es sich, die Pflanzen in Behältern einzusetzen. So lassen sich die Pflanzenbestände leicht herausheben, lichten und wieder einsetzen. Als Behälter eignen sich Weidenkörbe oder Lattenkisten, die man aus 2,5 cm² großen Holzleisten oder aus extra für solche Zwecke hergestelltem Maschenplastik anfertigen kann. Sie können auch vier Backsteine so auf den Grund des Teiches stellen, daß sie einen flachen, viereckigen Behälter bilden, und den Innenraum mit Erde anfüllen. Dazu brauchen Sie schweren Boden – am besten eine Mischung aus 50% gut verrottetem Kuhmist und 50% Erde. Verwenden Sie auf nährstoffarmem Boden statt des Mists einen langsam wirkenden organischen Dünger, z.B. Knochenmehl (einen Eßlöffel auf einen 10-Liter-Eimer). Füllen Sie die angereicherte Erde in die untere Hälfte des Pflanzenbehälters und schütten Sie die normale Erde darüber.

Sie sollten Lattenkisten oder mit Löchern versehene Plastikkisten nicht direkt mit lockerer Erde füllen, sondern lieber zuerst mit Grassoden auslegen. Das sind viereckige Rasenstücke, auf denen das Gras bereits angerottet ist. Setzen Sie die Pflanzen ein und versenken Sie die gefüllten Kisten vorsichtig im Wasser.

Sauerstofferzeugende Pflanzen

Sie sind für die Pflanzen- und Tierwelt des Teiches von lebenswichtiger Bedeutung. Allerdings kann man sie von wenigen Ausnahmen abgesehen nicht gerade

Oben: *Der auch in Nordamerika heimische, anmutig wirkende Froschlöffel (Alisma plantago-aquatica) wächst an Teichen und Gräben.*

Rechts: *Ein Wassergarten entwickelt sich rasch zu einem idealen Lebensraum für viele kleine Tiere. Die üppig wachsenden Wasserpflanzen bieten ihnen sichere Verstecke und Brutplätze. Einige Tiere besuchen die Uferpflanzen, andere wieder halten sich dicht unter Schwimmblättern oder im sicheren Geflecht der Wasserpflanzen verborgen. Die Larven, die das Wasser verlassen, um sich in Libellen oder Wasserjungfern zu verwandeln, erklimmen hohe Stengel und bleiben wie glitzernde Juwelen an ihnen hängen, bis sie zu ihrem ersten Flug bereit sind.*

als dekorativ bezeichnen. Eine bekannte, sauerstofferzeugende Pflanze ist die Kanadische Wasserpest *(Elodea canadensis)*. Sie hat stumpfe, olivgrüne Blätter, die sich in den Wintermonaten fest einrollen. Die *Elodea* breitet sich oft stark aus, daher sollte man sie am besten in einen Behälter pflanzen und diesen im Wasser versenken.

Wassersterne *(Callitriches)* sind nützliche Teichpflanzen. Sie sind nicht nur hervorragende Sauerstoffproduzenten, sondern spielen auch eine wichtige Rolle für die Tierwelt des Teichs. In ihrem üppigen, ineinander verwobenen Blattwerk ist der Laich vieler Fischarten gut und sicher aufgehoben, und die Fische selbst knabbern gern ihre jungen Blätter an.

Dann gibt es auch noch die kleinblütigen Tausendblätter *(Myriophyllum)*, z.B. das Quirlblütige Tausendblatt und das Ährige Tausendblatt. Das Wechselblütige Tausendblatt *(Myriophyllum alterniflorum)* kommt in Seen, langsam fließenden Bächen oder moorigem Wasser vor. Eine der hübschesten Wasserpflanzen ist die Wasserfeder *(Hottonia palustris)*. Sie ist bei uns heimisch und schon seit langem eine beliebte Wassergartenpflanze. Sie bildet im Wasser tief unten einen Teppich aus Stielen und Blättern. Ihre lilafarbenen, in der Mitte gelben Blüten jedoch stehen in Quirlen etwa 25 cm über der Wasseroberfläche. Eine meiner Lieblingspflanzen ist der Wasserhahnenfuß *(Ranunculus aquatilis)*, obwohl er sich manchmal sehr stark ausbreitet und andere Pflanzen verdrängt.

Wasserpflanzen bilden auch Schlupfwinkel für junge Fische (die leider häufig von ihren älteren Artgenossen gefressen werden) und Kaulquappen, denen verschiedene Räuber nachstellen.

Wenn der Grund des Teiches schlammig ist, gibt es eine sehr einfache Methode, Sauerstoff abgebende Arten anzupflanzen: Binden Sie den Steckling einer solchen Pflanze an einen glatten Stein oder Kieselstein und lassen Sie ihn an der tiefsten Stelle des Teiches ins Wasser hinab (einen Steckling auf ca. 30 cm² Wasseroberfläche). Sie können den Steckling auch in einen Behälter pflanzen.

Die meisten Wasserpflanzen wachsen schnell und müssen in Schranken gehalten werden. Wenn Sie die Pflanzen ausdünnen wollen, fahren Sie am besten ca. 10 – 15 cm unter der Wasseroberfläche mit einem Rechen durch das Stengelgewirr und reißen Sie möglichst viel vom unteren Teil der Pflanzen heraus.

Es kann jedoch auch vorkommen, daß eine sauer-

stofferzeugende Pflanze nicht gedeiht. Es ist schwer, einen Grund dafür zu finden. Offensichtlich hängt viel von den örtlichen Bedingungen sowie von Größe und Inhalt des Teiches ab. Daher ist es üblich, bei der Bepflanzung eines Teiches mit mindestens vier oder fünf verschiedenen Arten zu beginnen.

Wasserpflanzen, die tief unten wachsen

Seerosen sollte man in einer Wassertiefe von mindestens 15 cm anpflanzen, und zwar in Behältern, die auf Backsteinen oder Leichtbauplatten stehen. Wenn die Blätter sich entfalten, entfernen Sie die Blöcke nach und nach, so daß die Blätter auf der Wasseroberfläche schwimmen. Ausgewachsene Seerosen brauchen eine Wassertiefe von 30 – 45 cm. Die Weiße

Wenn Sie einen kleinen Garten oder Teil Ihres Gartens in einen Wassergarten verwandeln, wird er Ihnen nach der Anlage kaum noch Arbeit machen. Die meisten Wasserpflanzen zeichnen sich durch schöne Blätter aus. Im Frühjahr erblühen die Sumpfdotterblumen, im Sommer folgen Schwanenblume, Froschlöffel, Vergißmeinnicht und Gilbweiderich, und im Herbst sorgen Blutweiderich und rotbraune Samenstiele für Farbe.

Seerose *(Nymphaea alba)* benötigt volle Sonne, sonst blüht sie nicht. *Nymphaea pumila* ist eine viel kleinere Art, die in kleinen Seen in Schottland vorkommt. Die Gelbe Teichrose *(Nuphar lutea)* und die kleinere, gelbblühende Kleine Teichrose *(Nuphar pumila)* vertragen auch etwas Schatten. Die reizende Seekanne *(Nymphoides peltata)* sieht aus wie eine winzige Gelbe Teichrose, obwohl sie nicht mit den Seerosen verwandt ist. Sie kommt hauptsächlich in Teichen und Gräben vor und neigt dazu, sich recht tief im Schlamm zu verwurzeln.

Andere, weniger auffallende wurzelnde Wasserpflanzen mit Schwimmblättern sind das Schwimmende Laichkraut *(Potamogeton natans)* und die Igelkolben *(Sparganium-Arten)*. Beide lieben einen weichen, nährstoffreichen Grund.

Das Pfeilkraut *(Sagittaria sagittifolia)* kommt in langsam fließenden Flüssen vor. Es bildet der Reihe nach drei verschiedene Blattarten: Zunächst entstehen lange, leichte, grasartige grüne Blätter; dann folgen ovale, die flach auf der Wasseroberfläche aufliegen; und später im Sommer bilden sich pfeilförmige Blätter, die aus dem Wasser herausragen. Diese interessante Pflanze liebt sauberes Wasser und gedeiht gut, wenn man sie regelmäßig zurückschneidet. Ihre Blätter sterben nach dem Frost rasch ab.

Wer einen größeren Teich oder einen langsam fließenden Bach hat, kennt vielleicht schon den robusten, kräftigen Wasserschwaden *(Glyceria maxima)* mit seinen hohen Halmen und langen, verzweigten Rispen. Diese Art gedeiht in tieferem Wasser als die anderen Schwaden, nämlich in einer Tiefe von 75 cm. Die Wurzeln tragen dazu bei, Wasserufer vor Erosion zu schützen.

Uferpflanzen

Der Begriff Wasser- und Uferpflanzen umfaßt eine große Artenvielfalt, die in der Natur in ziemlich unterschiedlichen Lebensräumen vorkommt. Manche Arten wachsen direkt am Ufer oder sogar im Wasser, viele andere weit oberhalb der Wasseroberfläche oder gar hoch oben am Flußufer. Doch selbst dann profitieren die Pflanzen noch von der Wassernähe. Die Wurzeln sind durch Kapillaren ständig in Berührung mit dem feuchten Boden, und auch die hohe Luftfeuchtigkeit tut den Pflanzen gut.

Im Garten kann man Uferpflanzen an verschiedenen Standorten rund um den Teich setzen. Pflanzen Sie sie entweder direkt in den Boden oder in Grassoden, die Sie auf extra zu diesem Zweck angelegte Vorsprünge am Teichrand legen sollten. Sie können die Uferpflanzen auch in Behälter setzen und diese auf die Vorsprünge oder auf den Teichgrund stellen. Wenn nötig, setzen Sie die Behälter auf Backsteine, umgedrehte Kisten oder Blumentöpfe. So können Sie Seichtwasserpflanzen genau die Wassertiefe bieten, die sie brauchen. Umhüllen Sie aber alle scharfen Kanten, damit die Auskleidung des Teiches nicht beschädigt wird.

Für den Teichrand eignet sich das Sumpfvergißmeinnicht *(Myosotis palustris)*. Es ziert den Teich vom Frühjahr bis zum Herbst mit leuchtend blauen Blüten und wächst auch im Wasser. Probieren Sie auch einmal, es in einem Sumpfgarten anzupflanzen

Oben links, rechts und oben: Die meisten Uferblumen sind sehr blütenreich. Die Hahnenfußgewächse (oben rechts) gehören zu den farbenprächtigsten unserer heimischen Arten. Es gibt auch etliche schöne ausländische Uferpflanzen, von denen die meisten zu den Balsaminengewächsen gehören, z.B. Impatiens capensis (oben links). Ein verbreiteter Gartenflüchtling ist die Gauklerblume (Mimulus guttatus, oben). Sie wächst wild an Flüssen, Gräben und Sümpfen.

DIE RICHTIGE ANLAGE UND BEPFLANZUNG

Außer dem Sumpfvergißmeinnicht gibt es noch zwei weitere leuchtend blau blühende Pflanzen, die auf sumpfigem Boden gedeihen: Der hohe Wasserehrenpreis *(Veronica anagallis-aquatica)* blüht den ganzen Sommer hindurch; die Bachbunge *(Veronica beccabunga)* ist etwas kleiner. Im Spätsommer blüht das hübsche kleine Sumpfhelmkraut *(Scutellaria galericulata)*.

Das Lange Zypergras *(Cyperus longus)* gehört zu den Riedgräsern und bildet im Spätsommer unregelmäßig geformte, doldige Blütenstände. Es übersteht den Winter nur an sehr warmen, geschützten Standorten.

Der Sumpfhornklee *(Lotus uliginosus)*, der auf feuchten Wiesen und an sumpfigen Stellen wächst, ist bei Gartenfreunden schon lange als geeignete Uferpflanze für Wildgartenteiche anerkannt. Der Sumpffieberklee *(Menyanthes trifoliata)* bildet seine Blätter (die an die Blätter der Puffbohne erinnern) und seine

Oben und links: *Ein von üppigem Gras bewachsenes Ufer ist die ideale Umgebung für Wiesenblumen. Wenn Sie nicht rigoros Unkraut gejätet oder die Grasfläche ständig gemäht haben, finden Sie dort sicherlich eine große Vielfalt heimischer Pflanzen vor. Nach und nach stellen sich verschiedene Arten von selbst ein, darunter vielleicht sogar wilde Orchideen wie das Breitblättrige Knabenkraut. Das hängt jedoch von der Bodenart ab. Die meisten Orchideen scheinen etwas Kalk zu brauchen. Das Ausgraben von Wildorchideen ist übrigens strengstens verboten!*

WASSERGÄRTEN

EIN WASSERGARTEN

Ein Wassergarten ist ein reizvoller Aufenthaltsort. Der abgebildete Teich ist mit einem kleinen Anlegesteg und Trittsteinen versehen, so daß man mitten im Wasser stehen und gut hineinsehen kann. Eines jedoch müssen Sie beachten: Ganz egal, aus welchem Material die Trittsteine sind – sie sollten nur auf einer Zementbasis verwendet werden. Wenn der Teich mit PVC-Folie ausgekleidet ist, würden die Steine – und der auf sie ausgeübte Druck – die Verkleidung früher oder später beschädigen. Doch man kann den Teich – unabhängig von seinem Baumaterial – mit vielen reizvollen Pflanzen umgeben. Einige Wasserpflanzen sind vollständig untergetaucht und erzeugen den lebenswichtigen Sauerstoff, andere wie die Seerosen bilden lange Stiele, so daß ihre Blätter und Blüten an der Wasseroberfläche schwimmen. Einige haben ihre Wurzeln im Wasser, während wieder andere sich am Ufer am wohlsten fühlen.

1 Weiße Seerose, *Nymphaea alba*
2 Pfeilkraut, *Sagittaria sagittifolia*
3 Zypergras, *Cyperus longus*
4 Hahnenfuß, *Ranunculus lingua*
5 Mädesüß, *Filipendula ulmaria*
6 Schwanenblume, *Butomus umbellatus*
7 Gauklerblume, *Mimulus guttatus*
8 Fieberklee, *Menyanthes trifoliata*
9 Wasserdost, *Eupatorium cannabinum*
10 Moorfarn, *Dryopteris cristata*
11 Königsfarn, *Osmunda regalis*
12 Funkie, *Hosta fortunei*
13 Sumpfdotterblume, *Caltha palustris*
14 Schwertlilie, *Iris pseudacorus*
15 Scheinkalla, *Lysichitum americanum*
16 Kuckucksblume, *Lychnis flos-cuculi*
17 Blutweiderich, *Lythrum salicaria*
18 Bachbunge, *Veronica beccabunga*

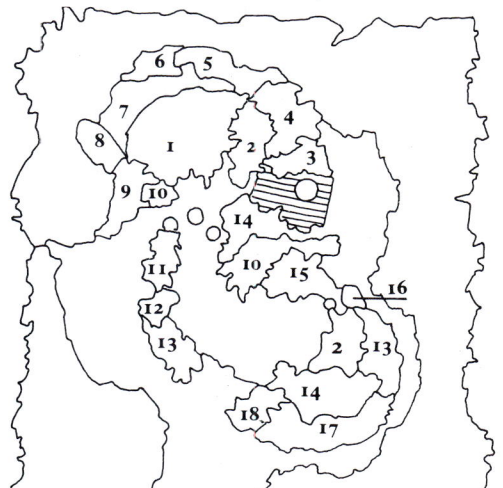

hübschen Blüten über der Wasseroberfläche. Er gedeiht sehr gut, wenn man ihn direkt an den Rand eines Teiches pflanzt, und blüht vom späten Frühjahr bis zum Hochsommer.

Eine der reizvollsten Uferpflanzen in meinem kleinen Gartenteich ist der Froschlöffel *(Alisma plantago-aquatica)*, der nur in seichtem Wasser gut blüht. Seine lose verzweigten Stiele mit kleinen, rosafarbenen Blüten werden bis zu 1 m hoch. Der Lanzettliche Froschlöffel *(Alisma lanceolatum)* ist kleiner.

Das himmelblau blühende Hechtkraut *(Pontederia cordata)* stammt aus Nordamerika und gilt als eine der hübschesten Wasserpflanzen für den Garten. Das Hechtkraut hat große, glänzendgrüne Blätter und blüht den ganzen Sommer hindurch bis in den Herbst hinein. Am besten gedeiht es in 15 – 30 cm tiefem Wasser. Es ist so anpassungsfähig und unkompliziert, daß man es beinahe zu jeder Jahreszeit durch Teilung vermehren kann. Denken Sie daran, wenn Sie einen Freund oder Bekannten besuchen, in dessen Teich diese Pflanze üppig wächst.

Sumpfgärten

Eine künstliche Sumpffläche entsteht auf ähnliche Weise wie eine natürliche: Man läßt Wasser an einer bestimmten Stelle ständig überfließen. Die Fläche soll feucht sein, ohne jedoch völlig unter Wasser zu stehen. Dazu braucht man nur sehr wenig Wasser. Auf natürlichen Sumpfflächen herrscht ein guter Wasserabzug, und sie sind auch gut durchlüftet. Verwenden Sie eine Tröpfchenbewässerung und experimentieren Sie damit so lange, bis Sie das Gefühl haben, daß die Wassermenge ausreichend ist. Zu wenig Wasser kann wasserliebende Pflanzen vernichten, bei zuviel Wasser hingegen entsteht eine Wasserlache, in der die wasserliebenden Pflanzen ertrinken.

Eine meiner Nachbarinnen hatte einen kompletten Wasser- und Sumpfgarten, den sie auf sehr einfache Weise feucht hielt. Sie setzte eine Schlauchleitung an einen Molkereihahn mit defekter Dichtung. So tröpfelte das Wasser ständig. Sie bepflanzte die nasse Gartenfläche mit vielen ausländischen, wasserliebenden Arten – hauptsächlich mit den Varietäten der Gauklerblume. Einige Arten dieser Pflanze kommen in England verwildert vor. Kürzlich sah ich im Sommer eine große Gruppe der aus Nordamerika stammenden Gelben Gauklerblume *(Mimulus guttatus)*. Sie wuchsen in sumpfigem Gras an einem kleinen Bach, der eine Fläche in einem steilen Acker feucht hielt.

Die Blütenpracht eines Sumpfes kann viele Monate lang anhalten. Die Sumpfdotterblume gehört zu den heimischen Wasserpflanzen, die am zeitigsten blühen. Wenig später folgen die stattlichen Schwertlilien und die Kuckuckslichtnelken mit ihren leuchtenden, rosavioletten Blüten. Inmitten dieser Arten wächst auch das Wiesenschaumkraut.

Viele Wasserpflanzen, für die an sich andere Standorte empfohlen werden, gedeihen auch gut auf sumpfigem Boden, z.B. der Blutweiderich mit seinen hohen, purpurroten Blütenähren und sein nicht ganz so großer, gelber Verwandter, der Gilbweiderich. Ihn könnte man an den Rändern einer Sumpffläche an-

Die Teichbinse, Scirpus lacustris, *ist eine unserer vielen heimischen* Scirpusarten. *Sie lassen sich leicht im Garten halten. Wenn Ihr Teich klein ist, müssen sie aber hin und wieder geteilt werden, um ihrem üppigen Wuchs Einhalt zu gebieten. Der Rohrkolben ist viel größer und breitet sich stärker aus als die Scirpusarten. Er eignet sich ausschließlich für große Teiche.*

pflanzen. Mädesüß erfüllt die Luft mit einem angenehmen Duft, und vom Sommer bis zum Herbst bildet der Große Hahnenfuß einen interessanten Kontrast zu einer unserer schönsten wildwachsenden Blumen, der Blumenbinse *(Butomus umbellatus).* Sie blüht fast den ganzen Sommer hindurch.

Wenn Sie Ihren Teich auf einer grasbewachsenen Fläche anlegen, können die Uferpflanzen auf natürliche Weise in die Grasfläche übergehen und mit ihr verschmelzen. Gras hält den Boden kühl und fördert die so wichtige Feuchtigkeit. Außerdem bietet es Fröschen und anderen kleinen Tieren, die den Teich und seine Umgebung bevölkern, Unterschlupf.

Manche Pflanzen – z.B. Wiesenschaumkraut, Sumpfdotterblume, Wiesenraute, Berufkraut und Mädesüß – werden durch Selbstaussaat allmählich ganz von allein in die Grasfläche vordringen. Andere wie die Schachblume und Knotenblume, deren Zwiebeln beim Gärtner erhältlich sind, kann man an weiter vom Teich entfernten Stellen in den Boden setzen.

Da Sumpfpflanzen und viele andere Wasserpflanzen an feuchten Stellen üppig und dicht wachsen, bilden sie ausgezeichnete Schlupfwinkel für verschiedene wirbellose Tiere, die sich an diesen amphibischen Lebensraum angepaßt haben. Es gibt zum Beispiel interessante sumpfbewohnende Heuschrecken und

Die Schwertlilie (Iris pseudacorus), *'fleur de lys' der Legende, ist eine unserer reizendsten wildwachsenden Frühlingsblumen. Sie gedeiht auf feuchten Feldern, in sumpfigen Gebieten und an Teichufern. Der Name Schwertlilie ist eine Anspielung auf die Form ihrer Blätter.*

Spinnen. Frösche und Wassermolche pflanzen sich im Teich fort; doch außerhalb der Brutzeit jagen sie auch manchmal in sumpfigen Gebieten nach Insekten. Ringelnattern fühlen sich hauptsächlich wegen der Frösche zu sumpfigen Flächen hingezogen; doch natürlich halten sich in dem Vegetationsgewirr eines Sumpfes auch noch andere Beutetiere, z.B. Feldmäuse, Spitzmäuse und Wühlmäuse, auf.

Moorgärten

Ein echtes, typisches Moor ist von Torfmoos *(Sphagnum)* überzogen. In ihm gedeiht eine spezifische Pflanzengemeinschaft, zu der viele Heidekrautgewächse gehören, denn das stehende Wasser eines natürlichen Moores ist sauer. Diese und andere im Moor wachsende Pflanzen, die sich im Laufe der Jahrhunderte zersetzten, trugen zur Entstehung der Torfschicht bei, auf der das Moor liegt. Moorpflanzen sind z.B. der insektenfressende Sonnentau, die Moosbeere, der Beinbrech, die Rosmarinheide, das Knabenkraut und der seltene Sumpfporst. Es gibt auch Gräser, Riedgräser und Farne, die sich an die spezifischen Bedingungen des Moores angepaßt haben.

Als die ersten Wildgärten entstanden und in Mode kamen, strebte man danach, im Garten um jeden Preis etwas »Natürliches« zu schaffen. Gartenfreunde, für die Geld keine Rolle spielte, unternahmen häufig große Anstrengungen, um ein künstliches Moor anzulegen (oft in Verbindung mit einem Felsgarten), in dem sie seltene, schöne Arten pflanzen konnten. Der moderne Gartenbesitzer ist in der Regel weniger ehrgeizig. Er kombiniert Moor-, Sumpf- und Uferpflanzen einfach miteinander.

Man kann einen Teich an einer Stelle überfließen lassen oder so anlegen, daß das Wasser allmählich absickert. Beispielsweise könnte man einen etwa 45 cm tiefen Schacht mit PVC-Folie auskleiden und die Folie an einigen Stellen durchlöchern, so daß das Wasser abfließen kann.

Am Grund sollte eine etwa 8 cm tiefe Dränageschicht aus Schotter, Kies oder Steinen liegen. Der Boden muß gut mit Torf durchsetzt sein. Wenn diese Voraussetzungen geschaffen sind, brauchen Sie nur noch darauf zu achten, daß der Boden niemals austrocknet, aber auch niemals völlig unter Wasser steht.

Viele im Handel erhältliche sogenannte Moorpflanzen sind ausländische Arten und wirken meiner Ansicht nach in der natürlichen Umgebung eines Wildgartens deplaziert. Doch hier muß der Gartenbesitzer eine individuelle Entscheidung treffen.

Ein Großteil unserer heimischen Moorpflanzen wird auch in Gärten angepflanzt, z.B. das Herzblatt, der Beinbrech *(Narthecium ossifragum)* und die Echte Sumpfwurz *(Epipactis palustris)*. Es gibt auch Pflanzen mit großen Blättern, die sich nur für geräumige Gärten eignen, z.B. die Pestwurz *(Petasites hybridus)* und der schöne heimische Königsfarn *(Osmunda regalis)*. Zu den Sumpf- und Moorpflanzen gehören aber auch winzige entzückende Blumen wie das kleine Fettkraut. Es überrascht vielleicht ein wenig, daß diese Blume eine insektenfressende Pflanze ist. Sie läßt sich übrigens leicht aus Samen ziehen.

Die mit Steinplatten ausgelegte Fläche in der Nähe des Hauses ist durch einen kleinen Kanal vom eigentlichen Garten getrennt. Er bereitet darauf vor, daß man beim Überqueren des Kanals einen anderen Teil des Gartens betritt. Am Ufer wachsen halb herausragende Wasser- und Uferpflanzen (z.B. Sumpfdotterblume und Gauklerblume). Das Ufer geht allmählich in eine üppige, kühle Grasfläche mit Margeriten und Trollblumen über.

Oben: *Der zu den Enzianpflanzen gehörende schöne Fieberklee (*Menyanthes trifoliata*) war früher in wäßrigen Sümpfen verbreitet. Seinen Namen hat er von den kleeartigen Blättern.*

Links: *Wenn ein kleiner Bach durch Ihren Garten fließt, können Sie seine Ufer mit Teichuferpflanzen und anderen wasserliebenden Arten säumen. In dem hier abgebildeten, ziemlich verfeinerten Wildgarten wurden zwischen Farnen ausländische Primelarten angepflanzt.*

DIE RICHTIGE ANLAGE UND BEPFLANZUNG

Eine Oase für die Tierwelt

In einem gesunden Teich gedeihen viele Lebewesen. Ob Sie auch Fische halten wollen, um die Zahl lästiger Insekten (z.B. Fliegen und Stechmücken) zu reduzieren, müssen Sie selbst entscheiden. Um die Voraussetzung für eine möglichst vielfältige Tiergemeinschaft zu schaffen, sollte man darauf achten, daß der Teich seichte, bewachsene Flächen enthält, in denen die kleineren Lebewesen Zuflucht und Verstecke finden. Vergessen Sie jedoch nicht, daß in einem Teich in freier Natur alle Arten zusammenleben.

Bei der Auswahl der Teichtiere bleibt einem nichts anderes übrig, als zu experimentieren. Ich setzte in meinen Teich mehrmals Goldfische ein. Sie fielen jedoch jedesmal verschiedenen, nicht identifizierbaren Räubern zum Opfer. Daher akzeptiere ich jetzt einfach alle Tiere, die sich auf natürlichem Wege bei mir einfinden – und diese Tierwelt ist faszinierend genug. Wer jedoch Fische in seinem Teich haben möchte, dem rate ich zu Stichlingen. Auch Elritzen sind geeignet. Und Schleien sind anerkannte Teichfische, weil sie dazu beitragen, das Wasser sauber und klar

Der Königsfarn (Osmunda regalis), *der sauren, sumpfigen Boden liebt, bedeckt das Ufer fast das ganze Jahr hindurch. Über seinen grünen, gefiederten Wedeln entstehen Rispen mit pelzigen, fruchtbaren Fiederblättchen. Im Herbst und Winter nehmen diese – ebenso wie die absterbenden Farnwedel – eine warme, rotbraune Färbung an.*

zu halten. Sie entfernen Abfälle vom Grund des Teiches. Diese Aufgabe erfüllen auch Wasserschnekken. Doch ehe Sie Ihre Entscheidung treffen, sollten Sie sich von Fischexperten Ihrer Gegend beraten lassen, die wissen, welche Arten in ökologischer Hinsicht am besten in Ihren Garten passen.

Sobald Sie Fische in Ihrem Teich haben, müssen Sie auch mit gelegentlichen Besuchen von Räubern rechnen, die sich von Fischen ernähren. Treffen Sie den Umständen entsprechende Vorsichtsmaßnahmen. Wenn Vögel eine zu große Plage werden, sollten Sie den Teich mit einer ein paar Zentimeter über dem Boden gespannten dünnen Nylonschnur umgeben. Sie hindert die Tiere daran, ins Wasser zu waten.

Ehe Sie Fische in Ihren Teich setzen, warten Sie einen oder zwei Monate lang, bis sich genügend Insekten eingestellt haben, damit die Fische auch Nahrung finden. Als grobe Richtlinie gilt: einen Fisch pro Quadratmeter Wasseroberfläche.

Wenn sich in Ihrem Teich Frösche und Kröten vermehren sollen, und vor allem, wenn Sie bereits Laich von einem dieser Tiere in den Teich gesetzt haben, sollten Sie darauf achten, daß die Jungen das Wasser auch verlassen können. Die ausgewachsenen Tiere können leicht hinein- oder hinausspringen. Für die winzigen Jungen ist es schwierig herauszukommen, wenn der Teichrand mehrere Zentimeter oberhalb der Wasseroberfläche liegt. Sie könnten den Tieren helfen, indem Sie, je nach Größe des Teiches, einen oder mehrere Landesteine direkt unter die Wasseroberfläche legen. Am besten wählen Sie für diese Steine Stellen, die den Tieren gleichzeitig Unterschlupf bieten. Zwischen zwei Uferpflanzen beispielsweise würde ein solcher Stein jungen Fröschen und Kröten gute Dienste leisten.

Es ist faszinierend zu beobachten, wie viele Tiere zwischen den Wasserpflanzen Schutz und Versteck finden. Wenn ein Fisch regungslos unter den Blättern sitzt, die den Teichrand überschatten, ist er kaum zu sehen. Und daß es im tieferen Wasser von Lebewesen wimmelt, entdeckt man häufig erst, wenn man die Wasserpflanzen bewegt.

Wasser im Garten lockt interessante Insekten an, wie hier die schöne Wasserjungfer. Libellen und Wasserjungfern brauchen Wasser, um sich vermehren zu können. Ihre im Wasser lebenden Larven sind äußerst gefräßig und machen selbst vor kleinen Fischen nicht halt.

Oben: In diesem mitten in der Stadt gelegenen Garten, der fast wie ein Dschungel wirkt, bestimmen Wasserpflanzen und wasserliebende Pflanzen das Bild. Ein solcher Garten wird zu einer willkommenen Oase für viele verschiedene Tiere, die ihn entweder besuchen oder ständig in ihm leben. Zum Wasser führt ein kleiner Weg, und auch eine stabile Brücke aus Holzbrettern ist vorhanden. Im Spätsommer sorgen purpurrot blühender Baldrian, Weiderich, Rainfarn und Binsen für Farbenpracht.

Felsengärten

Wenn Sie einen natürlich wirkenden Felsen-Wildgarten anlegen möchten, müssen Sie sich Zeit lassen und mit großer Sorgfalt zu Werke gehen. Es genügt nicht, wildwachsende Pflanzen einfach in eine willkürliche Anordnung aus Felsbrocken und Steinen einzufügen. Wer will, kann das natürliche Gepräge einer Gebirgslandschaft im kleinen nachahmen und in seinem Garten Felsvorsprünge, Überhänge und Geröllhalden anlegen. Eine andere Möglichkeit wäre, auf einer ebenen Fläche Felsbrocken zu verstreuen und dazwischen Sträucher, z.B. verschiedene Wacholderarten, anzupflanzen. Man kann auch beide Möglichkeiten miteinander kombinieren. Auch eine mit Steinplatten ausgelegte Fläche kann zum Abwechslungsreichtum eines Felsgartens beitragen. Aus den Ritzen und Spalten zwischen den Platten sprießt eine Vielfalt von Felspflanzen hervor. Die sorgfältige Plazierung und Ausrichtung der Felsbrocken ist wichtig. Risse und Spalten sollten in derselben Richtung verlaufen. Es gibt viele Pflanzen, die in solchen Ritzen gedeihen: Felsennabelkraut (*Umbilicus rupestris*), Dachwurz (*Sempervivum tectorum*) und Zimbelkraut (*Cymbalaria muralis*) sind besonders gut dazu geeignet, einzelne Steine miteinander zu verbinden.

Professionelle Felsgartenarchitekten gestalten den oberen Teil eines Felsengartens normalerweise flach wie ein Plateau. Auf dieser Fläche kann man Zwergsträucher, z.B. kleine Weidenarten, anpflanzen. Darunter sollten sich weitere Plateaus befinden, von denen einige in der vollen Sonne, einige im Halbschatten, andere wieder völlig im Schatten liegen können.

Auf der untersten Ebene sollte die Felsfläche allmählich in Kies, Steinplatten, Gras oder einen Weg übergehen. Die meisten Felspflanzen gedeihen auf einer flachen Oberfläche ebenso gut wie auf einer steilen. Am besten jedoch eignen sich für diesen Standort sonnenliebende Pflanzen, z.B. das Graue Sonnenröschen (*Helianthemum canum*) oder das halb niederliegende Sonnenröschen (*Helianthemum nummularium*), aus dem viele reizvolle Gartenvarietäten entstanden sind.

In der freien Natur gibt es Fels- und Pflanzengruppierungen, die sich im Garten gut nachahmen lassen. Auf Hängen von Felsvorsprüngen in flachem Boden findet man häufig spärliche, von Kaninchen abgefressene Grasflächen mit Sonnenröschen und wildem Thymian. Eine ähnliche Fläche kann man auch im Garten anlegen, mit oder ohne Gras und Kaninchen. Wenn man ein niederliegendes Gehölz (z.B. Wacholder) anpflanzt, erhält man auf einfache Weise eine gute Bodendecke, die den Felsen weniger schroff erscheinen läßt. Man kann auch ein Stück vom eigentlichen Steingarten entfernen einen Felsbrocken in den Garten legen, das Gras fast bis an seinen Fuß heran wachsen lassen und neben ihm einen hübsch geformten Baum, z.B. die Zwergbirke (*Betula nana*), anpflanzen.

Wer bereits einen Felsgarten besitzt, braucht häufig nur noch ein paar Pflanzen durch andere zu ersetzen, um eine natürlicher wirkende Kombination zu erhalten. An die Stelle von alltäglichen, typischen Steingartenpflanzen wie Blaukissen und Steinkraut sollten weniger prächtige, aber dennoch farbenfreudige wildwachsende Blumen treten, z.B. Rundblättrige Glockenblume oder Stengelloses Leimkraut.

Die Halde
Eine wirklich natürliche Wirkung erzielt man mit einem Geröllabhang, der – vom Felsengarten ausgehend – sanft abfällt und sich nach unten hin verbreitert. Das Material für diese Geröllhalde kann man aus zwei Teilen Felssplittern, einem Teil Lehm und ei-

Oben: *Das Sonnenröschen* (Helianthemum nummularium) *ist häufig auf Kalksteinformationen zu finden. Aus ihm sind viele prächtige Gartenvarietäten entstanden. Wie sein Name verrät, gehört es zu den sonnenliebenden Pflanzen.*

Links: *Auf gut entwässertem Felsgestein fühlen sich viele Pflanzenarten wohl. Plateaus, Ritzen und klippenähnliche Steinflächen bieten den verschiedensten Arten einen idealen Lebensraum. Die meisten Felspflanzen mögen guten, aufgelockerten, leichten Boden und Sonne. Manche jedoch wachsen lieber im Schatten eines Felsvorsprungs bzw. an der schattigen oder halbschattigen Seite des Felsens.*

Rechts: *Die felsigen Abhänge, an denen dieser steile, mit Stufen versehene Pfad entlangführt, sind, ebenso wie der Gipfel, mit saurer Erde bedeckt. In diesem Boden gedeihen einige unserer weniger bekannten wildwachsenden Pflanzen.*

DIE RICHTIGE ANLAGE UND BEPFLANZUNG

EIN FELSEN-WILDGARTEN

Viele Gartenfreunde schwärmen für Felsen- oder Steingärten. Spezialisierte Gärtnereien erlauben es, sich eine Sammlung schöner Arten anzulegen, die in freier Natur nur an entlegenen Berghängen und in felsiger Umgebung vorkommen. Einige dieser hübschen heimischen Pflanzen haben in unseren Gärten schon immer ihren Platz behauptet. Man kann auch einen Felsengarten anlegen, in dem ausschließlich heimische Arten wachsen, oder in seinem Garten sogar eine Art »Naturschutzgebiet« für seltene Felspflanzen schaffen. Manche Arten, die in freier Natur selten und geschützt sind, wie die Pfingstnelke, werden in Ihrem Garten üppig wachsen, wenn Sie ihnen den geeigneten Boden bieten.

In dem abgebildeten Felsengarten sind Fels-, Stein-und Kiesflächen und die auf harmonische Weise miteinander kombiniert. Selbst ein ausgetrocknetes »Bachbett«, über das eine Brücke führt, fehlt nicht. Das »Bachbett« mündet an beiden Seiten in eine größere Geröllfläche ein. Oben befindet sich eine Kiesfläche (man kann den Kies auch durch Sand ersetzen).

1. *Thymus*arten, Heidenelken, *Dianthus deltoides*, Gemeine Grasnelke, *Armeria maritima*
2. Holunder, *Sambucus nigra*
3. Fingerstrauch, *Potentilla fruticosa*
4. Porzellanblümchen, *Saxifraga umbrosa*
5. Seidelbast, *Daphne mezereum*
6. Bibernellrose, *Rosa pimpinellifolia*
7. Zwergmispel, *Cotoneaster horizontalis*
8. Stechpalme, *Ilex aquifolium*
9. *Erica*arten
10. Kriechwacholder, *Juniperus horizontalis*
11. Kriechweide, *Salix repens*
12. Birken, *Betula*arten
13. Tamariske, *Tamarix gallica*
14. Silberwurz, *Dryas octopetala*
15. Rosenwurz, *Sedum rosea*, Dachwurz, *Sempervivum tectorum*, *Thymus*arten
16. Besenheide, *Calluna vulgaris*
17. Stechginster, *Ulex europaeus*
18. Elfenblume, *Epimedium alpinum*
19. Steinbrech, *Saxifraga oppositifolia*
20. Rosenwurz, *Sedum rosea*
21. Frühlingsfingerkraut, *Potentilla neumanniana*
22. Feldahorn, *Acer campestre*
23. *Thymus*arten, Fetthennenarten, *Sedum acre*, *Sedum album*
24. Galmeiveilchen, *Viola lutea*, Frühlingsenzian, *Gentiana verna*
25. Kreuzblume, *Polygala calcarea*; Herbstkrokus, *Crocus nudiflorus*

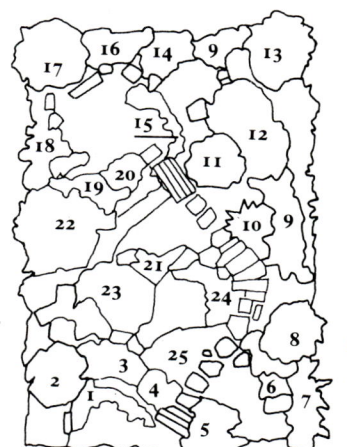

116

nem Teil Torf oder Lauberde zusammensetzen. Die Geröllschicht sollte 30 cm tief sein und am besten an der sonnigeren Seite des Felsgartens aufgeschüttet werden. Damit der Geröllabhang echter wirkt und Alpenpflanzen ideale Lebensbedingungen bietet, versenkt man stellenweise Felsbrocken in das Geröll, um die Wurzeln der Pflanzen kühl zu halten. Denn die kleinen Geröllsteine können äußerst heiß werden.

In gepflegten, traditionellen Gärten sind die meisten dieser Halden mit schönen Arten bepflanzt. In England sind nur ein paar dieser Arten heimisch. Das Moosglöckchen *(Linnaea borealis)* ist für torfige Böden geeignet. Von den kalkliebenden Pflanzen sind vor allem der Frühlingsenzian *(Gentiana verna)*, die Alpenpechnelke *(Lychnis alpina)* und die Kreuzblume *(Polygala calcarea)* erwähnenswert.

Kalksteingärten

Der neue Gartenbesitzer ist angesichts einer kahlen Steinmasse verständlicherweise ratlos. Vielleicht glaubt er zunächst gar nicht, daß sich in dieser kargen Umgebung so viele der häufig zart und empfindlich aussehenden Felspflanzen wohlfühlen werden! Wer schon einmal eine natürliche, dicht mit Pflanzen bewachsene Felsfläche gesehen hat, kann sich eher ein Bild davon machen, was für Anforderungen diese Pflanzen an den Boden stellen. Die unter dem Namen »The Burren« bekannte öde, verlassene Kalksteinfläche in der County Clare in Irland ist ein solches Gebiet. Wer sie gesehen hat, dem bleibt sie für immer unvergeßlich. Das Meer ist in Sichtweite, und das Land ist von einer überwältigenden Vielfalt an Felspflanzen übersät. Viele dieser Pflanzen wachsen nicht an offenen, ungeschützten Stellen, sondern tief unten in Ritzen und Spalten zwischen den riesigen Felsen. Eine der vorherrschenden Pflanzen ist die Silberwurz *(Dryas octopetala)*. Sobald sie sich zwischen den Felsen verwurzelt hat, bildet sie wahre Teppiche. Ihre dunkelgrünen Blätter sind von Blüten übersät, die in der Mitte gelb sind und aus denen später schöne, flaumige Samenbehälter entstehen.

In den Ritzen eines Kalksteinfelsgartens kann man (vorausgesetzt, daß der Wurzelboden gut entwässert ist) folgende Arten anpflanzen: den Alpenfrauenmantel *(Alchemilla alpina)*, der sich durch Selbstaussaat reichlich vermehrt; die Rosenwurz *(Sedum rosea)*, deren Wurzeln in getrocknetem Zustand nach Rosen duften; die Pfingstnelke und die eng mit ihr verwandte Federnelke *(Dianthus plumarius)*, aus der unsere

duftende Gartennelke entstanden ist. Weiter unten – an ungeschützten Standorten, wo aber dennoch die Wurzel nicht austrocknet – könnte man die Küchenschelle *(Pulsatilla vulgaris)* pflanzen.

Wenn Sie eine niederliegende Pflanze brauchen, sollten Sie den Alpentragant *(Astragalus alpinus)* anpflanzen und ihm Platz geben, damit er sich ausbreiten und den Boden überwuchern kann. Diese Pflanze läßt sich nicht gern verpflanzen und sollte daher aus Samen gezogen werden. In meinem Garten bildet der auffallende Blaurote Steinsame *(Lithospermum purpurocaeruleum)* eine prächtige Bodendecke.

Fließendes Wasser ist eine attraktive Bereicherung für jeden Felsgarten. Das sprühende Wasser liefert die Feuchtigkeit, die viele Alpenpflanzen so gern mögen – vorausgesetzt, daß für guten Wasserabzug gesorgt ist. An solchen Standorten gedeihen die Steinbreche

Gelbe Sonnenröschen geben dem Garten Farbe und bilden einen leuchtenden, hellen Kontrast zu den Rosa-, Weiß- und Grüntönen ihrer Umgebung. Wildwachsende Arten, die so angepflanzt sind wie auf dem Foto, vermehren sich im allgemeinen reichlich durch Selbstaussaat. Sie füllen nach und nach alle Ritzen und Löcher im Felsgestein und überwuchern sowohl waagerechte als auch senkrechte Steinflächen.

hervorragend und bilden dichte Teppiche, Polster oder einfache Rosetten. Am bekanntesten sind *Saxifraga stellaris*, *Saxifraga hirculus* und *Saxifraga aïzoides*. Die unter der Bezeichnung »Polstersteinbreche« zusammengefaßten Arten wirken zu jeder Jahreszeit reizvoll. *Saxifraga cespitosa* ist eine äußerst variable Art, die dichte, mit sternförmigen weißen Blüten übersäte Polster bildet.

Das vielen Leuten bekannte Porzellanblümchen *Saxifraga umbrosa*) gedeiht am besten im Schatten oder Halbschatten. An sonnigen Standorten verändert es sich! Die hellen, schaumartig wirkenden Blüten kommen besonders gut zur Geltung, wenn man die Pflanze mit Farnen kombiniert. Der Moossteinbrech (*Saxifraga hypnoides*) eignet sich gut für die schattige Seite eines Felsgartens. Seine Polster breiten sich rasch aus.

In feuchtem Schatten oder Halbschatten gibt die Schattenblume (*Maianthemum bifolium*) mit ihren Paaren herzförmiger Blätter eine weitere teppichbildende Pflanze ab.

Für sauren Boden geeignete Pflanzen

Felsgärten auf saurem Boden kann man mit Heidekrautgewächsen – z.B. Erika-Arten und kleinwüchsigen Gehölzen (vgl. das Kapitel »Heidegärten« auf S. 78 – 85) – bepflanzen. Die meisten werden über die Felskanten reichen und selbst in Ritzen und Spalten wachsen, solange keine Austrocknungsgefahr für die Wurzeln besteht. Die immergrünen, in farblicher Hinsicht sehr abwechslungsreichen Pflanzen sind stets dekorativ, ob sie mit jungen oder älteren Trieben oder mit Blütenzweigen bedeckt sind.

Wenn ein weiches, graues Pflanzenpolster gut in Ihren Garten passen würde, sollten Sie es mit dem heimischen Katzenpfötchen (*Antennaria dioica*) versuchen. Es verlangt lediglich einen leichten, gut entwässerten Boden. Kombinieren Sie es mit dem Storchschnabel (*Geranium lucidum*), der sich in Ihrem Garten bald selbst aussäen dürfte. Das ergibt einen interessanten Kontrast. Der Storchschnabel braucht allerdings etwas mehr Schatten als das Katzenpfötchen.

Eine meiner Lieblingspflanzen ist die kleine Grasnelke (*Armeria maritima*). Sie ist an der Meeresküste beheimatet. Diese Nelke scheint überall zu gedeihen, vorausgesetzt, man versorgt sie reichlich mit Sand. Außer ihrer reizvollen Wuchsform (hübsche grüne Polster aus winzigen, grasähnlichen Blättern) hat sie noch einen weiteren Vorteil: Die kugeligen Blütenköpfe, die sie vom Hochsommer bis zum Spätsommer zieren, üben eine besonders anziehende Wirkung auf Bienen aus. Die Blüten der Grasnelke variieren in der Farbe sehr stark. Sie können blaßrosa bis purpurrot sein. Sie gedeiht zwischen Steinplatten ebenso wie in den Winkeln zwischen Felsbrocken.

Äußerst anpassungsfähig ist auch die entzückende Glockenblume (*Campanula rotundifolia*). Sie verträgt sauren, neutralen und kalkhaltigen Boden gleichermaßen und eignet sich sehr gut für trockene Standorte. Nur Schatten mag sie nicht.

Die bei uns eingebürgerte Elfenblume (*Epimedium alpinum*) eignet sich gut für schattige Stellen und gedeiht selbst unter den niedrigen Sträuchern. Aus ihren kriechenden, rhizomartigen Wurzeln sprießen immer wieder neue Triebe.

Oben: *Das Ruprechtskraut, eine einjährige Storchschnabelart, ist im Frühjahr und Sommer von Blüten übersät. Es vermehrt sich üppig durch Selbstaussaat, breitet sich rasch aus und ist eine ideale Bodendecke für armen, steinigen Boden.*

Links: *Auf der flachen Oberfläche eines Felsens stellen sich manchmal ganz von selbst und recht rasch die verschiedensten Pflanzenarten ein. Im Schatten wachsen häufig zuerst Moose und bedecken den Stein mit einem dichten Teppich. Samen oder Farnsporen, die auf das Moos fallen oder vom Wind dorthin getragen werden, beginnen zu keimen. Allmählich setzen sich Flugerde und Pflanzenteile ab und bilden einen Humusboden, in dem die Sämlinge sich verwurzeln und wachsen können, obwohl das unfruchtbare Felsgestein so dicht darunterliegt.*

Kies- und Steingärten

Sie können Kies mit Steinen kombinieren, die in Ihrer Gegend zu finden sind. Alle kleinen Steine, die Sie beim Bearbeiten Ihrer Gartenbeete entdecken, lassen sich als Grundlage für eine Kiesfläche verwenden. Manche Gartenbesitzer schütten den Kies gern auf eine etwa 2 – 3 cm tiefe Sandschicht. Ich bin bei der Anlage einer kleinen Kiesfläche in meinem Garten etwas anders vorgegangen: Zunächst habe ich Sand aufgeschüttet. Dann legte ich alle flachen Steine, die ich zur Hand hatte, ziemlich eng nebeneinander. Zuletzt füllte ich alle Zwischenräume, die mehr als etwa zweieinhalb Zentimeter breit waren, mit Kies.

Wenn Sie in Ihrem Garten eine Kies- oder Steinfläche angelegt haben, werden Sie bald feststellen, daß es viele Wegrand- und Ödlandpflanzen gibt, die gut entwässerten Boden mögen und sich in der Sonne oder auf den von der Sonne gewärmten Steinen üppig ausbreiten, z.B. die Labkrautarten, die im Hochsommer eine duftende, zartblättrige Bodendecke bilden (und außerdem einige der schönsten Nachtfalter anlocken), die kleine rosablütige Ackerwinde, die manchmal an Feldwegrändern entlangwuchert, sowie Leinkraut, Schafgarbe, Ruprechtskraut, Habichtskraut, Karde, Königskerze und Lichtnelke – um nur ein paar zu nennen. Greiskraut und Behaartes Schaumkraut sind dem Gartenbesitzer vielleicht nicht so willkommen, können aber mit der Hand ausgerissen werden.

Selbst Pflanzen, die man an sich nicht mit Stein oder Fels in Verbindung bringt, verirren sich gelegentlich auf Kiesflächen. In einer kleinen, schattigen Ecke meines Gartens hat sich eine Hainveilchen-Kolonie gebildet. Die Samen müssen in der Lauberde verborgen gewesen sein, die ich als Mulch für einige Farne in einer nahegelegenen Rabatte verwendet hatte. Die Veilchen, die alle aus einer einzigen Mutterpflanze entstanden sind, bedecken mittlerweile eine Fläche von ungefähr 3 Quadratmetern. An einer anderen Stelle haben sich Duftveilchen und Pfennigkraut selbst ausgesät und gedeihen (was ganz untypisch für sie ist) im Kies und in der Sonne.

Der Besenginster wächst in Kies und Sand besser als auf anderem Boden. Auch Thymiane eignen sich gut für Kiesflächen. Es macht ihnen, ebenso wie den Sonnenröschen, nichts aus, wenn man auf sie tritt.

Die kleinen Nelken scheinen sich an allen sonnigen Standorten mit grobkörnigem, gut entwässertem Boden wohl zu fühlen. Die duftende Pfingstnelke und

Oben: Ein Kiesgarten ist gut entwässert und verhältnismäßig warm. In einer solchen Umgebung fühlen sich viele Pflanzenarten wohl. Pflanzen Sie niedrige, polsterbildende Arten an, damit die Steine auf reizvolle Weise bedeckt sind.

Links: Es gibt in Europa etwa 25 Sempervivumarten. Viele sind beliebte Gartenpflanzen. In kultiviertem Zustand lassen sie sich leicht mit der Dachwurz (Sempervivum tectorum) kreuzen.

die Heidenelke *(Dianthus deltoides)* zieren die Steine mit ihren Blüten oder bedecken sie mit hübschen, graugrünen Blattbüscheln. Die kriechende Johanniskrautart *(Hypericum humifusum)*, die als verbreitetes, aber reizvolles Gartenunkraut gilt, und das hübsche Stengellose Leimkraut *(Silene acaulis)* gedeihen ebenfalls gut auf Kiesuntergrund. Letztere Pflanze blüht im Garten selten so üppig, wie man es sich wünschen würde. Auf gut entwässertem Kiesboden blüht sie jedoch besser als auf anderen Böden.

Pflanzen, die auf Mauern wachsen

Wenn ich an Mauerpflanzen denke, fällt mir unwillkürlich eine schmale, von Mauern gesäumte Straße in Irland ein, die sich durch die Hügel schlängelt. Die Mauern sind kilometerlang mit den rosigen Blüten des Schattensteinbrechs *(Saxifraga umbrosa)* bedeckt. Die Blattrosetten bilden eine dichte Haube, hängen ein wenig über die Mauerkante herab und glitzern in dem allgegenwärtigen Dunst. Viele Pflanzen, die in Felsgärten wachsen, gedeihen auch auf Mauern, allerdings dürfen ihre Wurzeln nicht austrocknen. Tuff- und kissenbildende Felspflanzen gedeihen im allgemeinen gut auf Mauern oder in Mauerritzen, wenn diese mit guter Erde angefüllt sind.

Einige dieser Pflanzen, z.B. den soeben beschriebenen Schattensteinbrech, sollte man lieber auf die schattige als auf die sonnige Seite der Mauer pflanzen. Hier kann man auch einige der kleinen Mauerfarne ansiedeln (s.S. 89–90).

Es gibt auch viele Arten, die sich in der Sonne am wohlsten fühlen, wie die verschiedenen Fetthennen. Am prächtigsten ist der Mauerpfeffer *(Sedum acre)*. Erwähnenswert sind außerdem die Bereifte Fetthenne, die Weiße Fetthenne, die Drüsenhaarige Fetthenne und *Sedum anglicum*. Eng mit diesen Arten verwandt ist die Dachwurz *(Sempervivum tectorum)*, die manchmal auf Dächern wächst. Das würzige Küchenkraut Tripmadam *(Sedum reflexum)* ist in England nicht heimisch, kommt aber gelegentlich wildwachsend auf alten Mauern vor und ist auch im Samenfachhandel erhältlich.

Schöne Blattrosetten bildet die Gänsekresse *(Arabis alpina)*, aus der viele Gartenvarietäten entstanden sind und die Blätter und Stiele des Storchschnabels *(Geranium rotundifolium)* nehmen mit zunehmendem Alter eine reizvolle Färbung an. (Das gilt übrigens auch für das Ruprechtskraut *Geranium robertianum*, das sich ebenfalls gut für Mauern eignet.)

Links: *Die Oberseite einer Mauer ist eine gute Umgebung für die meisten als »Felspflanzen« bezeichneten Arten. Sie sollte nicht zu hoch sein, damit man sie leicht bearbeiten kann und einen guten Ausblick auf die Pflanzen hat, die auf ihr wachsen. Wenn die Spalten oder Öffnungen zwischen den Steinen sehr klein sind, ist es vielleicht am besten, Pflanzen auszusäen oder kleine Sämlinge anzupflanzen.*

Unten: *Die Weiße Fetthenne (Sedum album) kommt – wie die meisten Fetthennen – am besten an Mauern zur Geltung. Sie ist ein sehr reizvoller Mauerschmuck und bevorzugt Kalkstein.*

Gartenarbeit und Pflege der Pflanzen

Die in diesem Kapitel zusammengestellten praktischen Tips und Anweisungen basieren unmittelbar auf meinen eigenen Methoden und Erfahrungen. Viele der Abbildungen sind in meinem Garten entstanden. In diesem Kapitel erfahren Sie, wie man seinen Boden testet und wie man ihn mit natürlichen Mitteln anreichert, wie man durch Mulchen das Wachstum junger Pflanzen fördert und Unkräuter erstickt, wie man seinen Garten durch kleine Veränderungen interessanter gestalten kann – z.B. indem man Böschungen und Teiche anlegt, eine niedrige Trockenmauer baut oder die Oberfläche der Gartenwege abwechslungsreich gestaltet – und wie man Samen sammelt und Pflanzen aus ihnen zieht (z.B. kann man die Keimung durch Einritzen der Samenschale fördern). Auch andere Techniken der Pflanzenvermehrung werden beschrieben: Vermehrung durch Ableger, Teilung oder Stecklinge. Außerdem erfahren Sie, wie man Wiesenblumen aussät und zieht, wie man Farne pflegt und vermehrt, wie man Bäume und Hecken pflanzt und wie man bereits vorhandene Hecken verschönern kann. Zu guter Letzt wird beschrieben, wie man wuchernde Pflanzen und Schädlinge auf natürliche Weise unter Kontrolle hält.

Der Boden

Auf jedem Boden wachsen andere Pflanzenarten. Wenn Ihnen die Pflanzenwelt, die auf Ihrem Boden gedeiht, nicht abwechslungsreich genug ist, können Sie unter Umständen neue, ja sogar ausländische Arten anpflanzen, die für Ihren Boden geeignet sind. Sie sollten jedoch nicht versuchen, den Boden zu verändern; der erfolgreiche Wildgartenbesitzer akzeptiert seinen Boden so, wie er ist, und sucht sich die dazu passenden Pflanzen (s. auch die Tabellen auf S. 142 – 157 und S. 159).

Viele Arten vertragen neutralen oder neutralen bis leicht sauren Boden (und das ist ein Glück, denn diese Bodenart herrscht in vielen Gärten vor). Es gibt auch ein paar Arten, die sowohl auf leicht saurem als auch auf leicht alkalischem Boden gedeihen. Manchmal findet man in einem Garten mehrere verschiedene Bodenarten vor; dann kann man eine größere Vielfalt an Arten anpflanzen.

WIE UNTERSUCHT MAN SEINEN BODEN?

Ob Ihr Boden sauer oder alkalisch ist, läßt sich ziemlich leicht feststellen. Die Mittel, die man zur Bodenuntersuchung braucht, sind nicht teuer; außerdem führen auch manche Apotheker Bodenuntersuchungen durch.

Entnehmen Sie an mehreren verschiedenen Stellen Ihres Gartens Erde. Halten Sie diese Bodenproben säuberlich voneinander getrennt. Auf jeder Probe muß genau angegeben sein, von welcher Stelle des Gartens sie stammt. Dann müssen Sie die Proben mit

WIE UNTERSUCHT MAN SEINEN BODEN?
So stellen Sie fest, welchen Boden Sie haben: Entnehmen Sie aus jedem Teil Ihres Gartens einen Spatenstich Erde (und zwar sollten Sie 25 cm tief einstechen). Vermischen Sie die Erde gründlich in einem Eimer und schütten Sie ein paar Eßlöffel dieser Mischung in ein Glas Wasser. Schütteln Sie es kräftig und warten Sie eine halbe Stunde. Organische Stoffe schwimmen obenauf, Mineralien dagegen setzen sich in Schichten am Boden des Glases ab.

Tonboden
Boden mit hohem Tonanteil fühlt sich in nassem Zustand weich und klebrig an. In ihm gedeihen zwar viele Pflanzen sehr gut, aber er ist häufig schwer zu bearbeiten. Im nassen Zustand ist er sehr schwer, im trockenen verhärtet er sich. Er kann außerdem sehr sauer, schlecht durchlüftet und wenig wasserdurchlässig sein.

1 Organische Stoffe
2 Ton
3 Sand
4 Kies

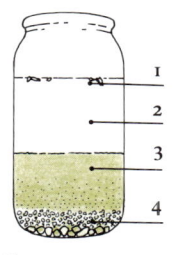

Sandboden
Boden mit hohem Sandgehalt fühlt sich in nassem Zustand körnig an. Im Gegensatz zum Tonboden klumpt er nicht, wenn er trocken ist. Organische Stoffe fehlen häufig. Daher ist er ziemlich unfruchtbar, wenn man ihn nicht mit Kompost oder Humus anreichert.

1 Organische Stoffe
2 Ton
3 Sand
4 Kies

Lehmboden
Lehmige Böden enthalten viele organische Stoffe. Sie können – je nach Mineralgehalt – leicht oder schwer sein. Lehmiger Boden fühlt sich leicht grobkörnig an und verklumpt, wenn er austrocknet. Er gilt als guter Boden, in dem viele Pflanzen gedeihen.

1 Organische Stoffe
2 Ton
3 Sand
4 Kies

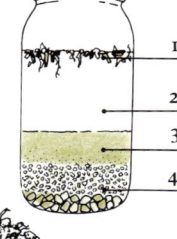

Kalkboden
Kalkböden enthalten wenig Humus und sind alkalisch. Wenn man sie mit organischen Stoffen und Düngern anreichert, gedeihen kalkliebende Pflanzen gut.

1 Organische Stoffe
2 Ton
3 Sand
4 Kalk und Kies

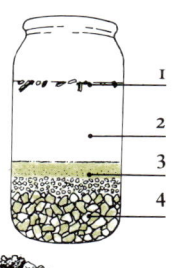

Humusreicher Boden
Stark humushaltiger Boden ist im allgemeinen leicht. Wie leicht, hängt von Menge und Art der Mineralien ab, die er enthält. Waldboden ist sehr humushaltig, das gleiche gilt für Boden, der mit Kompost oder Lauberde angereichert worden ist.

1 Organische Stoffe
2 Ton
3 Sand
4 Kies

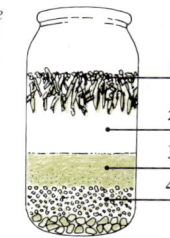

den entsprechenden Chemikalien behandeln und die Farben, die dabei entstehen, mit denen auf der Tabelle vergleichen. Aus dieser Tabelle ersehen Sie den Säure- oder Alkalitätsgrad Ihres Bodens. Er ist als Ziffer auf der pH-Wertskala angegeben: 7,0 bedeutet »neutraler Boden«. Höhere Ziffern zeigen den Grad der Alkalität, niedrigere den Säuregrad an. Gartenböden schwanken im allgemeinen zwischen einem pH-Wert von 6,0 und 7,0.

BODENANREICHERUNG DURCH HUMUS

Humusarmer Boden läßt sich verbessern. Auf diese Weise erreichen Sie, daß darauf eine größere Pflanzenvielfalt gedeiht. Humus besteht aus verwesten organischen Stoffen, und die gibt es in Hülle und Fülle. Humus entsteht z.B. aus tierischen Exkrementen, Blättern, Gras, Torf, Gemüseabfällen und Wasserpflanzen. Die beste Quelle für Humus ist selbsthergestellter Kompost. Wenn Sie Ihren Komposthaufen richtig angelegt haben, ist die daraus entstehende organische Substanz so gut wie Mist oder Dünger.

Man darf Humus nicht mit Dünger verwechseln. Dünger ist eine sofort verfügbare Nahrungsquelle für die Pflanzen. Aus Humus dagegen werden die Nährstoffe für die Pflanzen erst allmählich durch Einwirkung von Bakterien freigesetzt. Er schafft die Voraussetzungen, die der Boden braucht, um nährstoffreich und fruchtbar zu werden, und bietet den in ihm lebenden Mikroorganismen Bedingungen, die sie benötigen, um sich vermehren zu können. Nur so entsteht ein fruchtbarer Boden.

Böden mit zu raschem Wasserabzug, insbesondere sandige oder leichte Böden, verlieren durch das schnelle Ablaufen des Wassers wichtige Pflanzennährstoffe. Solche Böden kann man durch Humus verbessern, denn Humus speichert Wasser.

Schwere Tonböden dagegen halten das Wasser lange und sind schlecht durchlüftet. Auch hier ist Humus die ideale Lösung: Er lockert den Boden auf und macht ihn dadurch leichter. Er schafft mehr Lufträume im Boden und verbessert seine Struktur. Gesunder Boden braucht, wie alles Lebendige, Luft. Bodenbakterien können ohne Luft nicht leben. Daher bietet ein mit Wasser vollgesogener Boden Pflanzen keine guten Voraussetzungen.

DIE ANLAGE EINES KOMPOSTHAUFENS

Für das Kompostieren gibt es verschiedene Methoden. Grundsätzlich entsteht Kompost immer durch das Aufeinanderschichten verschiedener organischer Materialien. Durch die natürliche Erhitzung des Haufens und die Einwirkung von Bakterien verwandeln diese Zutaten sich allmählich in eine dunkle, süßlich riechende, krümelige, bodenähnliche Masse.

Wenn Sie ein Beschleunigungsmittel verwenden, geht die Zersetzung rascher vonstatten, so daß der Komposthaufen Ihnen zweimal im Jahr reichliche Ausbeute liefert. Ohne Beschleunigungsmittel erhält man im allgemeinen nur einmal pro Jahr Komposterde.

Ist Ihr Garten sehr klein oder so angelegt, daß ein Komposthaufen darin unschön wirkt, können Sie auch in schwarzen Plastiktüten kompostieren. Behandeln Sie das Kompostiermaterial so, wie es auf

Querschnitt durch einen gut angelegten Komposthaufen. Ganz unten liegen Zweige, damit Luft eindringen kann und sich bei schweren Regenfällen kein Wasser am Grund des Komposthaufens staut. Darüber legt man eine 15 – 23 cm dicke Schicht pflanzlichen Materials und bedeckt sie mit einer 5 cm dicken Erdschicht. Die Erde sorgt dafür, daß die Bakterien sich rascher durch den Haufen hindurcharbeiten können. Gießen Sie den Haufen bei Trockenheit und decken Sie ihn in Regenzeiten ab.

Der Komposthaufen

Unten: Es ist praktisch, zwei Kompostlegen zu haben. Dann kann der eine Haufen verrotten, während man den nächsten anlegt. Außerdem kann man einen Teil des Komposts umwenden und auf den zweiten Haufen legen. Was sehr sinnvoll ist, da Kompost in der Mitte schneller verrottet als an den Außenseiten. Wenn man keine zwei Legen hat, kann man den oberen, nicht verrotteten Teil des Komposts auch auf die Seite geben und auf ihm einen neuen Komposthaufen aufbauen. Die kastenförmige Kompostlege sollte an den Seiten Öffnungen haben, damit Luft hineindringen kann. Man kann einen solchen Kasten aus Holz, Draht, Plastik oder Metall herstellen. Am praktischsten ist es, ihn so zu konstruieren, daß man eine Seite öffnen oder entfernen kann.

der untenstehenden Abbildung beschrieben ist. Verschließen Sie die Tüte fest und sorgen Sie für Luftlöcher. Legen Sie die Kompostsäcke aber nicht in die pralle Sonne! Bei zu großer Hitze können sich die Bakterien nämlich nicht richtig entwickeln.

Zum Kompostieren eignen sich alle Blätter, Heckenschnitt, abgemähtes Gras, Gemüseabfälle (auch Schalen), abgefallenes Laub, Filtertüten, die oberen Teile ausdauernder Unkräuter, zerhäckseltes Material aus Ästen oder Pappe, Holzasche usw.

MULCHEN

Mulchen bedeutet: Den Boden mit einer dicken Schicht bedecken. Mulch besteht aus organischen Stoffen (z.B. Kompost, Torf, Lauberde, verdorrtem Kraut, abgemähtem Gras oder Baumrinde aus dem Häcksler). Er spielt eine wichtige Rolle, weil er die Pflanzenwurzeln feuchthält. Alles Mulchmaterial zersetzt sich mit der Zeit und reichert den Boden an. Außerdem verhindert es das Austrocknen der obersten Bodenschicht.

Mulche spielen noch eine weitere wichtige Rolle: Sie unterdrücken das Wachstum unerwünschter Sämlinge (meine spezielle Methode ist auf S. 138 beschrieben). Und sie sind auch noch in anderer Hinsicht nützlich: Farne, Sträucher und Bäume gedeihen viel besser, wenn man sie nach dem Einpflanzen mit einem organischen Stoff mulcht, bis deutlich zu sehen ist, daß sie gut wachsen. Außerdem gefriert ein gemulchter Boden schwerer.

Durch richtiges Kompostieren wird der Säuregehalt organischer Stoffe zerstört. Frische, unkompostierte Mulche (z.B. abgemähtes Gras) dagegen erhöhen im allgemeinen den Säuregrad des Bodens. Je mehr Sie davon verwenden, desto saurer wird Ihr Boden. Daher eignet sich abgemähtes Gras gut als Mulch für Heidekräuter. Wenn Sie solche Mulche verwenden, sollten Sie den Boden hin und wieder kalken, damit er nicht zu sauer wird.

LAUBERDE

Lauberde gehört zu den besten und am vielseitigsten verwendbaren Mulchen. Sie ist auch als Bestandteil von Blumentopferde oder Erdmischungen von großem Wert. Wer seine Pflanzen selbst zieht, sollte sich immer einen Lauberdevorrat für das nächste Jahr anlegen.

Man kann zur Herstellung von Lauberde nahezu alle Blattarten verwenden. Buchen-, Eichen- und Birkenlaub verrottet besonders schnell. Laub von immergrünen Pflanzen und alle zähen Blätter eignen sich nicht, denn sie zersetzen sich nur sehr langsam. Wie rasch Blätter verrotten, hängt auch vom Feuchtigkeits- und Wärmegrad ab. Blätter, die Sie im Herbst aufgeschichtet haben, dürften sich aber ein Jahr später in fertige Lauberde verwandelt haben. Ob Ihre Lauberde gebrauchsfertig ist, läßt sich sehr einfach feststellen: Es dürfen keine unversehrten Blätter mehr vorhanden sein. Die Lauberde sollte flockig sein und sich leicht zwischen den Fingern zerkrümeln lassen.

Mulch für junge Pflanzen
Unten: *Junge Waldpflanzen lassen sich leichter ziehen, wenn man in seinem Garten die Bedingungen des Waldbodens nachahmt. Mulch aus Lauberde, abgestorbenen Blättern oder gehackter Baumrinde hält die Wurzeln feucht und erstickt jede Konkurrenz.*

Unten: *Wenn Sie Sträucher oder Baumsämlinge gepflanzt haben, müssen Sie den Boden außen herum mit kleingehackter Baumrinde oder einem anderen groben Material mulchen und diesen Mulch während der ersten beiden Wachstumsperioden immer wieder erneuern. Feine Mulche wie z.B. Torf eignen sich nicht. Sie neigen dazu, Feuchtigkeit aufzusaugen, und bieten damit vom Wind verbreiteten Samen Keimbedingungen.*

Wie stellt man Lauberde her?
Legen Sie einen etwa 15 cm hohen Laubhaufen an, schütten Sie eine Schicht Erde darüber. Sie muß die Blattoberflächen verdecken. Schütten Sie erneut Laub- und Erdschichten auf, bis der Haufen 60 – 90 cm hoch ist.

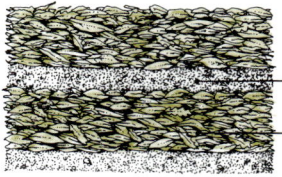

Erdschicht

faulende Blätter

Die Anlage von Böschungen, Mauern, Gartenteichen und Wegen

Ein paar kleine Veränderungen können Ihren Garten gleich viel interessanter machen. Es genügt, wenn man sich hier und da in bescheidenem Rahmen als »Gartenarchitekt« betätigt. Man kann zum Beispiel Böschungen und Terrassen anlegen oder eine von Pflanzen bewachsene Mauer bauen. Sehr reizvoll ist ein gewundener Weg, der um den Garten herumführt. Auch ein kleiner Teich ist eine Bereicherung.

DIE ANLAGE EINES ERDWALLS

Ein Erdwall läßt sich am schnellsten und einfachsten anlegen, indem man Erde herbeitransportiert oder die bei der Anlage eines Gartenteiches ausgehobene Erde verwendet. Ich habe eine andere Methode entwickelt. Sie ist zwar viel umständlicher und langwieriger, dafür erhält man aber durch sie einen Boden, der sich gut für Farne und Kräuter eignet. Ich schütte zunächst Heckenabfälle und alle nicht leicht kompostierbaren pflanzlichen Abfälle auf. Da ich außer meinem Wildgarten auch noch einen Gemüsegarten und einen traditionellen Garten bearbeite, habe ich oft ganze Schubkarren voll verwelkter oder vertrockneter Stengel. Über diese Abfälle häufe ich dann andere organische Materialien: abgemähtes Gras, Fallobst, abgefallene Blätter, die sich nicht zur Herstellung von Lauberde eignen, und gelegentlich eine Ladung Torf oder Erde. Solche Böschungen können – wie fast alles im Wildgarten – ruhig langsam und allmählich entstehen. Man braucht nichts zu überstürzen. Ich habe zur Anlage meiner Böschungen Jahre gebraucht. Und doch ist einer dieser Erdwälle inzwischen ungefähr 9 m lang und an manchen Stellen 1 m hoch. An diesem Erdwall habe ich einen Kräutergarten angelegt (s. S. 99), in dem hauptsächlich heimische oder eingebürgerte Arten wachsen.

Die Anlage einer Terrasse aus Torfblöcken
Unten: Lassen Sie zwischen den Blöcken, keine Lücken. Häufen Sie hinter den Blöcken Torf oder Erde auf. Diese Schicht muß dieselbe Höhe haben wie die Torfblöcke. Sobald die Pflanzen sich in der Terrassenanlage verwurzelt haben, werden sie die Torfblöcke verdecken.

Unten: Weichen Sie die Blöcke eine Stunde lang ein, ehe Sie sie vermauern. Dadurch werden sie schwerer und lassen sich leichter einfügen. Außerdem speichern sie dann leichter Feuchtigkeit. Je mehr die Blöcke aufquellen, desto besser ist die ›Mauer‹. Wenn sie erst einmal aufgequollen sind, bleiben sie im allgemeinen auch in diesem Zustand – nur in Trockenperioden sollte man möglichst oft gießen, am besten mit weichem Regenwasser, auf keinen Fall aber mit kalkhaltigem oder alkalischem Wasser.

Ein Erdwall aus organischem Material
Dieser Erdwall ist fast nur aus Gartenabfällen entstanden. Die Methode ist allerdings langwierig. Man beginnt mit einer Schicht abgeschnittener Äste und schichtet dann pflanzliche Abfälle, Fallobst und Blätter darüber. Ganz oben wird Erde oder Torf aufgeschüttet.

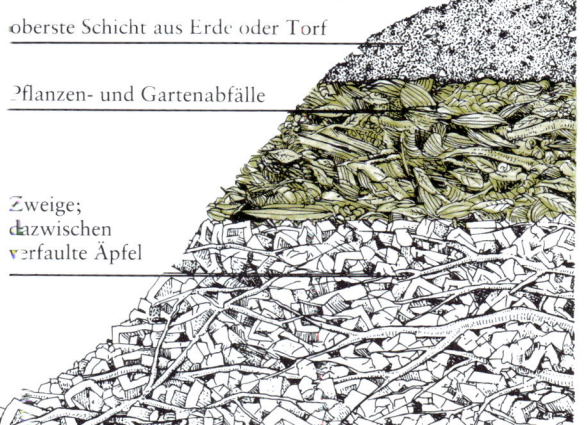

oberste Schicht aus Erde oder Torf

Pflanzen- und Gartenabfälle

Zweige; dazwischen verfaulte Äpfel

Ich habe auch einen von Norden nach Süden verlaufenden Erdwall aufgeschüttet. Er dient einem doppelten Zweck: Er verdeckt den Küchengarten, der sich ziemlich nah an unserem Haus befindet, und beherbergt kalkfliehende Arten, die wir gern in unserem Garten pflanzen wollten. Die sonnenliebenden Arten gaben wir an die sonnige Südseite.

Zur Anlage dieses Erdwalls verwendeten wir losen Torf und Torfballen. Aus einigen der Torfballen bildeten wir eine Mauer, damit der dahinter aufgeschüttete lose Torf nicht weggeschwemmt werden konnte. An verschiedenen Stellen des Erdwalls umgaben wir kleine Torfflächen mit solchen Mauern aus Torfblöcken. Diese leicht erhöhten Torfflächen bieten Sträuchern den erforderlichen Platz für ihre Wurzeln. Den Torf bedeckten wir später regelmäßig mit einem Mulch aus abgemähtem Gras.

Im Laufe der Jahre verschmelzen die Torfblöcke allmählich mit dem Torfboden, den sie stützen. Moos, Farne und verschiedene Sämlinge, die dazwischen und darauf wachsen, bieten einen reizvollen Anblick.

WIE BAUT MAN EINE TROCKENMAUER?

In einer ohne Mörtel errichteten Mauer befinden sich Höhlungen, Ritzen und Spalten, die Tieren Unterschlupf bieten, und Zwischenräume, in denen Pflanzen Wurzeln schlagen können. Solche Mauern sind nicht schwer zu bauen. Man muß jedoch einige grundsätzliche Regeln beachten. Zunächst muß man etwas Erde ausheben, damit die Mauer auf einem festen, ebenen Fundament steht.

Im Gegensatz zu den mit Mörtel errichteten Mauern verjüngen sich Trockenmauern nach oben hin. Wenn Sie die Mauer auf einer Böschung anlegen, muß sie sich stärker verjüngen, damit sie sich nicht wölbt.

Benutzen Sie nach Möglichkeit keine ungewöhnlichen, ausgefallenen Steine, sondern solche, die in Ihrer Gegend häufig zu finden sind und daher ins Gesamtbild des Gartens passen. Die Steine sollten ebenmäßig geformt sein. Ehe Sie mit dem Bauen beginnen, sollten Sie die Steine nach ihrer Größe sortieren.

Eine ohne Mörtel errichtete Stützmauer

1 Mit dieser Mauer habe ich einen alten Baum umgeben. Zunächst hob ich einen Graben aus, der nur ein wenig breiter war als das Fundament der geplanten Mauer und füllte ihn mit kleinen Steinen.

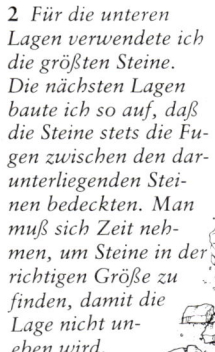

2 Für die unteren Lagen verwendete ich die größten Steine. Die nächsten Lagen baute ich so auf, daß die Steine stets die Fugen zwischen den darunterliegenden Steinen bedeckten. Man muß sich Zeit nehmen, um Steine in der richtigen Größe zu finden, damit die Lage nicht uneben wird.

3 Fügen Sie die längsten Steine hier und da als senkrechte Bindersteine ein oder verwenden Sie sie als teilweise in der Erde vergrabene Läufersteine, um die Stabilität zu gewährleisten. Beim Bauen immer ein paar Pflanzen und gute Erde zur Hand haben, damit Sie die Mauer gleich während ihrer Entstehung bepflanzen können.

waagerechter Läuferstein

senkrechter Binderstein

Humus oder Kompost zum Bepflanzen der Mauer

4 So sieht die Mauer ein paar Jahre später aus. Pflanzen wuchern am Baum empor und hängen an der Mauer herab.

Lücke als Unterschlupf für Tiere

DIE ANLAGE VON BÖSCHUNGEN, MAUERN, GARTENTEICHEN UND WEGEN

Man verwendet beim Bau einer Mauer Steine in verschiedenen Größen, und jede Größe hat eine andere Funktion.

Lassen Sie hin und wieder Hohlräume zwischen den Steinen. Sie dienen der Entwässerung und bieten Pflanzen Platz. Setzen Sie die Pflanzen gleich beim Bau der Mauer ein. Auf diese Weise können Sie die Wurzeln sofort mit einer ausreichenden Menge Erde bedecken und dahinter und darunter noch mehr Erde aufschütten, damit die Wurzeln sich auch ausbreiten können. Streuen Sie über jede Lage eine dünne Schicht leicht feuchter Erde für die Pflanzenwurzeln. Damit sorgen Sie gleichzeitig dafür, daß die nächste Lage besser und fester sitzt.

WIE LEGT MAN EINEN GARTENTEICH AN?

Mittlerweile hat sich herausgestellt, daß Beton als Gartenteichauskleidung viele Nachteile hat. Man verwendet daher entweder ein elastisches Material, das sich an die Form der ausgehobenen Grube anpaßt, oder einen vorgeformten festen Behälter. Wenn Sie ein vorgeformtes Becken wählen, müssen Sie ein genau dazu passendes Loch ausheben. Das läßt sich eigentlich nur durch Experimentieren bewerkstelligen. Markieren Sie zunächst den Umfang des Behälters möglichst genau mit Hilfe einer Schnur.

Je schwerer die Kunststoffauskleidung ist, desto besser. Starke PVC-Folien sind gut geeignet. Dieses Material kann man meterweise kaufen. Messen Sie das ausgehobene Becken an der längsten, der breitesten und der tiefsten Stelle und multiplizieren Sie dann die Länge mit der Breite und dem Zweifachen der Tiefe. So läßt sich errechnen, wieviel Auskleidungsmaterial nötig ist. Das Material ist so dehnbar, daß es sich eng an die Umrisse der Aushebung anschmiegt. Achten Sie darauf, daß die Kunststoffverkleidung nicht von Steinen oder aus der Erde herausragenden Wurzeln beschädigt wird. Am besten ist es, das Loch vorher mit einer Sand- oder Torfschicht auszulegen. Breiten Sie dann das Kunststoffmaterial über das Loch und beschweren Sie es an den Rändern. Wenn es eine dunkle Farbe hat, sieht man die entstehenden Falten kaum. Lassen Sie dann vorsichtig Wasser in die Mitte der Plastikverkleidung tröpfeln. Dadurch senkt sie sich und wird schließlich fest an den Grund und die Seiten der Grube angedrückt.

Ein Teich mit PVC-Folie
Mit Folien kann man den Teich seinen Vorstellungen entsprechend formen. Die Seiten nicht zu steil abfallend, weil sonst das Material abrutschen kann. Der Rand muß von einer Fläche umgeben sein, an der das Wasser nicht so tief ist und in der Uferpflanzen wachsen können.

- Seerosen in der richtigen Wassertiefe
- Uferpflanzen
- Sand- oder Torfschicht
- schwerer, nährstoffreicher Boden am Grund
- Verkleidung aus PVC-Folie

Ein vorgeformtes Teichbecken

1 Glasfaserteiche gibt es in verschiedenen Formen und Größen. Ihr Preis richtet sich danach, wie groß das Becken ist und wie kompliziert es in der Form und damit in der Herstellung ist. Die Becken variieren hinsichtlich ihrer Tiefe ziemlich stark.

2 Das Loch, das Sie für ein solches Teichbecken ausheben, muß genau passen, denn das Beckenmaterial muß an allen Stellen vom Boden gestützt werden. Der Rand des Teiches darf nicht über den Boden hinausragen, sonst sieht es so aus, als habe die Wasseroberfläche eine Schrägneigung! Achten Sie beim Ausheben des Loches besonders auf den Neigungswinkel der Seiten, die Tiefe des flacheren Teichrandes und die Tiefe (oder verschiedenen Tiefen) des Grundes. Es ist am besten, zunächst zuviel Erde auszuheben und dann gegebenenfalls wieder welche zurückzuschütten.

Wie gestaltet man den Rand eines Gartenteichs?
Bei beiden Gartenteicharten umgibt man den Rand am besten mit Steinen. Sie kaschieren den Rand der Auskleidung und beschweren ihn gleichzeitig, so daß er nicht verrutschen kann.

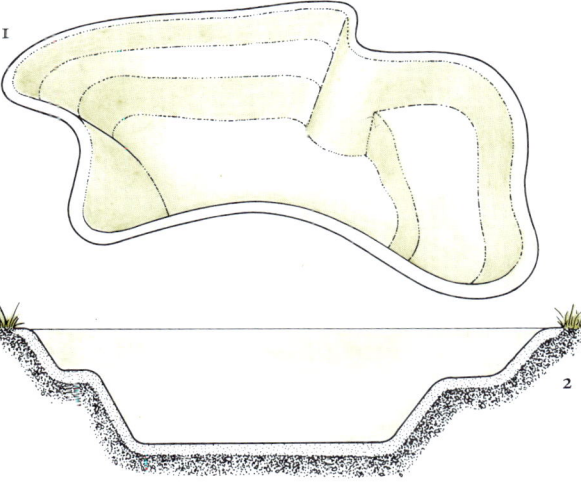

GARTENARBEIT UND PFLEGE DER PFLANZEN

DIE PFLEGE DES GARTENTEICHS IM WINTER

Entfernen Sie alle herabgefallenen Blätter. Und zwar spätestens vor dem zeitigen Frühjahr, denn dann besuchen Frösche und Kröten den Teich, um sich zu vermehren. Oder spannen Sie ein feinmaschiges Kunststoffnetz straff über den Teich. Herabfallendes Laub und anderer Unrat bleiben darin hängen. Wenn der Teich zufriert, entstehen Gase, vor allem, wenn sich Blätter im Wasser befinden. Da die Teichbewohner davon eingehen, müssen Sie die Eisschicht durchlöchern oder abtauen, damit die Gase entweichen können.

PLANUNG UND ANLAGE VON GARTENWEGEN

Überlegen Sie sich zuerst, welche Form und welche Materialien sich am harmonischsten in Ihren Garten einfügen. Beton oder farbige Steinplatten wirken hart und würden die natürliche Wirkung des Wildgartens zerstören. Vermeiden Sie gerade Linien. Jeder Gartenweg mit fester Oberfläche sollte in Kurven verlaufen. Der Weg sollte schmal sein. Dann wirkt er unauffällig. Verwenden Sie verschiedene Oberflächen und bedecken Sie niemals eine längere Wegstrecke mit dem gleichen Oberflächenmaterial. Sie können die Oberfläche des Weges den verschiedenen Teilen Ihres Gartens entsprechend variieren. Teppichbildende Pflanzen tragen dazu bei, zwei verschiedene Wegoberflächen harmonisch miteinander zu verbinden.

Der Weg an meinem Kräuterbeet, den ich bei jedem Wetter benutzen muß, besteht aus weit auseinanderliegenden, blaßgrauen Steinfliesen. Die Zwischenräume sind mit Kies bestreut und mit kriechendem Thymian und Poleiminze bepflanzt.

Wenn Sie schmale Holzblöcke in Kies einbetten, entsteht eine recht ungewöhnliche Wegoberfläche. Ein solcher Weg würde gut zu einer Sitzfläche am Gartenteich passen. Der Kies sorgt für guten Wasserabzug und hält das Holz trocken. Mit Kies könnte man auch einen Weg, der durch einen feuchten Teil des Gartens führt oder an eine Rasen- oder Wiesenfläche angrenzt, bestreuen und die Kiesfläche an den Rändern mit dünnen Erlen- oder Birkenpfählen einfassen. An einem Abhang legt man den Weg terrassenförmig an und setzt die Pfähle quer über den Weg.

Im Gras, in einem Gartenteich oder in einer sumpfigen Fläche sind Trittsteine nützlich, sie sollen nicht über die Bodenoberfläche hinausragen. Im Teich brauchen die Trittsteine ein gutes Fundament. Setzen Sie sie auf Backstein- oder Steinpfeiler.

Ein Kiesweg
In einen abschüssigen Kiesweg bettet man am besten längs und quer gelegte Holzpfähle ein. Sie geben dem Kies Halt und sorgen dafür, daß er nicht abrutscht.

Trittsteine über einen Teich
Ein Teich läßt sich leichter reinigen, wenn Trittsteine hindurchführen. Als Material kann man Steine verwenden. Sie sollten in einer Zementschicht verankert sein. Steine nur ein paar Zentimeter über die optimale Wasserhöhe hinausragen lassen.

Ein Weg aus Holzblöcken
Weg aus gesägten, etwa 20 cm dicken Holzblöcken. Man setzt die Blöcke am besten in groben Sand oder Kies. Darunter sollten größere Steine oder Schotter liegen. Die Lücken zwischen den Steinen und dem Fundament sorgen für guten Wasserabzug.

Steinplatten, deren Zwischenräume bepflanzt sind
Kiesflächen kann man mit duftenden Kräutern bepflanzen, denen es nichts ausmacht, wenn man darauf tritt. Sie mildern die harten Ränder der Steinplatten.

Anzucht und Pflege der Pflanzen

Ich habe bereits erwähnt, daß der Wildgartenbesitzer anders denken muß als der traditionelle Gartenfreund, der seinen Garten peinlich in Ordnung hält und pflegt. Das gilt besonders bei der Aussaat der Pflanzen.

SAMMELN UND LAGERN DES SAATGUTS

Der ordentliche Gärtner schneidet die abgeblühten Stiele seiner Krautpflanzen bald nach der Blüte ab. In der freien Natur bleiben die Samenstiele erhalten, die Samen können reifen und sich verbreiten. Diesen natürlichen Vorgang sollte man im Wildgarten nicht unterdrücken. Natürlich werden nicht alle von einer Pflanze gebildeten Samen keimen und sich zu neuen Pflanzen entwickeln. Doch wenn Sie Ihre Pflanzen nicht daran hindern, sich selbst auszusäen, wird Ihr Bedarf an Sämlingen wahrscheinlich bald gedeckt sein. Entstehen zu viele Sämlinge, zupft man sie mit der Hand aus.

Wer rasch eine Kolonie einer bestimmten Pflanzenart braucht, muß gezielter verfahren: Man sammelt die Samen dieser Art und sät sie sorgfältig aus, so daß jeder kleine Sämling genügend Platz zu seiner Entwicklung hat. Vielleicht wächst die Pflanze, von der Sie eine Kolonie bilden wollen, noch gar nicht in Ihrem Garten, und Sie möchten die Samen in freier Natur sammeln. Auf S. 161 finden Sie eine Liste der heimischen Arten, von denen man keine Samen entfernen darf. Die Liste ist zwar sehr lang, aber es gibt trotzdem noch viele Pflanzenarten, die Sie ohne Bedenken aus selbst gesammelten Samen vermehren können.

Ich persönlich stecke die Samenstiele, die ich gesammelt habe, in einen Plastikbeutel oder eine Schachtel, damit ich auf dem Heimweg keine Samen verliere. Dann lege ich sie ungefähr zwei Wochen lang ausgebreitet zum Ausreifen an einen trockenen Platz. In der Natur werden die Samen von der Pflanze ausgestreut, sobald sie reif sind. Ich richte mich nach diesem natürlichen Rhythmus und säe die Samen im Herbst in ein Anzuchtbeet. Dort sind sie auf natürliche Weise der Witterung ausgesetzt. Wer seine Samen jedoch lagern möchte, muß sie trocken und kühl halten, damit sie keimfähig bleiben. Am besten bewahrt man sie in einem Plastikbehälter im Kühlschrank bei etwa 2°C auf. Legen Sie eine kleine Packung Silikagel in den Behälter, um der Luft die Feuchtigkeit zu entziehen, damit sich kein Schimmel bildet.

VERMEHRUNG

Die traditionellen Methoden der Vermehrung – Aussaat, Teilung, Stecklinge und Ableger – lassen sich auch bei wildwachsenden Pflanzen anwenden. Samen keimen jedoch nicht alle mit der gleichen Geschwindigkeit oder unter den gleichen Bedingungen. Wer an die rasche Keimung gezüchteter Gartenvarietäten gewöhnt ist, läßt sich durch das oft sehr langsame Keimen mancher Wildpflanzen vielleicht entmutigen. Das Keimverhalten einiger heimischer Arten, die früher sehr verbreitet waren, ist nach wie vor unbere-

Mohnsamenkapseln
Wenn Sie Mohnsamen sammeln und aufbewahren wollen, sollten Sie die Samenstiele abschneiden, sobald sie reif sind. Sonst kommt Ihnen irgendein Tier zuvor und frißt die sehr ölhaltigen Samen.

Wie stratifiziert man Beeren?
Durch Stratifikation kann man Beeren und hartschalige Samen erweichen und zum Keimen bringen: Man legt sie auf Sand, bedeckt sie mit einer weiteren Sandschicht und läßt sie im Freien überwintern.

Samenstiele trocknen
Bei Pflanzen, die viele kleine Samenbehälter haben, sollten Sie die reifen Samenstiele zwischen Zeitungsblättern trocknen. Sie müssen an einem trockenen, vor Zug geschützten Ort liegen.

Wie bringt man Petersilie dazu, sich selbst auszusäen?
Ich lasse einige Pflanzen Blüten und Samen bilden. Sobald die Stiele gelb werden, reiße ich die Pflanzen raus und lege sie auf den Boden. Die herausfallenden Samen sind durch die Stiele geschützt und bleiben so lange liegen, bis Samenpflanzen sichtbar werden.

chenbar. Wahrscheinlich gibt es im Boden Substanzen, die auf manche Samenarten einwirken und ihre Schalen erweichen. Wenn diese Stoffe sich nicht im Boden befinden, kann sich die Keimung unter Umständen sehr verzögern.

AUSSAAT

Man befreit den Boden zunächst von sämtlichem Pflanzenwuchs und bearbeitet ihn mit der Gabel und schließlich mit dem Rechen, um eine feine Krümelstruktur zu erhalten. Dann sät man die Samen breitwürfig aus und bedeckt sie vorsichtig mit Erde. Anschließend kann man den Boden leicht festtreten, damit die Samen fest im Boden verankert sind und die Vögel nicht auf die Idee kommen, in dem feinen, krümeligen Boden ein Staubbad zu nehmen.

Es gibt noch eine zweite Möglichkeit. Säen Sie die Samen in Behältern oder Anzuchtbeeten aus, die spezielle Anzuchterde (z.B. TKS1) enthalten. Sobald die Sämlinge sich leicht verpflanzen lassen, können Sie sie herausheben, sorgfältig voneinander trennen und in ausreichend großen Zwischenräumen wieder einpflanzen. Wenn sie groß genug sind, werden sie an ihren endgültigen Standort gepflanzt.

WIE KANN MAN DIE KEIMUNG BESCHLEUNIGEN?

In freier Natur fallen die meisten Samen auf die Bodenoberfläche und werden dort nicht gerade schonend behandelt. Sie gefrieren im Winter, werden vom Regen durchnäßt und vom Wind hin und her geblasen. Häufig kann man die Keimung fördern, indem man diese Bedingungen künstlich herstellt.

Das gilt insbesondere für Saatgut, das unter einer schützenden Überdachung ausgesät wird. Besonders harte Samenschalen kann man mit einem scharfen Messer einritzen, damit Feuchtigkeit eindringen und der Same quellen kann. Andere Samen, z.B. die der meisten Hülsenfrüchtler, des Wiesenstorchschnabels und des Sonnenröschens, sollten Sie zwischen Sandpapier reiben. Auch das hat zur Folge, daß Feuchtigkeit eindringt und das Samenkorn quellen kann. Weitere keimungsfördernde Verfahren sind Wärmebehandlung, Kühlung in dicht verschlossenen Tüten und Stratifikation.

Bei vielen Beeren und Samen mit harten Schalen kann man die Keimung durch Stratifikation beschleunigen (siehe Abbildung). Verwenden Sie für jede Samenart einen anderen Blumentopf. Ich benutze am liebsten Tontöpfe. Belegen Sie den Boden der Töpfe mit einer Schicht Kies oder Topfscherben, damit keine Staunässe entsteht. Sonst verfaulen die Samen. Darüber streuen Sie soviel Sand, bis der Topf halbvoll ist. Große Samen können Sie in Abständen auf die Sandschicht legen, kleinere verstreuen. Dann bedecken Sie die Samen mit einer weiteren Sandschicht.

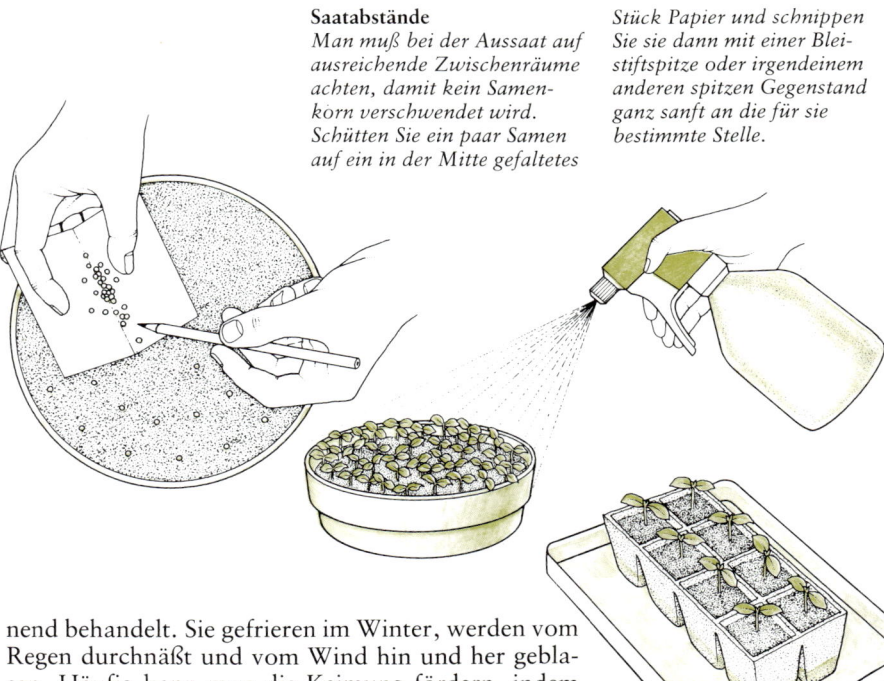

Saatabstände
Man muß bei der Aussaat auf ausreichende Zwischenräume achten, damit kein Samenkorn verschwendet wird. Schütten Sie ein paar Samen auf ein in der Mitte gefaltetes Stück Papier und schnippen Sie sie dann mit einer Bleistiftspitze oder irgendeinem anderen spitzen Gegenstand ganz sanft an die für sie bestimmte Stelle.

Bewässerung von Sämlingen
Junge Sämlinge immer mit einer Sprühflasche gießen, damit sie sich nicht durch zu heftigen Wasserguß verschieben oder gar umfallen. Wenn die Sämlinge sich in Torftöpfen oder Behältern befinden: Stellen Sie die Torftöpfe oder Behälter etwa eine halbe Stunde lang in ein Wassergefäß.

Wie verpflanzt man Arten mit Pfahlwurzeln?
Pflanzen mit Faserwurzeln lassen sich leicht verpflanzen. Bei Pfahlwurzeln jedoch muß man sehr vorsichtig zu Werke gehen, denn wenn man ihre Vegetationspunkte beschädigt, stellen sie das Wachstum ein. Das können Sie vermeiden, indem Sie solche Arten in kleinen Erd- oder Torftöpfen aussäen. Diese Töpfe können direkt in den Boden gesetzt werden. Nach einer gewissen Zeit verschmelzen sie mit der Erde. Setzen Sie den Topf in die Erde, ehe die Wurzelspitzen der Pflanze ihn durchdrungen haben.

ANZUCHT UND PFLEGE DER PFLANZEN

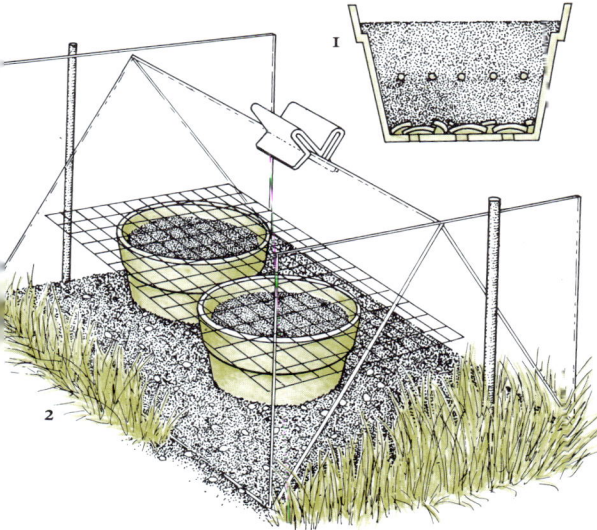

Wie stratifiziert man Samen?
1 *Der Boden des Topfs muß von einer Dränageschicht bedeckt sein. Darüber schüttet man Sand und legt die Samen darauf. Anschließend bedeckt man die Samen mit einer weiteren Sandschicht.*
2 *Lassen Sie die Töpfe den Winter über im Freien, damit die Samen der kalten Witterung ausgesetzt sind. Auf dieser Abbildung sind sie halb in der Erde vergraben und durch Glasglocken vor Regen geschützt.*

Sie können in einem Topf auch mehrere Samenschichten übereinanderlegen. Stellen Sie die Töpfe an einen kühlen Ort im Freien. Man gräbt sie entweder halb in lockeren Boden ein oder stellt sie in einen Frühbeetkasten oder eine Sandkiste. Befestigen Sie ein feines Maschendrahtnetz über den Töpfen bzw. der Kiste und geben Sie eine Glasglocke oder durchsichtiges Plastikmaterial darüber, damit sich die Mäuse nicht darüber hermachen. Wenn Sie das Mitte Herbst tun, können Sie die Samen im zeitigen Frühjahr aussäen. Verwenden Sie mit Kompost gefüllte Torftöpfe.

Es gibt noch eine andere Methode, die weniger langsam und umständlich ist als die Stratifikation. Vermischen Sie die Samen oder Beeren mit feuchtem Sand, packen Sie alles in eine Plastiktüte und legen Sie diese vor der Aussaat für einen oder zwei Monate in den Kühlschrank. Einige Samen (im allgemeinen handelt es sich um Gebirgspflanzen) reagieren angeblich schon nach 24stündiger kalter Lagerung. Das Experiment lohnt sich.

Beerensamen kann man auch sofort aussäen. Die Keimung erfolgt im allgemeinen aber erst im zweiten Jahr nach der Aussaat. Entnehmen Sie die Samen, sobald die Beeren reif sind. Säen Sie sie in Gefäße in einer Mischung aus 50% feuchtem Torf und 50% grobem, scharfem Sand aus. Der Same sollte nur ein klein wenig tiefer in der Erde liegen, als er dick ist. Der Boden darf niemals austrocknen. Auf diese Weise setzen Sie die Samen einer natürlichen Überwinterung aus. Anschließend läßt man sie noch bis zum nächsten Winter in den Behältern. Dann kann man sie einzeln in Töpfe setzen oder in Reihen auspflanzen. Das ist eine gute Anzuchtmethode für Heckenpflanzen.

ANZUCHTBEETE

Samenhändler warnen häufig davor, einfach auf eine Grasfläche oder auf unbearbeiteten Boden Samen zu werfen. Dort können sie nicht keimen. Für eine Wiesenfläche bestimmte Wildblumen zieht man am besten im Anzuchtbeet. Erst wenn sie größer sind, verpflanzt man sie auf die Gartenwiese. Das Anzuchtbeet sollte ein wenig höher sein als der umliegende Boden (8 – 10 cm genügen). Dadurch ist es besser entwässert und wärmer. Es sollte außerdem schmal sein (1 – 1,2 m), damit Sie die Mitte von allen Seiten erreichen können, ohne auf das Beet treten zu müssen. Bearbeiten Sie den Boden zunächst mit Grabgabel und Rechen. Manche schütten oben noch eine etwa 2,5 cm dicke Schicht mit Anzuchterde auf. Dies ist zwar nützlich, weil es den Sämlingen für den Anfang besonders gute Wachstumsbedingungen bietet, jedoch kein Muß.

VERMEHRUNG DURCH ABLEGER

Die untenstehende Abbildung zeigt, wie man Heide durch Ableger vermehrt. Es gibt aber auch noch andere Methoden. Das folgende Verfahren läßt sich bei den meisten anderen Heidekrautgewächsen während der Ruhezeit der Pflanzen anwenden. Breiten Sie einen oder mehrere Zweige eines Heidekrautgewächses auf dem Boden aus (bei höheren, aufrecht wachsenden Arten müssen Sie die Zweige herunterbiegen). Irgendein Teil des Zweiges, aber nicht die Spitze, muß den Boden berühren. Wenn nötig, halten Sie ihn mit einem gegabelten oder haarnadelähnlich gebogenen, kräftigen Zweig fest, damit er nicht zurückschnellen kann. Häufen Sie eine Torf- und Sandmischung über die Stelle, wo der Zweig den Boden berührt. Er muß gut bedeckt sein.

Anzuchtbeete
Es lohnt sich, ein spezielles Anzuchtbeet für junge Pflanzen anzulegen. Sie können es fast das ganze Jahr über nutzen. Die Pflanzen werden direkt in das Anzuchtbeet gesät, und zwar in Anzuchterde. Später hebt man die dicht beieinander wachsenden Sämlinge vorsichtig heraus und verpflanzt in Reihen. Zwischen den Sämlingen läßt man auf allen Seiten einen Abstand von einigen Zentimetern. In diesen Reihen bleiben die Pflanzen nun, bis sie einander berühren oder so groß sind, daß man sie an ihre endgültigen Standorte verpflanzen kann.

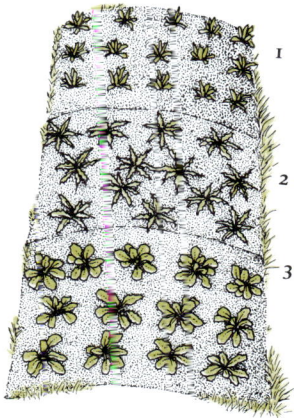

1 Margerite
2 Schwarze Flockenblume
3 Wiesensalbei

Bei Nelken müssen Sie den Trieb an der Stelle, wo er den Boden berührt, an der Unterseite horizontal einschneiden. Sie dürfen ihn jedoch nicht abtrennen. Schütten Sie etwas Sand- und Erdmischung unter den Trieb und schieben Sie den eingeschnittenen Teil so hinein, daß der Schnitt auseinanderklafft. Dann schütten Sie noch mehr Erde über den Stiel, um ihn am Boden festzuhalten. Die Wurzeln bilden sich nach ein paar Wochen. Bei Heide dauert es länger, ungefähr sechs Monate. Je holziger eine Pflanze ist, desto länger braucht sie zur Wurzelbildung. Sobald der Ableger sich bewurzelt hat, können Sie ihn mit einer Gartenschere von der Mutterpflanze abtrennen, sorgfältig aus dem Boden heben und verpflanzen.

STECKLINGSVERMEHRUNG
Manche Pflanzen bilden in Wasser leicht Wurzeln. Zu diesen Arten gehören beispielsweise Weide und Hartriegel. Sie können es aber auch mit anderen versuchen. Wenn Sie ein besonders schönes Exemplar besitzen, z.B. einen Hartriegel mit besonders glänzender, schön gefärbter Rinde, sollten Sie folgendes tun: Stellen Sie den Steckling in ein mit Wasser gefülltes Gefäß. Er muß mindestens 15 cm hoch im Wasser stehen. Das Gefäß geben Sie an eine geschützte Stelle im Freien. Die Bewurzelungsdauer variiert je nach Jahreszeit. Im Frühjahr kann sie etwa zwei bis drei Monate betragen.

Wenn der Trieb ausreichend Wurzeln gebildet hat, schütten Sie eine Mischung aus Sand und Topferde in den Behälter (siehe Abbildung). Sobald die Wurzeln sich ausbreiten und den Rand der Kompostschicht erreichen, können Sie den Wurzelballen herausheben und die Pflanze in einen größeren Topf verpflanzen. Wenn die Wurzeln auch diesen Topf ausfüllen, pflanzen Sie den Steckling in die Erde.

TEILUNG
Sie wählen dazu eine gut ausgewachsene Pflanze mit einem möglichst großen Wurzelballen. Diese wird vorsichtig ausgehoben und in viele kleinere, kräftige, gut bewurzelte Teile zerpflückt. So können Sie auch gleichzeitig Pflanzen, die sich zu sehr ausbreiten, Einhalt gebieten. Für die Teilung eignen sich ausdauernde Pflanzen mit Faserwurzeln und kleine, buschige Sträucher. Sehr kompakte oder zähe Wurzeln, wie

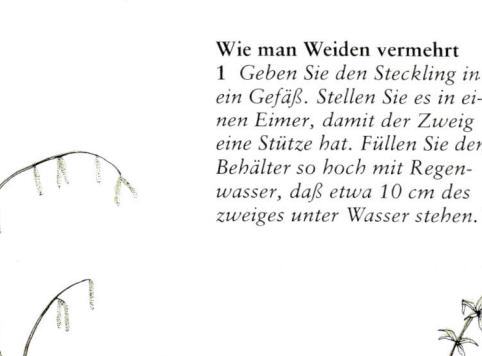

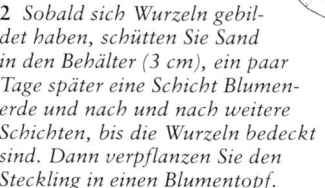

Heidekraut durch Absenker vermehren
1 Prüfen Sie zunächst, wie weit der Zweig reicht, wenn er ausgestreckt am Boden liegt. An dieser Stelle um die Pflanze herum eine kleine Vertiefung graben, aber nicht so tief, daß die Wurzeln beschädigt werden.

2 Wenn Sie mehrere Ableger haben wollen, sollten Sie jeden Zweig einzeln herunterbiegen. Zwischen den Zweigen müssen ausreichende Zwischenräume liegen, und sie dürfen sich nicht kreuzen. Biegen Sie den Zweig so herunter, daß er am Grunde der Vertiefung den Boden berührt. Beschweren Sie ihn mit einem großen Stein, damit er nicht zurückschnellen kann.

Wie man Weiden vermehrt
1 Geben Sie den Steckling in ein Gefäß. Stellen Sie es in einen Eimer, damit der Zweig eine Stütze hat. Füllen Sie den Behälter so hoch mit Regenwasser, daß etwa 10 cm des Zweiges unter Wasser stehen.

2 Sobald sich Wurzeln gebildet haben, schütten Sie Sand in den Behälter (3 cm), ein paar Tage später eine Schicht Blumenerde und nach und nach weitere Schichten, bis die Wurzeln bedeckt sind. Dann verpflanzen Sie den Steckling in einen Blumentopf.

ANZUCHT UND PFLEGE DER PFLANZEN

Wie man mit der Gabel Pflanzen teilt

1 Manche Pflanzen lassen sich leicht mit der Hand auseinanderreißen. Bei alten, zähen Exemplaren jedoch muß man mehr Gewalt anwenden. Ihnen rückt man mit zwei Gabeln zu Leibe. Auf dieser Abbildung wird gezeigt, wie man Pflanzen mit Hilfe einer Grabgabel und einer kleinen Handgabel teilt.

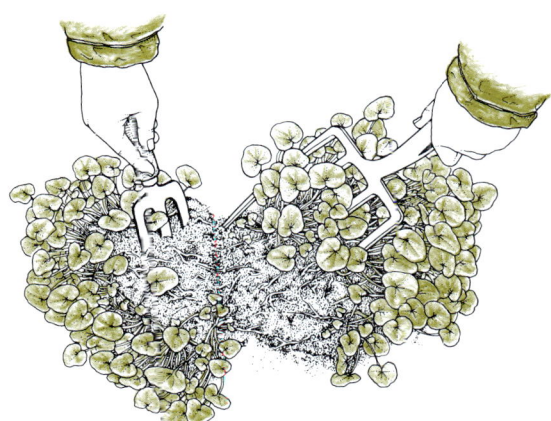

2 Suchen Sie die Mitte der Pflanze oder eine andere Stelle, an der man die Gabel leicht ansetzen kann. Nehmen Sie noch eine zweite Gabel zur Hand, setzen Sie die beiden Gabeln Rücken an Rücken aneinander und reißen Sie die Pflanze dann mit einem Ruck auseinander. Auf die gleiche Weise können Sie immer weiter teilen.

man sie z.B. bei manchen Farnen findet, kann man mit einem scharfen Messer zerteilen; die anderen reißt man am besten mit der Hand oder mit Hilfe von Gabeln (siehe Abbildung) auseinander. Alte, verwelkte oder vertrocknete Teile sollte man wegwerfen. Auch Rhizompflanzen lassen sich gut teilen. Trennen Sie die Rhizome, die am gesündesten und kräftigsten aussehen oder am jüngsten sind, von der Wurzelstockmasse ab. Nicht zu tief pflanzen. Die obere Rhizomhälfte sollte über die Bodenoberfläche hinausragen.

Der ideale Zeitpunkt zum Teilen ist der Herbst. Man kann Pflanzen jedoch auch in einem milden Winter während ihrer Ruhezeit teilen. Oder im Frühjahr, ehe sie wieder zu wachsen beginnen.

WIE PFLANZT MAN IM TOPF GEZOGENE WIESENBLUMEN IN EINE GRASFLÄCHE EIN?

Zwiebelstecher sind zwar eigentlich für das Einpflanzen von Tulpen oder Narzissen in Rasen- oder Wiesenflächen gedacht. Doch lassen sich damit auch im Topf gezogene Pflanzen leicht in eine Wiese setzen. Säen Sie die Samen zunächst wie üblich in Saatkisten aus. Pikieren Sie, sobald sie ihre ersten oder zweiten Folgeblätter gebildet haben, in Jiffy-Töpfe. Verwenden Sie lieber Erdkompost als Torfkompost, damit der Kompost nicht schrumpft, wenn Sie die Töpfe auspflanzen. Die Pflanzen so lange in den Töpfen lassen, bis man an der Unterseite ihre Wurzeln sieht.

Drücken Sie den Zwiebelstecher in die Grasfläche und ziehen Sie ihn wieder heraus. Beim Herausziehen hebt er ein Stück Erde aus. Der Jiffy-Topf sollte dieselbe Größe haben wie der Zwiebelpflanzer. Durchnässen Sie den Topf gründlich und setzen Sie ihn dann in das Loch. Drücken Sie ihn an den Rändern leicht mit dem Absatz ihres Schuhs fest. Wenn nötig, schütten Sie rund um die Pflanze etwas Erde auf, damit der Boden eben bleibt. Teile der herausgehobenen Wiesenfläche sollten Sie jedoch nicht wieder einsetzen.

Falls es in den nächsten sieben Tagen nicht regnet, gießen Sie die Pflanze gut. Im Topf gezogene Pflanzen setzt man am besten im zeitigen Frühjahr oder im Herbst in die Wiese. Man kann sie jedoch auch im Sommer auspflanzen, wenn sie genügend Wasser bekommen.

Bei steinigem Boden ist die Verwendung von Zwiebelstechern nicht ratsam. In den meisten Gartenböden jedoch leisten sie gute Dienste. Im Topf vorgezogene Pflanzen blühen häufig schon im ersten Jahr nach dem Auspflanzen.

AUSSAAT VON WIESENBLUMEN AUF RASEN

Wenn Sie Ihre Pflanzen nicht in Töpfen vorkultivieren wollen, können Sie auch direkt aussäen. Es ist jedoch zwecklos, die Samen unmittelbar auf die Grasfläche zu streuen. Sie müssen das Gras zunächst entfernen und Bodenflächen für die Aussaat freilegen.

Der Zwiebelstecher

Zwiebelstecher sind zum Einpflanzer von Blumenzwiebeln in Grasflächen bestimmt. Drücken Sie das Gerät in den Boden und ziehen Sie es wieder heraus. Dabei wird ein Pfropfen Erde ausgehoben. Legen Sie die Zwiebel so in das Loch, wie es auf der Abbildung dargestellt ist. Schütten Sie die Erde aus dem Ausheber (wenn es sich um klebrige Tonerde handelt, helfen Sie mit einem Stock nach) über die Zwiebel und drücken Sie sie an. Mit dieser Methode kann man auch im Topf gezogene Pflanzen in eine Grasfläche setzen.

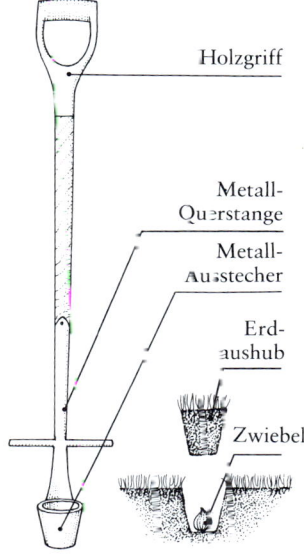

Holzgriff

Metall-Querstange

Metall-Ausstecher

Erdaushub

Zwiebel

Reißen Sie die Grasnarbe mit einem Rechen heraus und entfernen Sie dabei gleichzeitig abgestorbenes Gras und unerwünschte Pflanzen. Das geht leichter, wenn die Rasenfläche noch neu ist und daher Lücken aufweist. Je karger der Boden ist, desto eher werden die Wiesenblumensamen keimen. Doch die Keimung hängt auch von der Bodenart und den jahreszeitlichen Bedingungen ab. Wenn der Boden nährstoffreich und das Klima feucht ist, werden Ihre Sämlinge bald von Gräsern überwuchert sein. Es ist am besten, die Wiesenblumen im Herbst auszusäen, denn dann kann das Gras die freigelegten Bodenflächen nicht so schnell überwuchern. Wichtig ist, daß Sie Arten auswählen, die für Ihre Bodenart geeignet sind (s. S. 159). Es lohnt sich, Samen von etwa 20 Arten auszusäen. Sie können damit rechnen, daß etwa die Hälfte keimt und sich zu Pflanzen entwickelt.

BLUMENRASEN AUS SAMEN

Der Gedanke, ganz von vorn anzufangen und eine Blumenwiese aus Samen zu ziehen, sollte Sie nicht abschrecken oder entmutigen. Der Schlüssel zum Erfolg liegt in der richtigen Vorbereitung des Bodens. Außerdem muß Ihr Boden arm, sauber und gut dräniert sein. Eine nährstoffreiche Ackerkrume ist nicht geeignet. Sie sollten für Ihre Blumenwiese oder Ihren Blumenrasen auch einen sonnigen Platz wählen, denn nur wenige Wiesenblumenarten vertragen Schatten.

Vielleicht müssen Sie einen Unkrautvernichter anwenden, um alle nicht erwünschten ausdauernden

Das Verpflanzen artenreicher Wiesenstücke in Rasen
Die folgende Methode hat bereits bei einigen Naturschutzorganisationen Anerkennung gefunden. Es lohnt sich, sie bei Gelegenheit auszuprobieren. Man hebt ganze Flächen aus bedrohten Wiesen aus (beispielsweise an Stellen, wo Straßen gebaut oder verbreitert werden sollen) oder besorgt sie sich vom Besitzer einer Wiese. Mit dieser Methode kann man eine ganze Pflanzen- und Insektengemeinschaft verpflanzen – unter Umständen sogar retten und auf diese Weise zur Ausbreitung und Vermehrung der betreffenden Arten beitragen.

Aussaat von Blumen auf einer Grasfläche
Wenn Sie auf einem Rasen Blumen aussäen wollen, müssen Sie zunächst mit dem Rechen Teile der Grasfläche herausreißen, um den Boden freizulegen. Es ist wichtig, daß die Blumensamen mit der Erde in Berührung kommen.

Pflanzen (Ampfer, Disteln usw.) zu entfernen. Nach dem Spritzen sollte man mit der Aussaat ein paar Sommermonate lang warten, um erst einmal alle Unkräuter auszumerzen.

Die beste Zeit für die Aussaat einer Gras-/Wiesenblumenmischung ist wiederum der zeitige Herbst. Sie können auch Mitte Frühjahr säen, doch dann werden einige Arten erst im nächsten Jahr keimen. (Auf S. 159 können Sie lesen, welche Samenmischungen für welche Bodenart geeignet sind. S. auch S. 142 – 143 und 145.) Wichtig ist gleichmäßige Verteilung des Saatguts. Da die Samen in der Größe so unterschiedlich sind, muß man sie gut miteinander vermischen. Wenn Sie dem Saatgut Sand oder feines Sägemehl beimischen, lassen sich die Samen gleichmäßiger verteilen. Außerdem zeigt die helle Farbe Ihnen an, an welchen Stellen Sie ausgesät haben. Wenn es sich um eine kleine Fläche handelt, harken Sie den Boden leicht und treten Sie die Samen gut ein. Bei einer größeren Fläche können Sie die Bodenoberfläche mit Hilfe einer Walze festigen.

PFLANZEN UND PFLEGEN VON FARNEN

Im viktorianischen Zeitalter war es Mode, Farne auf einer steingartenähnlichen Fläche anzupflanzen. Ge-

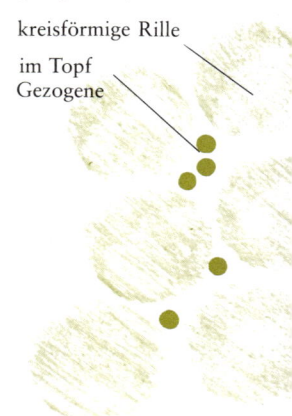

Aussaat von Gräsern und Pflanzung von Wildblumen
Die unten abgebildete Wiesenfläche besteht aus ausgesäten Wiesengräsern und im Topf gezogenen Wiesenblumen, die hinterher eingepflanzt wurden. Man sät die Grassamen in kreisförmigen Rillen aus und füllt die Lücken im Gras im nächsten Frühjahr mit den im Topf gezogenen Pflanzen.

kreisförmige Rille

im Topf Gezogene

legentlich hielt man sie sogar auf einem steilen, felsigen Abhang an der Nordseite eines Hauses. Diesen Platz wählte man wegen des guten Wasserabzugs. Das ist sehr wichtig. Denn manche Farne brauchen zwar Feuchtigkeit, aber sie gedeihen nicht gut in staunassem Boden. Je durchlässiger der Boden ist, desto üppiger werden die Farne wachsen (obwohl es ein paar Arten gibt, die sich auch in einer dünnen Bodenschicht an oder auf Mauern wohl fühlen). Die traditionelle Pflanzmethode ist sehr zu empfehlen. Stellen Sie Kompost aus 2 Teilen faserigem Torf, einem Teil halb verrotteter Lauberde und einem Teil Gärtnersand her.

Bausand kann schädliche Stoffe enthalten, wenn man ihn nicht vorher wäscht. Graben Sie Pflanzlöcher, die mindestens doppelt so breit und tief sein müssen wie der Wurzelballen des Farns. Nach dem Pflanzen und Einschlämmen mulchen Sie die Bodenoberfläche entweder mit Lauberde oder mit selbstgemachtem Kompost. Wenn Sie beides nicht haben, können Sie auch eine Mischung aus Torf und Erde verwenden. Achten Sie darauf, daß der Boden von nun ab immer gut gemulcht ist (am besten mit Lauberde), damit die Bodenfeuchtigkeit erhalten bleibt. Gießen Sie die Farne in Dürrezeiten hin und wieder. Besprühen Sie die Wedel jedoch möglichst nicht bei heißem, sonnigem Wetter, das gibt häßliche Flecken. Staubige Farne kann man an Sommerabenden leicht mit dem Schlauch frischmachen. Im allgemeinen werden sie aber durch die Regenschauer saubergehalten.

Entfernen Sie nie die verdorrten Wedel laubabwerfender Farne. Sie schützen den unteren Teil der Pflanze, was vor allem in harten Wintern wichtig ist.

WIE VERMEHRT MAN FARNE?

Farne, die im Laufe der Jahre Horste bilden, kann man im zeitigen Frühjahr herausheben und teilen, indem man sie auseinanderzieht oder -schneidet. Wurzelstockbildende Farne vermehrt man am besten, indem man bewurzelte Stücke von der Mutterpflanze abtrennt und diese sofort wieder in die Erde pflanzt. Diese Methode funktioniert noch besser und zuverlässiger, wenn man die Stücke neben der Mutterpflanze in kleinen Töpfen in die Erde setzt, sie aber erst dann völlig von der Mutterpflanze abtrennt, wenn die Rhizome gewachsen sind. Die Teilung kann man beinahe zu jeder Jahreszeit durchführen.

Fachleute sind sich darüber einig, daß man eine Farnkolonie am besten aus Sporen zieht, ein heikler,

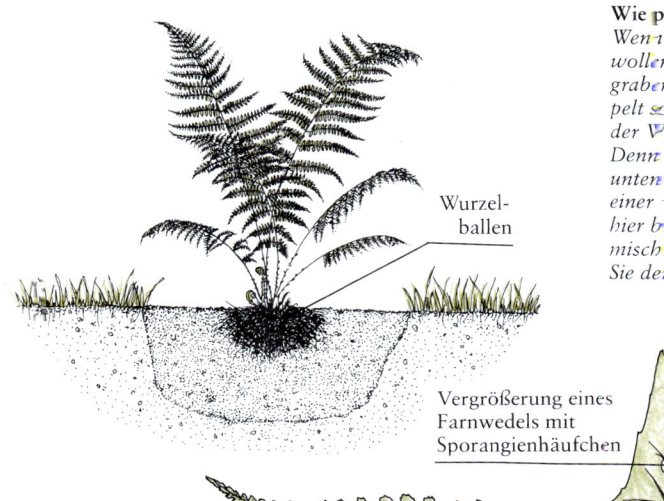

komplizierter Vorgang, für den man viel Geduld braucht. Die Sporangienhäufchen oder Sori sind reif, sobald sie eine hellbraune Färbung angenommen haben. Sie nehmen ein paar Sporangien von einem fruchtbaren Farnwedel ab, legen sie in einen Umschlag und lassen sie an einem warmen Ort etwa 48 Stunden lang trocknen.

Die herausgeschleuderten Sporen finden Sie später in Form eines feinen – je nach Farnart braunen, gelben oder grünen – Staubes unten im Umschlag.

Mischen Sie Sand, Torf und Lauberde zu gleichen Teilen, schütten Sie die Mischung in einen Blumentopf, der einen Sprung hat. Sterilisieren Sie die Sporen durch Übergießen von kochendem Wasser. Lassen Sie sie abkühlen und trocknen und verstreuen Sie den Sporenstaub in dem Topf. Dann bedecken Sie den Topf mit einer Glasplatte oder stülpen einen Plastikbeutel darüber. Stellen Sie ihn an einen warmen Platz, jedoch nicht direkt in die Sonne, und lassen Sie ihn niemals austrocknen.

Die Keimung und Befruchtung kann, je nach Farnart, mehrere Wochen, ja sogar ein paar Monate dauern. Das erste Anzeichen ist, daß die Erdmischung eine grünliche Färbung annimmt. Später erscheinen die kleinen Farnwedel. Diese können, sobald sie groß genug sind, in einzelne Töpfe pikiert werden. Die Töpfe ständig feucht halten.

Wie pflanzt man Farne?
Wenn Sie einen Farn pflanzen wollen, sollten Sie ein Loch graben, das mindestens doppelt so breit und so tief ist wie der Wurzelballen des Farns. Denn man muß die Wurzeln unten und an den Seiten mit einer reichlichen Menge der hier beschriebenen Erdmischung umgeben. Gießen Sie den frisch gepflanzten Farn gut. Mulchen Sie die Bodenoberfläche nach dem Pflanzen und erneuern Sie den Mulch immer wieder.

Farnsporen
Die Farnsporen sind in kleinen, runden Sporangienhäufchen oder Sori angeordnet. Sie befinden sich an den Unterseiten fruchtbarer Farnwedel. Man kann sie erst zur Vermehrung verwenden, wenn sie reif sind. Untersuchen Sie die Farnwedel häufig, damit Sie die Sporen abnehmen können, sobald sie ausgereift sind. Andernfalls werden sie herausgeschleudert und verbreiten sich von selbst.

GARTENARBEIT UND PFLEGE DER PFLANZEN

WIE PFLANZT MAN BÄUME?

Wer einen Wildgarten anlegt, sollte keine kostspieligen Hochstämme kaufen, da diese in einer zwanglosen Umgebung zu steif wirken. Er sollte sich für Sämlinge entscheiden, die er selbst gezogen oder in einer Baumschule gekauft hat. Hochstämme sind um ein Vielfaches teurer als zweijährige Bäume. Ein zweijähriger Baum braucht normalerweise nicht gestützt zu werden und wächst so schnell, daß er die Hochstämme nach zwei bis drei Jahren eingeholt hat.

Wenn Sie ein kleines Dickicht oder Wäldchen anlegen wollen, ist armer Boden am besten geeignet, denn in einem solchen Boden werden Ihre Sämlinge nicht von Konkurrenzpflanzen wie der Quecke (*Agropyron repens*) überwuchert und erstickt – was häufig geschieht, wenn man die Bäume in gute, nährstoffreiche Ackerkrume pflanzt. Es ist wichtig, alle Pflanzen, die eine Konkurrenz für die Sämlinge darstellen könnten, auszumerzen. Das läßt sich zwar leicht bewerkstelligen, indem man den Boden mit einem Herbizid spritzt. Ich persönlich benutze lieber einen Mulch aus Zeitungen (s.S. 138). Selbst wenn der Boden bereits von allem unerwünschten Pflanzenbewuchs befreit ist, besteht immer noch die Gefahr, daß die vielen ruhenden Unkrautsamen, die man beim Pflanzen der Bäume umwälzt, zu keimen beginnen. Das kann man durch Mulchen verhindern.

Beim Einpflanzen von Bäumen in Grasflächen wende ich folgende Methode an: Ich steche mit dem Spaten eine ungefähr rechteckige Fläche aus und hebe sie heraus. Das entstehende Loch muß ziemlich tief sein. Dann bearbeite ich den Grund des Loches mit der Gabel und lockere ihn gut auf. Anschließend bedecke ich ihn mit einer Schicht guter, humusreicher Erde und breite die Wurzeln der Pflanze auf dieser Schicht aus. Man kann als Markierung und Stütze gleichzeitig auch noch eine Stange oder einen Stock in den Boden rammen. Dann nimmt man Erde von der Unterseite des herausgehobenen Wiesenstücks und bedeckt damit die Wurzeln. Man drückt die Pflanze fest an und legt die Grassodenreste um sie herum, und zwar mit der Unterseite nach oben.

WIE PFLEGT MAN BÄUME UND STRÄUCHER?

In den ersten paar Monaten nach dem Pflanzen sind Bäume und Sträucher noch gefährdet. Achten Sie darauf, daß sie niemals austrocknen, und gießen Sie bei Hitze oder austrocknenden Winden täglich. Besprühen Sie die Blätter mit Regenwasser. Wenn Sie die Pflanzen am Anfang stark gießen und dann mit einer dicken Mulchschicht umgeben, trocknen die Wurzeln nicht so schnell aus.

Nach starken Stürmen müssen Sie nachschauen, ob

Pflanzung in exponierter Lage
In exponierten Stellen ist es wichtig, dem gepflanzten Baum mittels eines Stützpfahls Halt zu geben. Gibt es bereits anderen Windschutz, reicht eine Stütze, andernfalls stabilisiert man mit drei Stützpfählen. Die Befestigung des Baums am Stützpfahl muß regelmäßig kontrolliert werden.

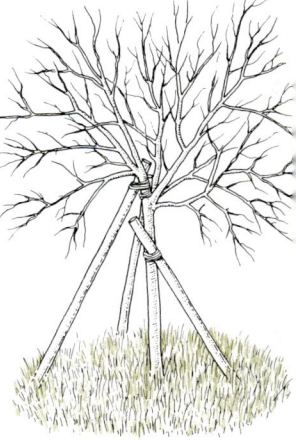

Wie pflanzt man einen Baum mit Stützpfahl?

1 Das Pflanzloch muß breiter und/oder tiefer sein als die Wurzeln des Baumes. Häufen Sie die ausgehobene Erde auf eine Plastikplane und vermischen Sie sie mit Kompost, Lauberde oder Torf und etwas Volldünger. Stecken Sie den Stützpfahl in den Boden.

Der Stock zeigt die Bodenhöhe an

2 Pflanze und Stützpfahl müssen nah zusammen sein. Legen Sie einen Stock über das Pflanzloch, um sicherzugehen, daß die Wurzeln sich nach dem Verpflanzen wieder in derselben Tiefe befinden wie vorher.

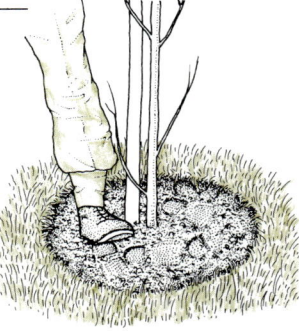

3 Knapp über den Wurzeln ist die Bodenhöhenmarkierung. Bedecken Sie sie mit Erde und drücken Sie sie gut fest, damit keine Lufträume entstehen. Gießen Sie die Fläche gründlich.

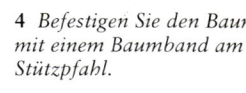

4 Befestigen Sie den Baum mit einem Baumband am Stützpfahl.

ANZUCHT UND PFLEGE DER PFLANZEN

die Stämme junger Gehölze sich verschoben haben. Es besteht die Gefahr, daß sich um die Wurzeln herum ein Hohlraum bildet. Dieser füllt sich nach und nach mit Wasser und verursacht Fäulnis. Richten Sie die Pflanze wieder auf und treten Sie den Boden um die Wurzeln und den Stamm erneut fest. Wenn der Baum dem Wind besonders stark ausgesetzt ist, müssen Sie ihn abstützen.

PFLANZUNG EINER WILDHECKE
Wenn Sie in Ihrem Wildgarten eine aus heimischen Pflanzenarten bestehende Hecke anlegen, leisten Sie damit einen wichtigen Beitrag zum Naturschutz. Hecken pflanzt man am besten im Herbst. Befreien Sie einen etwa 1,2 m breiten Streifen von allem Pflanzenwuchs und graben Sie den Boden tief um. Dann reichern Sie ihn mit Menge Kompost an. Markieren Sie mit einer Gartenschnur die Mitte des vorbereiteten Streifens und pflanzen Sie zweijährige Sämlinge (in Baumschulen erhältlich). Setzen Sie die verschiedenen Arten nicht einzeln, sondern in Reihen von drei oder fünf gleichen Pflanzen hintereinander. Kombinieren Sie die Arten so, daß sie sich gut voneinander abheben und Kontraste bilden. Beispiel für eine Reihenfolge: Weißdorn, Feldahorn, Stechpalme, Schlehe, Hainbuche, Liguster. Je mehr Straucharten Ihnen zur Verfügung stehen, desto abwechslungsreicher läßt sich die Hecke gestalten.

WIE MAN EINE HECKE FÜLLT
Die folgende Methode eignet sich für viele Zwecke. Man kann mit ihrer Hilfe eine lückenhafte Hecke auffrischen, in eine Hecke Schlingpflanzen einfügen oder eine Hecke, die nur aus einer einzigen Strauchart besteht, abwechslungsreicher gestalten.

Die Pflanzen dafür ziehen Sie aus Samen in Kunststofftöpfen. Es ist viel leichter, einen Topf zwischen die Heckenpflanzen zu setzen, als eine ausgewachsene Pflanze. Spalten Sie die Töpfe an der Unterseite, damit die Wurzel durch den Topf hindurch in den Boden wachsen kann, sobald sie groß genug ist. Entfernen Sie an der für die neue Heckenpflanze bestimmten Stelle etwas Erde und vergraben Sie den Topf halb im Erdboden. Halten Sie den Sämling stets feucht.

Wie füllt man eine Lücke in einer alten Hecke?
Stellen Sie einen Kunststofftopf mit einem Sämling bereit und graben Sie an der für die Pflanze bestimmten Stelle ein Loch. Der Topf muß unten gespalten sein, damit die Wurzeln des Sämlings hindurchwachsen. Lassen Sie die Pflanze im Topf und vergraben Sie ihn halb im Boden.

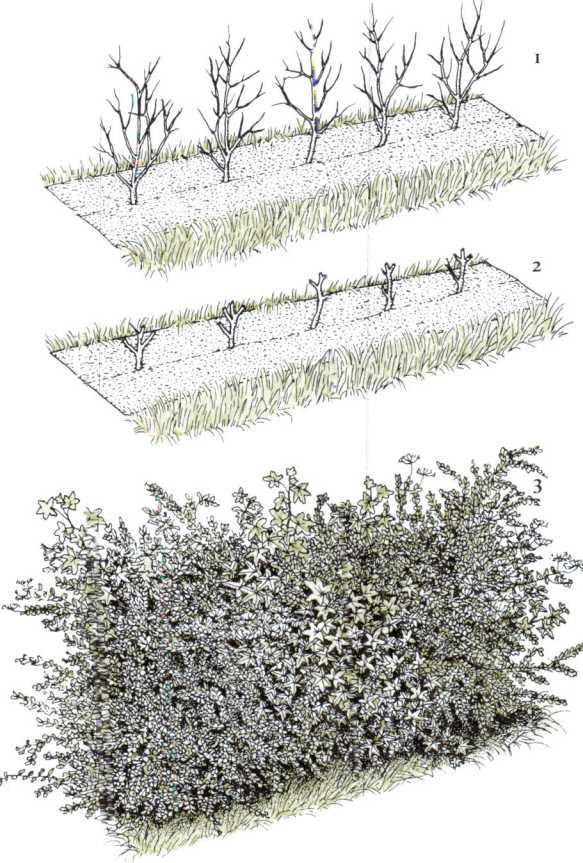

Wie pflanzt man eine Hecke?
1 *Man setzt die zwei Jahre alten, aus Samen gezogenen Heckenpflanzen im Abstand von 50 cm. Nach dem Pflanzen muß man den Boden gut mulchen, um die Wurzeln feucht zu halten und Unkrautwachstum zu unterdrücken.*

2 *Sobald die Pflanzen sich fest im Boden verankert und eingewöhnt haben, sollte man einige Arten im folgenden Frühjahr stark zurückschneiden. Auf diese Weise erreicht man, daß sie unten buschig wachsen. Immergrüne Arten sollte man lediglich pinzieren. Wenn die Hecke aus vielen verschiedenen Arten besteht, muß man manche Pflanzen zurückschneiden, andere dagegen nicht. Buche, Hainbuche, Stechpalme und Eibe schneidet man am besten zwei Jahre lang nicht. Verwenden Sie dazu in den ersten Jahren am besten eine Baumschere.*

3 *Nach drei oder vier Jahren können Sie die Hecke in die gewünschte Form trimmen. Eine exakte Schnittform ist jedoch im Wildgarten nicht erstrebenswert. Sie ist auch nicht gut für die Schlingpflanzen, die eventuell in Ihrer Hecke wachsen.*

Pflanzenschutz

Man sollte in einem Wildgarten nach Möglichkeit keine chemischen Sprühmittel verwenden, um Unkräutern Einhalt zu gebieten. In manchen Fällen jedoch (z.B. wenn es darum geht, größere Flächen von Pflanzenwuchs zu befreien) kommt man um die Anwendung von Unkrautvernichtern nicht herum – ja, sie werden sogar von manchen Naturschutzorganisationen empfohlen. In einem solchen Fall sollte man die betreffende Fläche zunächst mähen oder die Pflanzen abschneiden. Alle Arten, die man nicht mit der Hand ausreißen oder mit dem Spaten herausstechen kann, kann man mit einem Herbizid (Gartenfachhandel) behandeln. Sobald Sie pflanzen und im angelegten Garten, sind Herbizide tabu.

UNKRAUTBEKÄMPFUNG DURCH MULCHEN

Eine dicke Mulchschicht ist die einfachste Unkrautbekämpfungsmethode. Bedecken Sie bepflanzte Gartenflächen mit Mulch. So wird das Wachstum unerwünschter Sämlinge unterdrückt und gleichzeitig dafür gesorgt, daß die Wurzelumgebung der Pflanze feucht bleibt (vgl. das Kapitel über Mulche auf Seite 124). Mulchen ist zwar langwieriger als die Unkrautbekämpfung mit Herbiziden. Aber es ist sehr wirkungsvoll, wirkt sauber und ist, wenn Sie organischen Mulch verwenden, gut für den Boden. Man kann auch schwarze Mulchfolien verwenden, aber man sollte sie dann unter einer dünnen Erdschicht verbergen, sonst sehen sie häßlich aus.

Ich bin gerade dabei, in meinem Garten auf einer Grasfläche Platz für ein kleines Dickicht zu schaffen, und gehe dabei mit viel Erfolg wie folgt vor. Immer wenn ich dem Dickicht eine neue Pflanze, einen kleinen Baumsämling hinzufüge (vgl. S. 136), lege ich mehrere überlappende Zeitungsblätter um sie herum. Gras und andere unerwünschte Pflanzen drücke ich mit dem Papier so flach wie möglich an den Boden. Dann beschwere ich die Zeitungsbögen mit irgendeinem organischen Material. Auf diese Weise bedecke ich nach und nach alle Zwischenräume zwischen den frisch eingesetzten Pflanzen mit diesem Zeitungsmulch. Bald sind alle unerwünschten Pflanzen erstickt, und man kann mit der Anpflanzung der Krautschicht beginnen.

Ebenso kann man bei unbepflanzten Flächen oder Zwischenräumen zwischen Pflanzenreihen, z.B. im Anzuchtbeet, verfahren, um Unkrautwachstum zu unterdrücken. Die Pflanzen unter dem Zeitungsmulch bekommen so wenig Licht, daß sie schließlich verrotten und in den Boden übergehen. Wie lange das dauert, hängt von den Bodenlebewesen ab: Wenn sich im Boden viele Würmer befinden, dauert es viel-

Unkrautbekämpfung durch Zeitungsmulch

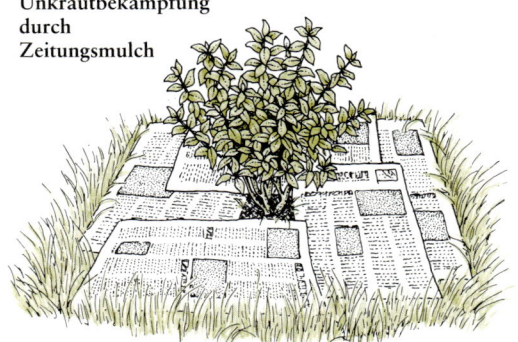

1 Man legt zwei oder drei Zeitungsblätter so um die Pflanze herum, daß sie einander überlappen. Die Pflanze selbst bleibt frei, doch aller übriger Pflanzenwuchs wird bedeckt. Falls erforderlich, beschweren Sie die Papiere gleich, nachdem Sie sie ausgelegt haben.

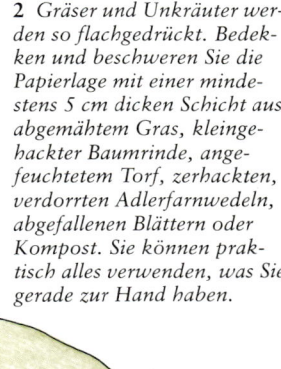

2 Gräser und Unkräuter werden so flachgedrückt. Bedecken und beschweren Sie die Papierlage mit einer mindestens 5 cm dicken Schicht aus abgemähtem Gras, kleingehackter Baumrinde, angefeuchtetem Torf, zerhackten, verdorrten Adlerfarnwedeln, abgefallenen Blättern oder Kompost. Sie können praktisch alles verwenden, was Sie gerade zur Hand haben.

leicht nur ein paar Monate. Bis jetzt ist es nur ein paar Disteln gelungen, sich durch meine Zeitungsmulchdecke hindurchzukämpfen. Wenn trotzdem noch unerwünschte Gräser auftauchen, müssen Sie die Mulchschicht verdoppeln.

In vielen Ländern gibt es Listen bestimmter Arten, die nicht angepflanzt werden sollten oder deren Anpflanzung sogar verboten ist. Zu diesen Pflanzen gehören Arten, die sich zu stark ausbreiten oder die Schädlingen wichtiger Acker- oder Gartenpflanzen als Wirtspflanzen dienen.

In den Vereinigten Staaten und einigen anderen Ländern hat man den Gemeinen Sauerdorn ausgerottet und seine Anpflanzung verboten, weil er der Zwischenwirt des Schwarzrosts ist. Der Schwarzrost ist ein Pilz, der Weizen befällt. Er scheint nur den Gemeinen Sauerdorn und keine anderen *Berberis*-Arten als Zwischenwirt zu benutzen.

WIE SETZT MAN EIN GEHÖLZ AUF DEN STOCK?
Ein auf den Stock gesetztes Gehölz sieht aus wie ein Baumstumpf. Aus diesem Stumpf sprießen knapp über dem Boden viele junge Triebe, die man abschneiden und als Stöcke oder für andere Zwecke verwenden kann. Zunächst schneidet oder sägt man den Hauptstamm ab. Dann entstehen am Boden oder knapp über dem Boden Augen. Anschließend schneidet man das Dickicht junger Triebe bis knapp über dem Boden zurück. Das muß in einem regelmäßigen Zyklus von etwa sieben bis zwölf Jahren durchgeführt werden – je nach der Größe, die das Holz haben soll. Haseln wurden früher häufig auf den Stock gesetzt, da man ihre Ruten für gärtnerische und landwirtschaftliche Zwecke benötigte. Mit dieser Methode kann man Arten, die sich als ausgewachsene, samentragende Bäume allzu sehr ausbreiten würden, niedrig halten.

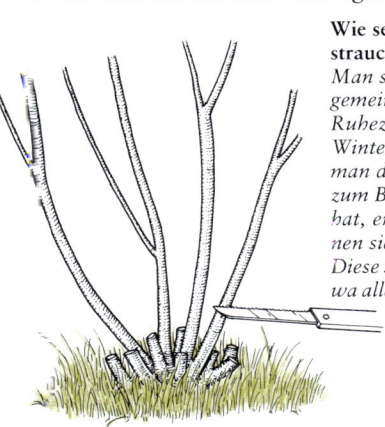

Wie setzt man einen Haselstrauch auf den Stock?
Man setzt die Pflanzen im allgemeinen während ihrer Ruhezeit im Spätherbst oder Winter auf den Stock. Sobald man den Hauptstamm bis zum Boden zurückgeschnitten hat, entstehen Augen, aus denen sich Triebe entwickeln. Diese schneidet man dann etwa alle sieben bis zwölf Jahre.

Wie schneidet man einen Schmetterlingsstrauch (Buddleja) zurück?
Nachdem einmal Stieglitze zwischen den Spitzen der alten, samentragenden Zweige meiner Schmetterlingssträucher genistet haben, schneide ich jetzt nur noch die Hälfte dieser Sträucher zurück. Das Zurückschneiden im Frühjahr ist zwar nicht unbedingt notwendig, fördert jedoch das Wachstum guter, starker Blütenzweige. Die schweren

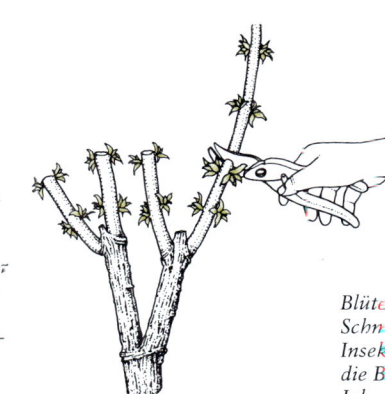

Blütentrauben locken Schmetterlinge und andere Insekten an. Schneiden Sie die Blütenzweige vom letzten Jahr einfach zurück bis auf ein paar dicke Augen.

ABWIPFELN
Mit dieser Methode gebietet man dem Wachstum großer, laubabwerfender Bäume Einhalt. Man trennt den Wipfel des Baumes etwa 2 m über dem Boden ab. An dieser Stelle beginnen neue Triebe zu sprießen. Weide, Bergulme und Linde werden am häufigsten abgewipfelt.

WIE MAN NESSELN IM ZAUM HÄLT
Es ist sehr schwierig, das dichte, zähe, ockerfarbene Wurzelnetz üppig wachsender Nesseln aus dem Boden zu reißen. Gartenbesitzern, die keine Unkrautvernichter anwenden möchten, empfehle ich Gertrude Jekylls Methode: Schlagen Sie die Pflanzen, sobald sie zu groß werden, einfach mit einem Stock nieder. Wenn Sie das dreimal im Jahr tun, werden die Wurzeln geschwächt und sitzen nicht mehr so fest im Boden. Man kann sie dann leicht mit der Gabel herausholen. Denken Sie daran, daß Schmetterlinge ihre Eier nur auf junge, weiche Nesseltriebe und -blätter legen: Sie sollten Ihre Nesseln also im Spätsommer zurückschneiden, damit sich neue Triebe bilden, die späteren Schmetterlingsgenerationen als Nahrung dienen. Verwenden Sie dazu Schere und Rechen. Alles von der Brennessel ist gutes Kompostmaterial.

WIE MAN VERHINDERT, DASS BROMBEER- UND HIMBEERSTRÄUCHER SICH ZU SEHR AUSBREITEN
Meine Himbeer- und Brombeersträucher werden auf sehr einfache Weise in Schach gehalten: Wenn der

Bauer die Hecken schneidet, nimmt er gleichzeitig auch die Brombeeren und Himbeeren zurück. Doch da Vögel die Beeren fressen und die Samen verbreiten, entstehen neue Pflanzen in Hülle und Fülle. Brombeer- und Himbeersämlinge muß man unbedingt herausreißen, solange sie noch jung sind. Wenn man zu lange wartet, entwickeln sie bald lange, tief im Boden verankerte Wurzeln. Auch die jungen Zweige schlagen an der Spitze Wurzeln und helfen, daß sich die Pflanze immer weiter ausbreitet.

Wenn Sie Ihre Pflanzen natürlich und nicht, wie es bei Kulturvarietäten üblich ist, an einer flachen Oberfläche oder an Drähten wachsen lassen möchten, schneiden Sie die alten Zweige im Herbst bis zum Boden zurück. Halten Sie die Sträucher hauptsächlich den Tieren zuliebe in Ihrem Garten, können Sie sie auch erst im Frühjahr zurücknehmen, damit sie den Tieren im Winter noch Unterschlupf bieten. Sie müssen die Sträucher jedoch unbedingt zurückschneiden, ehe die Vögel zu nisten beginnen!

SCHÄDLINGSBEKÄMPFUNG

Es ist bekannt, daß Marienkäfer und deren Larven sehr nützlich sind: Sie ernähren sich von Blattläusen und deren Verwandten. Auch die Larven von Flor- und Schwebfliegen fressen Blattläuse. Diese Insekten lassen sich leicht in den Garten locken. Man braucht den ausgewachsenen Tieren lediglich eine reichhaltige Nektar- und Pollenquelle zu bieten. Sie sind nicht nur nützlich, sondern sehen auch hübsch aus. Wenn Sie Schwebfliegen anlocken wollen, pflanzen oder säen Sie Arten mit flachen, offenen, leicht zugänglichen Blüten. Am besten eignen sich Korbblütler und Doldengewächse.

Ein gesunder Garten enthält eine Vielfalt verschiedener Pflanzenarten und unterschiedliche biologische Lebensräume. Heimische Blumen, Sträucher und Bäume locken viele Insekten an. Je mehr verborgene Winkel und Nischen Sie nistenden Vögeln bieten, desto größer ist die Chance, daß diese Vögel in Ihrem Garten bleiben und sich auch ihre Nahrung dort suchen werden. Drosseln dezimieren die Zahl der Schnecken; Blau- und Kohlmeisen fressen Blattläuse und kleine Raupen von Blättern und Knospen.

Es ist wirklich nicht notwendig, in einem Wildgarten Schädlingsbekämpfungsmittel einzusetzen. Wichtig ist nur, daß niemals eine einzige Pflanzenart zu sehr vorherrscht. Wenn Sie viele verschiedene Arten in Ihrem Garten haben, dürfte es genügend räuberische Insekten geben, die einer eventuell auftretenden Blattlaus- oder Raupenplage den Garaus machen. Vögel und Kröten, die Ihren Garten gelegentlich besuchen, tun ein übriges.

Dennoch kann es vorkommen, daß ein bestimmtes Tier sich übermäßig stark vermehrt und zur Plage wird. Die Ursache hierfür liegt häufig außerhalb unseres Einflußbereichs. Zu diesen Tieren gehören die Gartenschädlinge. Daß sie in so großer Zahl auftreten, liegt nicht immer daran, daß ihre Feinde nicht in der Nähe sind, sondern hat manchmal einen ganz anderen Grund. In einem Garten oder auf einem Acker kommen die Wirtspflanzen dieser Schädlinge in größerer Zahl und dichter zusammengedrängt vor als in der freien Natur. Das gilt zum Beispiel für den Großen Kohlweißling, dessen Raupen sich von Kohl ernähren. Außerdem sind manche Gartenpflanzen weicher und saftiger als wildwachsende Arten und locken daher mehr Insekten und andere Tiere an.

Als wir in unserem Garten Eschen anpflanzten, erlebten wir etwas Unerwartetes und recht Erfreuliches. Die Dompfaffen, die unseren Garten besuchten, waren uns zwar wegen ihrer Schönheit sehr willkommen, aber wir fanden es dennoch schade, daß sie so viele Blüten zerstörten. Doch sobald unsere Esche Samen trug, wandten die Vögel ihre ganze Aufmerksamkeit diesen geflügelten Früchten zu. Daher sind unsere einstmals verwüsteten Bäume jetzt wieder so schön, wie sie sein sollten.

Brombeerausläufer
Wenn die Spitze eines Brombeerstrauchs mit dem Boden in Berührung kommt, schlägt sie Wurzeln. Später kann man die auf diese Weise entstandene neue Pflanze abtrennen, herausheben und an einer anderen Stelle wieder einpflanzen.

Anhang

Auf den Seiten 142 – 159 wird eine Auswahl an Pflanzen vorgestellt, die für den Wildgarten geeignet sind. Die Tabellen geben Ihnen ausführlichere Informationen über viele der wildwachsenden Arten, die in dem Kapitel »*Die richtige Anlage und Bepflanzung eines Wildgartens*« beschrieben oder erwähnt wurden: Wiesenblumen und -gräser, Zwiebelpflanzen, die sich für die Bepflanzung von Rasen oder Flächen mit höherem Gras eignen, Bäume, Sträucher, Schlingpflanzen und Krautschichtpflanzen für Waldgärten, Heidekrautgewächse und andere Heidepflanzen für saure Böden. Farne, Gräser, Riedgräser und »grüne« Krautpflanzen, Wildkräuter. Pflanzen, die sich für Teiche und Teichufer eignen. Arten, mit denen man Mauern, Felsen und Kiesflächen bepflanzen kann. Außerdem finden Sie in diesem Anhang alphabetische Listen heimischer Arten, die spezielle Standorte brauchen. Ich habe sonnen- und schattenliebende Pflanzen, Bodendecker, Schlingpflanzen, Kriechpflanzen, Pflanzen für sauren Boden und Pflanzen für alkalischen Boden zusammengestellt. Auf S. 159 werden Wiesenblumen- und Grasmischungen für verschiedene Bodenarten empfohlen. Außerdem finden Sie ein Verzeichnis der unter Naturschutz stehenden Pflanzenarten und eine Liste nektarerzeugender und beerentragender Pflanzen, die Tiere anlocken.

WELCHE PFLANZEN FÜR WELCHEN GARTENTYP?

Wiesenblumen

In der folgenden Tabelle wird eine Auswahl farbenfroher Wildblumen vorgestellt, die sich für viele verschiedene Boden- und Feuchtigkeitsbedingungen eignen. Sie können mit ihnen einen bereits vorhandenen Rasen schmücken oder sie als Grundlage für eine Frühlings- oder Sommerwiese verwenden. Alle hier genannten Arten sind bei speziellen Samenhändlern erhältlich (s.S. 168).

FR = Frühlingsrasen
BR = Blumenrasen
SW = Sommerwiese
H = Höhe

Die Zahlen in der Spalte »Blüten« beziehen sich auf die Monate der Blütezeit I – XII.

	Wuchstyp	Blüten	Vermehrung	Eignung für FR, BR und SW	Standort
Achillea millefolium (Schafgarbe)	weich behaarte, aromatisch duftende, ausdauernde Pflanze; H: 10 – 70 cm	weiße, rosenförmige Blütchen; VI – IX	aus Samen	FR, BR; am besten in SW	gedeiht auf den meisten Bodenarten. Mag nur sehr sauren Boden nicht. Verträgt etwas Schatten
Bellis perennis (Gänseblümchen)	ausdauernde Pflanze mit grundständiger Blattrosette; H: 3 – 20 cm	weiß oder rosa, in der Mitte gelb; III – IX	aus Samen. Nach Möglichkeit keine gefüllten Formen	eignet sich am besten für BR oder FR	ist für alle Boden- und Feuchtigkeitsbedingungen geeignet
Cardamine pratensis (Wiesenschaumkraut)	zarte, ausdauernde Pflanze mit gefiederten Blättern; H: 15 – 60 cm	zartlila oder weiß; IV – VI	Aussaat im Freien oder Anzucht im Topf	nur für feuchte Flächen in BR, FR oder SW	auf feuchten Wiesen, Teichen, Bächen. Verträgt die meisten Bodenarten
Centaurea nigra (Schwarze Flockenblume)	weich behaarte, ausdauernde Pflanze mit gerippten Stielen; H: 15 – 90 cm	blaß-purpurrot bis violett; VI – IX	Aussaat im Freien oder im Topf	Wegen der Größe am besten für SW	auf allen Bodenarten, auch feuchten. Verträgt nur sehr sauren Boden nicht
Centaurea scabiosa (Skabiosen-Flockenblume)	ausdauernde Pflanze mit gefurchten Stielen und fiederlappigen, borstigen Blättern; H: 30 – 90 cm	rot bis purpurrot; VII – IX	Aussaat im Freien oder im Topf. Keimt langsam	nur für SW; kräftig und robust, nimmt anderen Pflanzen Licht	trockene, kalkhaltige Böden, gedeiht auch auf basischem Tonboden
Chrysanthemum leucanthemum (Wiesenmargerite)	ausdauernde Pflanze mit kleinen glänzenden Blättern; wie ein großes Gänseblümchen; H: 20 – 70 cm	weiß mit gelber Mitte; VI – IX	aus Samen. Im allgemeinen keimen mindestens 90 Prozent	ist anspruchslos und sollte auf keiner Wiese fehlen	für alle, außer sehr sauren Ton- oder Sandböden. Verträgt alle Feuchtigkeitsbedingungen
Daucus carota (Wilde Möhre)	behaarte, zweijährige Pflanze m. steifen Stielen; Doldengewächs; H: 30-100 cm	weiß; VI – VIII	aus Samen. Aussaat im Herbst	mähen Sie die Wiese erst spät, sonst überlebt die Pflanze nicht	bevorzugt trockene, kalkhaltige Böden
Galium verum (Labkraut)	sich stark ausbreitende, ausdauernde Pflanze; H: 15 – 100 cm	leuchtend gelb; VII – IX	aus Samen	auch auf gemähten Rasenflächen; am besten für SW	auf Grasflächen, v. a. Böschungen. Für alle Bodenarten außer sauren Boden. Kriechpflanze
Geranium pratense (Wiesenstorchschnabel)	hübsche, kräftige, ausdauernde Pflanze; H: 30 – 80 cm	blauviolett; VI – IX	Aussaat im Freien (selten) oder im Topf	Sämlinge blühen erst nach mindestens vier Jahren	für alle Böden, verträgt nur sehr sauren Boden nicht. Eignet sich gut für Rabatten
Hypochaeris radicata (Ferkelkraut)	aufrechte, horstbildende Staude mit gekerbten Blättern i. grundständiger Rosette; H: 20 – 60 cm	leuchtend gelb, an den Unterseiten grauviolett; VI – IX	läßt sich leicht aus Samen ziehen	verbreitetes Rasenunkraut. Eignet sich jedoch auch gut für SW	für alle Böden und Feuchtigkeitsbedingungen. Verträgt etwas Schatten
Jasione montana (Sandglöckchen)	zweijährige Pflanze, in der Form sehr variabel; H: 5 – 30 cm	blau; V – VIII	Aussaat im Freien oder im Topf	BR oder FR	leichte sandige oder kiesige Böden auf nicht kalkhaltigem Untergrund
Leontodon hispidus (Rauher Löwenzahn)	rauh behaarter, ausdauernder Löwenzahn; H: 10 – 60 cm	gelb, an den Unterseiten orange oder rötlich; VI – IX	Aussaat im Freien oder im Topf	BR, FR oder SW	bevorzugt neutrale oder kalkhaltige Böden, feucht oder trocken
Lotus corniculatus (Hornklee)	niederliegende, ausdauernde Pflanze; Blätter mit 3 Blättchen; sehr variabel; H: 10 – 70 cm	gelb, häufig mit roten Streifen; VI – IX	aus Samen. Anritzen der Samenschalen fördert die Keimung	Kulturvarietäten – eignen sich für BR, FR und SW	für alle Bodenarten außer saure. Eignet sich für alle Feuchtigkeitsbedingungen

WIESENBLUMEN

	Wuchstyp	Blüten	Vermehrung	Eignung für FR, BR und SW	Standort
Lychnis flos-cuculi (Kuckucksblume)	ausdauernde Pflanze mit spitz zulaufenden Blättern; H: 30 – 75 cm	rosarot, selten weiß; V – VII	Aussaat im Freien oder im Topf. Samen sind sehr klein	nur für feuchte Flächen geeignet	feuchte oder nasse Böden. Für Sumpfflächen und Bachufer
Malva moschata (Moschusmalve)	behaarte, ausdauernde Pflanze; H: 30 – 85 cm	rosarot; es gibt auch eine weißblütige Form; VII – VIII	Aussaat im Freien oder im Topf	SW oder schattiger, grasbewachsener Waldweg	gedeiht auf nicht allzu fruchtbaren Böden. Verträgt Schatten
Medicago lupulina (Hopfenklee, Gelbklee)	niederliegende, weich behaarte, einjährige Pflanze; H: 5 – 30 cm	gelb; IV – VIII	aus Samen	gedeiht gut in BR; aber auch für FR und SW	auf allen Böden und an trockenen Standorten. Kurzlebig, sät sich jedoch selbst aus
Ononis repens (Hauhechel)	weich behaarte, ausdauernde Pflanze mit weichen Dornen; H: 30 – 60 cm	rosa; VI – IX	aus Samen mit angeritzten Samenschalen. Kann auch im Topf gezogen werden	FR oder SW	bevorzugt kalkhaltige Böden; mag keinen feuchten Standort
Ononis spinosa (Hauhechel)	von dunklerem Grün als die kriechende Hauhechel; aufrechte Stiele; H: 30 – 60 cm	rosa; VI – IX	Aussaat im Freien (selten) oder im Topf	ein »Muß« für jede SW	eignet sich gut für neutralen oder kalkhaltigen Boden
Plantago media (Wegerich)	graue, weich behaarte, mehrjährige Pflanze mit flacher Blattrosette; H: 5 – 20 cm	weiß mit purpurnen Staubgefäßen; V – VIII	Aussaat im Freien oder im Topf	eignet sich für BR oder FR; auch auf ungeschützter SW	bildet auf neutralem oder basischem Boden sowohl an trockenen als auch an feuchten Standorten Rosetten
Primula veris (Schlüsselblume)	ausdauernde Pflanze mit runzligen, weich behaarten, grundständigen Blättern; H: 10 – 30 cm	dunkelgelb oder gelbbraun mit orangefarbenen Flecken; IV – V	Aussaat im Freien oder im Topf. Frostkeimer	BR, FR oder SW. Ein »Muß« für fast alle Gärten	mag feuchte bis nasse, kalkhaltige Böden, auch Schwemmland- und Tonböden
Prunella vulgaris (Braunelle)	kleine, kriechende, weich behaarte, ausdauernde Pflanze; H: 5 – 30 cm	violett bis rosa; VI – IX	aus Samen	FR oder SW	bevorzugt basischen oder neutralen Boden und verträgt die verschiedensten Licht- und Feuchtigkeitsbedingungen
Ranunculus acris (Butterblume)	ausdauernde Pflanze mit handförmigen Blättern; H: 15 – 100 cm	leuchtend gelb, glänzend; V – VII	Aussaat im Freien im Topf	FR oder noch besser SW	gedeiht am besten in feuchten Grasflächen auf neutralem oder kalkhaltigem Boden
Ranunculus bulbosus (Knollenhahnenfuß)	ausdauernde Pflanze mit verdicktem Grund und Stengelansatz; H: 15 – 45 cm	leuchtend gelb; an den Unterseiten glänzend; IV – VI	Aussaat im Freien im Topf	verbreitetes Rasenunkraut; eignet sich jedoch auch gut für SW	trockene Böden, vor allem auf kalkhaltigem oder neutralem Boden
Rhinanthus minor (Klapperttopf)	einjährige Pflanze mit vierkantigen Stielen; H: 10 – 40 cm	gelb; V – VIII	aus Samen. Im Herbst zusammen mit einer Grasmischung aussäen	Pflanze sät sich jedes Jahr von selbst aus	gedeiht unter fast allen Boden und Feuchtigkeitsbedingungen
Rumex acetosa (Sauerampfer)	ausdauernde Pflanze mit pfeilförmigen Blättern; H: 30 – 100 cm	klein und rötlich; V – VI	aus Samen	FR oder SW. Blätter eignen sich gut für Salate	gedeiht auf den meisten Bodenarten. Bevorzugt feuchten Boden. Verträgt Schatten
Sanguisorba minor (Kleiner Wiesenknopf, Bibernelle)	ausdauernde Pflanze; H: 5 – 60 cm	grünlich, purpurrot überlaufen; V – VIII	Aussaat im Freien im Topf	ein »Muß« für die SW	gedeiht nur auf neutralem oder kalkhaltigem Boden
Trifolium dubium (Kleiner Klee)	kleinwüchsige einjährige Pflanze. Nimmt häufig eine leicht purpurrote Färbung an; H: 5 – 25 cm	gelb; werden hinterher braun; V – X	aus Samen	eignet sich für gemähte Rasenflächen, sät sich selbst aus	gedeiht am besten in offenem Gelände auf allen Bodenarten. Beendet seinen Lebenszyklus rasch
Trifolium pratense (Rotklee, Wiesenklee)	behaarte, ausdauernde Pflanze; H: 10 – 60 cm	rosa-purpurrot; V – IX	aus Samen mit Anritzen der Samenschalen	FR oder SW	Verträgt alle Bodenarten, außer sauren Böden
Veronica chamaedrys (Ehrenpreis)	zarte, behaarte, ausdauernde Pflanze; H: 10 – 40 cm	leuchtend blau mit weißer Mitte; III – VII	aus Samen. Keimung langsam und unberechenbar	BR, FR oder SW	gedeiht auf fast allen Böden und verträgt Schatten. Auch für Waldwege

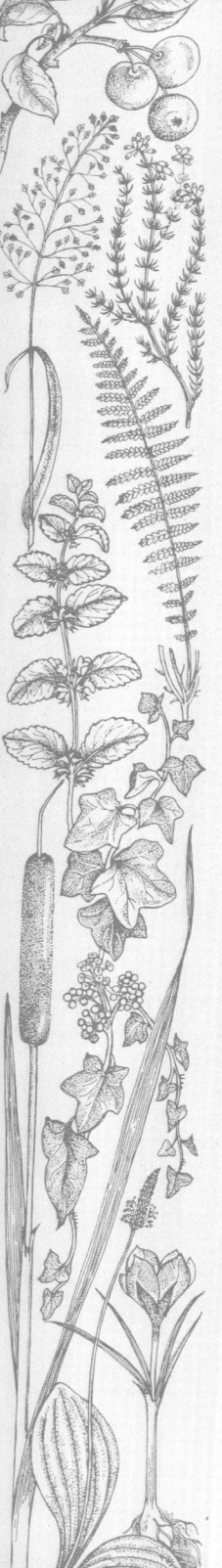

WELCHE PFLANZEN FÜR WELCHEN GARTENTYP?

Zwiebelpflanzen und Wiesengräser

Wer nur einen kurzgemähten Rasen besitzt, hat keine Vorstellung davon, wie schön blühende Gräser sein können und welche Vielfalt an Tieren sie anlocken. Man kann seinen Bestand an Grasarten durch Aussaat leicht erweitern. Wenn man sich von Gärtnereien Zwiebelpflanzen besorgt und in den Rasen setzt, ist die kurzgemähte Grasfläche im Frühjahr oder im Herbst von entzückenden Blüten übersät.

	Wuchstyp	Blätter	Blüten	Natürlicher Lebensraum	Standort
ZWIEBEL- UND KNOLLENPFLANZEN					
Allium oleraceum (Gemüse-Lauch)	ausdauernde Pflanze, die aus einer Zwiebel entsteht; H: 30 – 60 cm	fleischig und fest; rauhe Ränder	glockenförmig; grün, rot überlaufen; in losen Dolden; VII – VIII	selten; Ackerränder	gut entwässerter Boden, sonnig
Allium ursinum (Bärenlauch)	nach Knoblauch riechende, ausdauernde Pflanze; H: 10 – 30 cm	im allgemeinen zwei, flach, sich zum Stiel hin verjüngend	weiß, in flacher Dolde; IV – VI	feuchte Laubwälder, verbreitet	wächst auf schattigen Grasflächen
Colchicum autumnale (Herbstzeitlose)	ausdauernde Pflanze, bringt im Herbst Blüten, im darauffolgenden Jahr Blätter; H: 20 – 25 cm	leuchtend grün; 3 – 8; groß und lanzettlich	rosa-zartlila, selten weiß; mit langen, orangefarbenen Staubbeuteln; VIII – X	feuchte Wiesen und Wälder	bevorzugt feuchte, neutrale oder basische Böden; eignet sich gut für Teichnähe
Fritillaria meleagris (Schachbrettblume, Kibitzblume)	variable, ausdauernde Pflanze; H: 20 – 50 cm	grasähnlich; zu 4 – 5 um die Mitte des Stiels verteilt	einzeln stehend; meist mattpurpurn, mit Hell-Dunkel-Schachbrettmuster; IV – V	feuchte Wiesen	in kurzem Gras; feucht
Galanthus nivalis (Schneeglöckchen)	ausdauernde Pflanze; H: 10 – 20 cm	graugrün, linealisch, im allgemeinen zwei	weiß mit grünen Streifen; nickend; I – III	feuchte Wälder und schattige Flußufer	gedeiht gut in kurzem Gras
Hyacinthoides non-scripta (Hasenglöckchen)	ausdauernde Pflanze, die aus einer Zwiebel entsteht; H: 25 – 45 cm	linealisch, konkav	meistens blau; in Trauben zu 1 – 12 Blüten, nickend; IV – VI	häufig in Wäldern, Hecken und Wiesen am Waldrand	ziemlich feuchter Boden; Halbschatten
Leucojum aestivum (Knotenblume)	ausdauernde Pflanze; H: 60 cm	mittelgrün; linealisch	reinweiß mit grünen Spitzen; in Büscheln zu 4 – 8; IV – V	feuchte Wiesen und weidenbestandene Flußbetten	normaler Boden, anspruchslos
Leucojum vernum (Märzbecher, Knotenblume)	ausdauernde Pflanze; H: 20 cm	gelbgrün; linealisch	weiß, Petalen mit grünen Spitzen; duftend; II – III	selten; feuchte, schattige Stellen	in nährstoffreichem Boden
Muscari nealectum (Traubenhyazinthe)	ausdauernde Pflanze; H: 20 cm	lang, schmal und schlaff	dunkelblau mit weißen Spitzen, eiförmig, in Trauben stehend, Moschusduft; IV – V	sandige, trockene Grasflächen	in kurzem Gras
Narcissus poeticus (Dichternarzisse)	auffällige, ausdauernde Pflanze; H: 25 – 45 cm	aufrechtstehend, glatt	äußere Petalen weiß, augenähnliche, kurze Nebenkrone mit rotem Rand, duftend; III – V	ist auf Wiesen in Südfrankreich häufig zu finden, möglicherweise verwildert	nahezu überall auf grasbewachsenen oder anderen Flächen
Narcissus pseudonarcissus (Trompetennarzisse, Osterglocke)	variable Art mit vielen Gartenvarietäten; H: 20 – 35 cm	aufrecht, blaugrün	leuchtend gelbe, leicht herabhängende Trompeten; Petalen blasser, duftend; II – IV	feuchte Wiesen, Fluß- und Seeufer	ziemlich feuchter Boden
Ornithogalum umbellatum (Stern von Bethlehem)	ausdauernde Pflanze; H: 30 cm	dunkelgrün, schlaff	innen glänzend weiß, außen grün gestreift, in doldentraubigem Blütenstand; V – VI	Grasflächen	eignet sich gut für grasbewachsene »Waldränder«
Scilla autumnalis (Herbstblaustern)	ausdauernde, beblätterte Pflanze; H: 15 cm	schmal, gerillt	rot bis violett, in kurzer Traube; VII – IX	Trockenweiden, in Meeresnähe	Grasflächen in offenem Gelände

ZWIEBELPFLANZEN UND WIESENGRÄSER

	Wuchstyp	Blätter	Blüten	Natürlicher Lebensraum	Standort
Scilla verna (Frühlingsblaustern)	ausdauernde Pflanze, die ihre Blätter vor den Blüten austreibt; H: 5 – 20 cm	sehr schmal und grasähnlich	blau und sternförmig, in Trauben zu 6 – 12; IV – V	Weiden an der Küste	Versuchen Sie ihn in kurzem Gras auf sandigem Boden anzupflanzen
WIESENGRÄSER					
Agrostis canina (Hundsstraußgras)	horstbildendes, ausdauerndes Gras, das sich mit Hilfe von Rhizomen oder Ausläufern ausbreitet; H: 10 – 60 cm	schmal und abgeflacht	purpurbraun, zunächst zusammengezogen, jedoch später ausgebreitet; VII – VIII	feuchte oder trockene Gras- und Heideflächen	am besten auf recht saurem Boden und in einer Mischung, niemals allein
Agrostis capillaris (Rotes Straußgras)	ausdauerndes Gras, das lockere oder dichte Horste bildet; H: bis zu 20 cm	flach und zart	purpurrot; in lockeren, ausgebreiteten Rispen; VI – VII	saurer Boden	trockene, saure Böden, gedeiht aber auch auf Ton und Sand
Alopecurus pratensis (Fuchsschwanzgras)	lockere Horste bildendes, ausdauerndes Gras. H: 30 – 90 cm	etwas rauh, obere Blattscheiden aufgeblasen	grauviolett, in langer, walzenförmiger Rispe; V – VII	Wiesen und Straßenränder; verbreitet	tiefgelegene, feuchte bis nasse Flächen auf Ton- und Schwemmlandböden
Anthoxanthum odoratum (Ruchgras)	horstbildendes, ausdauerndes Gras. Bildet selten Flächen; H: 20 – 50 cm	flach	purpurrötlich, an etwas verzweigter, eiförmiger Rispe; V – VI	Grasflächen und Wälder. Verbreitet	für verschiedene Böden. Ein »Muß« für die meisten Grasmischungen
Avenula pubescens (Wiesenhafer)	Horste bildendes, ausdauerndes Gras, nicht sehr kräftig; H: 30 – 70 cm	flach und weich behaart	grün-purpurrot; verzweigt und ausgebreitet; V – VII	Wiesen und Dünen	feuchte, kalkhaltige Böden in milderen Lagen
Briza minor (Zittergras)	einjähriges Gras, das in Mischungen niemals dichte Büschel bildet; H: 10 – 40 cm	breit, rauh; in einer feinen Spitze auslaufend	lockere, im Wind nickende Rispe; VI – VII	auf kalkhaltigen Böden; wächst auf Acker- oder Ödland	schwer aus Samen zu ziehen, Anzucht im Topf ist besser
Festuca ovina (Schafschwingel)	dichte Horste bildendes, ausdauerndes Gras; sehr variabel; H: 10 – 50 cm	steif und schmal, beinahe haarähnlich; häufig von einem wachsartigen Grün	grünlich oder purpurrötlich; klein und variabel; V – VII	trockenere Grasflächen auf Kalk und Kalkstein	für armen, gut entwässerten Boden, verträgt starken Schnitt
Festuca rubra (Rotschwingel)	leicht behaartes, ausdauerndes Gras, meist kurz, kriechend; H: 10 – 60 cm	eingerollt, drahtähnlich und spitz zulaufend	leicht purpurrot überlaufen; V – VI	auf Grasflächen weit verbreitet	es gibt für alle Bodenbedingungen Varietäten (keine landwirtschaftlichen!)
Festuca tenuifolia (Feinschwingel)	dichte Horste bildendes, ausdauerndes Gras. Zäh und drahtig; H: 10 – 50 cm	leuchtend grün bis dunkelgrün	gelbgrün oder grün-purpurrot, an aufrechter Rispe; V – VII	trockene oder feuchte, saure Böden mit Sand, Torf oder Kies	gut für problematische Standorte; ziemlich dürreresistent
Holcus lanatus (Honiggras)	ausdauerndes Gras mit kriechenden Wurzelstöcken; H: 20 – 60 cm	graugrün, weich behaart, in einer feinen Spitze auslaufend	weißlich, dann blaßrosa bis purpurrot; VI – VIII	sehr verbreitet	zu kräftig für Rasen, aber gut für Wiesen geeignet. Verträgt Schatten
Hordeum secalinum (Knotengerste)	horstbildendes, ausdauerndes Gras; H: 10 – 50 cm	graugrün oder grün	in Ähren, grün, dann beigefarben, VI – VII	Wiesen und Weiden	am besten in schweren Böden
Poa pratensis (Wiesenrispe)	kriechendes, ausdauerndes Gras. Bildet Flächen oder Horste; H: 15 – 80 cm	grün, leicht bläulich oder blaßgrau, mit stumpfer Spitze	purpurrötlich, Rispen häufig dreieckig	trockenere Grasflächen	gut entwässerter Boden. Verträgt etwas Schatten
Poa trivialis (Gemeines Rispengras)	ausdauerndes Gras mit kriechenden Ausläufern (Horste); H: 20 – 60 cm	blaß und flach	grün oder rötlich. In aufrechten, dichten Rispen; VI – VII	feuchte, häufig schattige Grasflächen	eignet sich für feuchte Böden. Ist wintergrün
Trisetum flavescens (Goldhafer)	schlankes, lockere Horste bildendes, ausdauerndes Gras; H: 20 – 50 cm	schmal und flach	leuchtend gelb, an ausgebreiteter Rispe; VI	Grasflächen auf Kalk- oder Kalksteinboden	auf kalkhaltigem Boden, dürreresistent, aber nicht sehr konkurrenzfähig

WELCHE PFLANZEN FÜR WELCHEN GARTENTYP?

Bäume und andere Waldpflanzen

Die hier aufgeführten Bäume und Sträucher kann man als ausgewachsene Pflanzen kaufen. In diesem Fall dauert es etwa zwei bis drei Jahre, bis sie sich richtig eingewöhnt haben. Bäume und Sträucher, die man selbst aus Samen zieht, entwickeln sich überraschend schnell zu ausgewachsenen Pflanzen und überflügeln die anderen recht bald. Die blühenden Krautschichtpflanzen sind in Form von Pflanzen, Wurzeln oder Samen im Gartenfachhandel und in speziellen Gärtnereien erhältlich.

K = Kronenumfang

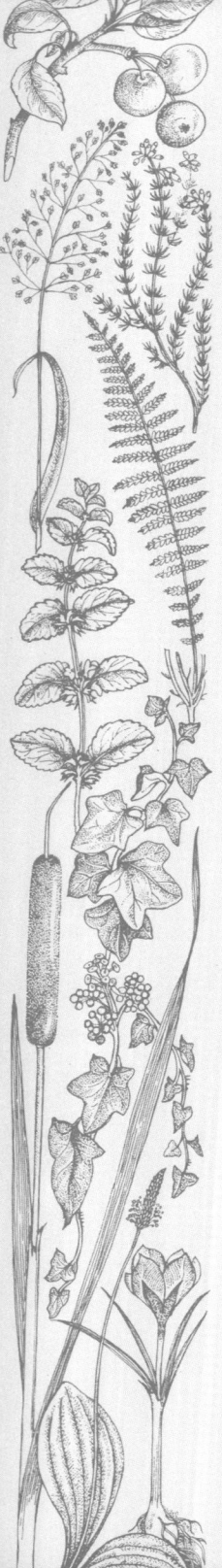

	Wuchstyp	Blätter	Blüten	Früchte	Standort
BÄUME					
Acer campestre (Feldahorn)	runde Krone; H: 6 – 9 m; K: 5,3 m	tief eingeschnitten, färben sich rein gelb, manchmal auch rot	grün, in aufrechten Blütenständen	weich behaarte Flügelfrüchte, zuerst karminrot, dann braun	kalkhaltige Ton- und Lehmböden. Gut als Heckenpflanze
Betula pendula (Weißbirke)	schlanker, anmutig wirkender Baum mit weißer Rinde; H: 15 – 18 m; K: 2 – 3,5 m	dreieckig, in wechselständigen Paaren	weibliche Kätzchen blaßgrün, männliche Kätzchen purpurbraun	kleine, geflügelte Samen	gedeiht auf armem, saurem Boden. Winterfest. Viele Varietäten
Carpinus betulus (Hainbuche, Weißbuche)	runde Krone, aufstrebende Äste, Rinde grau; H: 15 – 21 m; K: 3 – 4,5 m	eirund mit hervortretenden Adern. Färben sich erst gelb, dann golden, dann rostfarben	Kätzchen	dreilappige, grüne Hochblätter, jedes mit hartem, steifem Nüßchen	nährstoffreicher Lehm und Ton. Gut als Heckenpflanze. Winterfest und robust
Crataegus monogyna (Weißdorn)	dicht verzweigt und dornig; H: 7,5 – 9 m; K: 3 m	dunkel und glänzend	weiß. Beim Welken oft rosa. In Doldenrispen, duftend	klein, karminrot, locken Vögel an	normaler Boden, sonnig. Bäume sind dichtwüchsig und schlagen zeitig aus
Ilex aquifolium (Stechpalme)	schmale Krone, kegelförmig, blaßgraue Rinde; H: 5,5 – 7,5 m; K: 2 – 3 m	immergrün, mit scharfen Dornen, an der Oberseite wachsartig glänzend	weiß, klein. Männl. u. weibl. Blüten an verschiedenen Bäumen	der weibl. Baum trägt im Herbst und Winter rote Beeren	gut entwässerter Lehmboden, panaschierte Formen wachsen langsamer
Malus sylvestris (Johannisapfel)	strauchartig, rund. Junge Bäume haben weit ausgebreitete Äste. Robust; H: 7,5 – 9 m; K: 4,5 – 7,5 m	spitz zulaufend, wechselständig	weiß, rosa oder karminrot überlaufen	kleine gelbe Äpfel mit roten Streifen	gut dräinierter, mit verrottetem Kompost oder Mist angereicherter Boden
Prunus avium (Vogelkirsche, Süßkirsche)	pyramidenförmig, rötlichbraune Rinde; H: 9 – 12 m; K: 6 – 9 m	hängend, im Frühjahr bronzebraun, im Herbst blaßgrün bis karminrot	weiß, kelchförmig, in ungestielten Dolden	leuchtend dunkelrot	gut entwässerter Boden. Braucht nicht so viel Kalk wie andere *Prunus*arten
Sorbus aria (Mehlbeere)	pyramidenförmig, wenige aufstrebende Äste; H: 9 – 15 m; K: 3 – 5 m	eiförmig, an den Unterseiten weiß. Färben sich erst gelb, dann orange	weiß, in losen Blütenständen	rund und scharlachrot	gut entwässerter Boden, sonnig
Sorbus aucuparia (Eberesche)	schmale Krone, kegelförmig; H: 12,5 – 18 m; K: 2,5 – 3,5 m	gefiedert. Färben sich zuerst gelb, dann orange	weiß, in breiten Blütenständen	leuchtend orangerote Beeren. Starke Anziehungskraft auf Vögel	gut dräinierter lehmiger Boden, sonnig. Der Baum ist winterfest und robust
STRÄUCHER					
Cornus sanguinea (Roter Hartriegel)	aufrechter Strauch. Schlanke, rote Zweige; H: 2 – 4 m; Umfang 2 – 2,5 m	grün und spitz zulaufend. Verfärben sich im Herbst dunkelpurpurrot	weiß, in kleinen Blütenständen. Locken Fliegen und Käfer an	schwarzviolett, in großen, losen Büscheln. Locken Vögel an	alkalische oder neutrale Böden. Sehr winterfest und robust
Corylus avellana (Hasel)	bildet ein dichtes Dickicht aufrechter Zweige; H: 3,5 – 6 m; Umfang 4,5 m	groß, herzförmig, an den Unterseiten weich behaart	die männlichen Kätzchen bilden sich im zeitigen Frühjahr	in Büscheln stehende Haselnüsse in grün gezähnter Hülle	gut dräinierter Boden, geschützter Standort. Interessante Varietäten
Prunus spinosa (Schlehe)	dichte, zart verzweigte, dornige, schwarze Triebe; H: 2,5 – 3 m; Umfang 2 – 3 m	leuchtend grün, klein	weiße, sternförmige Blüten. Blüht im zeitigen Frühjahr	bläulichschwarz und bereift	alkalische bis neutrale Ton- und Lehmböden. Für ungeschützte Standorte

BÄUME UND ANDERE WALDPFLANZEN

	Wuchstyp	Blätter	Blüten	Früchte	Standort
Rhamnus catharticas (Kreuzdorn)	viele Zweige, dornig; H: 4 – 6 m; Umfang: 2,5 m	gelbgrün, unbehaarte junge Triebe	gelbgrün, klein, süß duftend	zuerst grüne, dann schwarze Beeren	kalkhaltige Böden. Halbschatten
Rosa canina (Hundsrose)	kräftig und gedrungen, dornige Zweige; H: 2 – 3 m; Umfang 1,5 – 2 m	gefiedert, an der Unterseite manchmal behaart	zartrosa mit goldenen Staubgefäßen	große karminrote Hagebutten. Locken Vögel an	langlebige, winterfeste, sehr variable Art
Sambucus nigra (Holunder)	bei genügend Licht und Platz Baumformat; H: bis zu 9 m; Umfang 3,5 – 4,5 m	gefiedert, mit 5 – 7 Blättchen, übelriechend	cremigweiß, in Trugdolden, schwerer, süßer Duft	schwarzviolette Beeren in großen, losen Büscheln. Locken Vögel an	in fruchtbarem Gartenboden sehr kräftig. Immer gut zurückschneiden. Schöne Varietäten
Viburnum opulus (Gemeiner Schneeball)	aufrecht, buschig; H: 3 – 4,5 m; Umfang bis zu 4,5 m	ahornähnlich, verfärben sich flammenrot	Blütenstände weiß, oben abgeflacht. Randblüten sind größer	durchscheinende rote Beeren, die erst nach den Blättern abfallen	feuchter Boden, Schatten. Für Hecken. Reizvolle Varietäten
KLETTERPFLANZEN					
Clematis vitalba (Waldrebe)	kräftige, holzige Pflanze; H: bis zu 12 m	gefiedert und gegenständig	cremigweiß, in Rispen. Leicht duftend; VII – IX	wollige, grauweiße Quirle aus fedrigen Griffeln	wächst in freier Natur auf kalkhaltigen Böden
Lonicera periclymenum (Waldgeißblatt)	kräftige, holzige Pflanze; H: 3 – 6 m	oval, an den Unterseiten blasser	blaßgelb, purpurrot überlaufen, röhrenförmig. Locken Nachtfalter an; VI – VIII	rot, in dichten Büscheln. Locken Vögel an	humushaltiger Boden, schattig. Kann am Baum oder am Bogen emporwachsen
Rosa arvensis (Feldrose)	Strauch mit grünen od. purpurnen, niederliegenden Zweigen; H: 1,5 – 3 m	gefiedert	weiß, meist einzeln oder in kleinen Doldenrispen; VII – VIII	rote, eiförmige oder längliche Hagebutten	gedeiht gut im Schatten
Tamus communis (Schmerwurz)	überwuchert Hecken, Büsche usw., windende Stengel; H: bis zu 4 m	breit und herzförmig	gelbgrün, später gelb, winzig klein; V – VIII	scharlachrote, giftige Beeren	bevorzugt alkalische Böden. Kräftig, für Halbschatten geeignet
KRAUTSCHICHTPFLANZEN					
Anemone nemorosa (Buschwindröschen)	schmaler, waagerechter Wurzelstock, teppichbildend; H: 7,5 – 15 cm	dreiblättrig, tief gelappt und grob gezähnt	weiß, häufig rosa überlaufen; IV – V		in Gruppen, unter frühblühenden Bäumen und Sträuchern
Convallaria majalis (Maiglöckchen)	kriechender Wurzelstock; H: 15 – 20 cm	breit, länglich oder elliptisch	weiß, glockenähnlich, in Trauben, stark duftend; V – VI	rote Beeren, giftig	braucht humushaltigen Boden. Die Wurzeln müssen stets feucht sein. Gedeiht in leichtem Schatten
Digitalis purpurea (Roter Fingerhut)	zweijährige Pflanze; H: 50 – 150 cm	die breiten, länglichen Blätter bilden im 1. grundständige Rosette, im 2. Jahr Blütenstand	purpurrot, rosa oder weiß, innen häufig gefleckt; VI – IX		feuchter Boden, Halbschatten
Myosotis sylvatica (Waldvergißmeinnicht)	in kultiviertem Zustand zweijährig oder mehrjährig; H: 30 – 60 cm	länglich	hellblau mit gelber Mitte, in langen Trauben; V – VI		am besten sonnig. Der Boden muß feucht sein; verträgt auch Schatten
Primula vulgaris (Schlüsselblume)	niedrige, ausdauernde Pflanze; H: 15 – 30 cm	runzelig, in Rosette	schwefelgelb, an langen Stielen sitzend; III – V		fruchtbarer Boden, der nicht austrocknen darf
Vinca major (Immergrün)	kriechender Halbstrauch; H: 15 – 30 cm	immergrün, oval	blauviolett; III – VII		eignet sich gut für feuchte, schattige Standorte
Viola riviniana (Hainveilchen)	H: 8 – 20 cm	gezähnt, herzförmig	blauviolett, cremefarbener Sporn; IV – VI		fruchtbarer Boden, Halbschatten

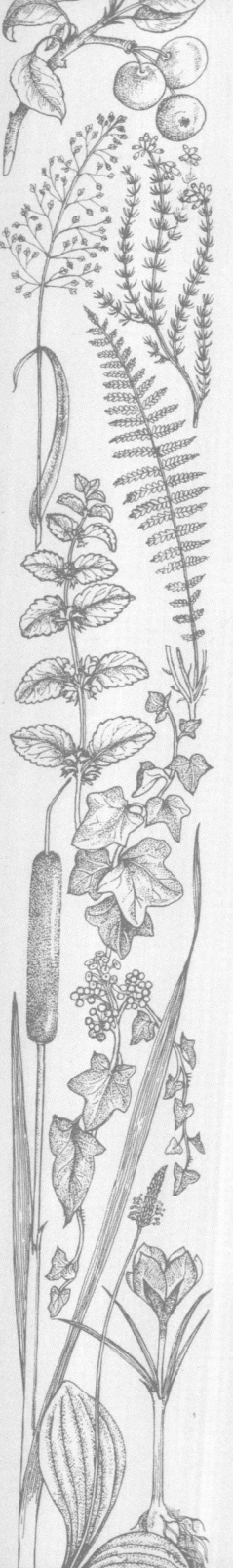

Heidekrautgewächse und andere Heidepflanzen

Viele Pflanzen, die sauren Boden lieben, sind immergrün und dazu noch langlebig. Sie eignen sich hervorragend als Bodendecker. Die verschiedenen Arten bilden reizvolle, ineinanderwachsende Teppiche. Die meisten hier beschriebenen Pflanzen werden schon seit vielen Jahren im Garten kultiviert. Sie sind im Fachhandel und in allen Baumschulen erhältlich (siehe dazu auch das Verzeichnis der Spezialgärtnereien S. 168).

	Wuchstyp	Blätter	Blüten	Natürlicher Lebensraum	Standort
Andromeda polifolia (Lavendelheide)	wuchernder, immergrüner Strauch; H: 30 – 60 cm	linealisch, an den Oberseiten glänzend graugrün, an den Unterseiten blaugrün	glockenförmig, klein und nickend, rosa oder weiß; V – VI	Torfmoore	torfiger, feuchter Boden. Bevorzugt Sonne oder Halbschatten
Arctostaphylos uva-ursi (Bärentraube)	niederliegender, immergrüner Strauch, der sich rasch ausbreitet; H: 9 – 15 cm; Breite 1,2 m	mittel- bis dunkelgrün, ledrig-glänzend	klein, kugelig. Rosa oder weiß, in herabhängenden, endständigen Trauben; V – VI	steinige Moore und Berge, verbreitet	gut dränierter leichter, kalkfreier Boden. Waldrandpflanze
Calluna vulgaris (Besenheide)	immergrüner, aufrechter, buschiger Strauch; H: 15 – 45 cm; Breite 30 – 45 cm	linealisch, winzig klein, vierzeilig, dachziegelig	blaßviolett, in 5 – 8 cm langen Trauben; VII – IX	Heiden, Moore und Waldränder	saure, torfige Böden. Muß in Trockenzeiten gegossen werden
Cytisus scoparius (Besenginster)	laubabwerfender, aufrechter Strauch mit steifen, grünen, kantigen Zweigen; H: 0,3 – 2,4 m	an den unteren Enden der Triebe dreiblättrig, junge Blätter feinbehaart	kräftig gelb, manchmal rötlich überlaufen, einzeln oder in Paaren; V – VI	auf trockenem, saurem Heideland sehr verbreitet	durchlässiger Boden. Gedeiht am besten in Sand und Kies
Daboecia cantabrica (Irische Heide)	immergrüner, heideähnlicher Strauch; H: bis zu 1 m	schmal, eiförmig-lanzettlich, weiß, an den Unterseiten filzig	rosa-purpurrot oder weiß, eiförmig. In aufrechten, endständigen Trauben. Blüht ab Mai	Heidegebiete in der County Mayo und West Galway	eignet sich gut als Waldrandpflanze, muß vor kalten Winden und Trockenheit geschützt werden
Erica cinerea (Grauheide)	hübscher, verzweigter, immergrüner Strauch, dessen junge Zweige feinbehaart sind; H: 23 – 60 cm	dunkelgrün, kurz, linealisch, mit umgerollten Blatträndern	karminrot bis purpurrot, in endständigen Dolden oder Trauben, glockenförmig. Beim Verblühen rostbraune. Blüte ab Juni	auf trockeneren Heide- und Moorflächen verbreitet	gut dränierter, tiefgründiger, torfiger, kühler Boden, der feucht sein muß, jedoch niemals unter Wasser stehen darf
Erica erigena	dichter, immergrüner, buschiger Strauch mit aufrechten, brüchigen Zweigen; H: 0,6 – 3 m	4 – 5 in einem Quirl, dunkelgrün, linealisch	karminrosa, in langen Trauben, duftend, urnenförmig, mit rotbraunen Staubbeuteln; III – V	Heidegebiete in Westirland	eignet sich für die meisten Bodenarten. Gedeiht am besten in warmem, feuchtem Klima. Windschutz erforderlich
Erica tetralix (Moorheide)	sich ausbreitender, weich behaarter, immergrüner Strauch; H: 30 – 45 cm	4 in einem Quirl oder Kreuz; Grün, kurz, behaart, an den Unterseiten weiß	zu 4 – 8 in endständigen Trauben, wachsartiges Rosarot, klein und herabhängend; VI – VIII	auf moorigem Heideland verbreitet	kühler, feuchter, torfiger Boden oder mit Blättern vermischter Lehm
Erica vagans (Cornwallheide)	symmetrischer, immergrüner Strauch. Buschiger als andere Erikaarten; H: bis zu 2,4 m; Umfang 30 – 60 cm	in Quirlen zu 4 – 5, kurz, linealisch, glatt und glänzend	in langen, endständigen Trauben, blaßrosa oder zartlila mit schokoladenbraunen Staubbeuteln	nasse Sumpfgebiete in milden Lagen	kräftige, robuste Pflanze. Gedeiht in normalem Gartenboden. Anspruchslos. Verträgt Luftverschmutzung
Genista pilosa (Sandginster)	niederliegender, halbimmergrüner Strauch mit aufrechten jungen Trieben; H: 8 – 50 cm	dunkelgrün, klein und oval, untere Blätter in Büscheln	gelbe, endständige Trauben an kleinen Zweigen; V – VI	trockene, heidebewachsene Grasflächen, selten	leichter, durchlässiger Boden, sonnig

HEIDEKRAUTGEWÄCHSE UND ANDERE HEIDEPFLANZEN

	Wuchstyp	Blätter	Blüten	Natürlicher Lebensraum	Standort
Ledum palustre spp. *groenlandicum* (Grönländischer Porst)	immergrüner Strauch, junge Zweige rostfarben; H: 20 – 100 cm	in der Form unterschiedlich, an den Unterseiten rostfarben und filzig	cremigweiß, Blütenstände an den Enden der Zweige; V – VI	Torfmoore	feuchter, torfiger Boden oder kalkfreier Lehm
Linnaea borealis (Moosglöckchen)	niederliegender, immergrüner, ausdauernder Halbstrauch; H: 5 – 8 cm; Umfang bis zu 60 cm	rundlich oder oval, leicht behaart	rosa, trompetenförmig, an schlanken Stielen herabhängend. Duftend; VI – VIII	schattige Nadelwälder im Norden und felsige Stellen	schattig-kühler, torfiger oder von Blättern durchsetzter Boden
Moneses uniflora (Moosauge)	einzige Art seiner Gattung. Ausdauernde Zwergpflanze; H: 8 – 15 cm	grundständig, löffelähnliche Form, ledrig und gezähnt	duftend, wachsweiß oder rosa, einzelnstehend und herabhängend; VI – VII	lichte, feuchte, moosige Stellen in Nadelwäldern der nördlichen Halbkugel	Waldrandpflanze für leichten, torfigen Boden. Auch für halbschattige Standorte in Steingärten
Myrica gale (Gagelstrauch)	kleiner, buschiger, laubabwerfender, harziger Strauch mit rötlichbraunen Zweigen. Duftend; H: 60 – 120 cm	verkehrt-lanzettlich, an der Oberseite dunkelgrün und glänzend, an der Unterseite blasser oder weich behaart	männl. Blüten an orangefarbenen, ungestielten Kätzchen, weibl. klein, dicht beieinandersitzend; IV – V	Moore, Sümpfe und nasser, saurer Boden	gedeiht nur auf sauren Lehm- oder Torfböden
Pyrola media (Wintergrün)	kriechende, ausdauernde Zwergpflanze. Winterfest, unbehaart; H: 10 cm	oval, in Rosetten an langer Stielen	weiß, rot überlaufen, in vielblütigen Trauben; VI – VIII	Wälder, vor allem Kiefernwälder und Moore	wie bei *Moneses*
Pyrola minor (Kleines Wintergrün)	wie *Pyrola media*, jedoch in allem kleiner	rundlich	wachsweiß, rosa überlaufen, in vielblütigen Trauben; VI – VIII	Moore, Wälder und Dünen	wie *Pyrola media*
Trientalis europaea (Siebenstern)	ausdauernde Pflanze, aufrecht wachsend. Nur 2 Arten — Nordwestamerika und Europa; H: 10 cm	steif und glänzend. Meistens breit-lanzettlich. 5 – 7 in einem Quirl oben am Stiel oder unter den Blüten	weiß oder blaßrosa; VI – VII	Hochmoore und Nadelwälder	leichter, nährstoffreicher Boden mit viel Laubende, schattig
Ulex europaeus (Stechginster)	dichter, dorniger, immergrüner Strauch mit 2 – 10 cm langen Dornen; H: 0,6 – 2,4 m	nur an jungen Sämlingen dreiblättrig. Später zu starren, gefurchten Dornen abgewandelt	gelbe Schmetterlingsblüten mit Mandel-Kokosnuß-Duft; IV – VI	auf Heideland verbreitet	blüht am üppigsten auf armem oder durchlässigem Gartenboden in voller Sonne
Ulex gallii (Gallischer Stechginster)	dicht mit Dornen besetzter Strauch. junge Triebe behaart; H: 45 – 100 cm	wie bei *Ulex europaeus*; Dornen häufig gebogen	wie bei *Ulex europaeus*, nur kleiner; VII – VIII	nur in atlantischen Heiden Westeuropas	nicht ganz so robust wie *Ulex minor*
Ulex minor	dichtwüchsiger Zwergstrauch. Junge Triebe weich behaart; H: 30 – 60 cm	kürzere Dornen als *Ulex gallii*	blaßgelb, kleiner als bei *Ulex gallii*; VII – VIII	Heide- und Moorgebiete, sehr selten	wie *Ulex europaeus*
Vaccinium myrtillus (Heidelbeere)	laubabwerfender Zwergstrauch mit kantigen, grünen Zweigen; H: 15 – 45 cm; Umfang 30 – 45 cm	leuchtend grün, oval. Färben sich im Herbst mattpurpurn und golden, spitz zulaufend, Adern an den Blattunterseiten weich behaart	rosa, fast rund, hübsch gelappt; IV – VII	auf Heiden und Mooren verbreitet	feuchte Fels- oder Heidegärten, saure Böden. Verträgt ungeschützte Standorte und Schatten besser als *Calluna*
Vaccinium oxycoccos (Moosbeere)	kriechender, immergrüner Strauch mit drahtigen, aufstrebenden Zweigen	an der Oberseite dunkelgrün, an der Unterseite blaugrün, spärlich und wechselständig	rosa, einzelnstehend oder zu 2 – 4, urnenförmig; VI – VIII	mit Torfmoos bewachsene Moore	feuchte Stein- oder Heidegärten, saurer Boden
Vaccinium uliginosten (Rauschbeere, Moosbeere)	laubabwerfender, steifer, niedriger, breiter Busch, junge Triebe unbehaart	beiderseits blaugrün, wachsartig glänzend; rund	rosa, meist einzelnstehend oder zu 2 – 4, urnenförmig; V – VII	nasse Moore	wie *Vaccinium oxycoccos*
Viola lactea (Grabenveilchen)	ausdauernde Pflanze mit beblätterten Stengeln; H: 5 – 12	langstielig, schmal-eiförmig oder lanzettlich, am Grund abgerundet, mit winzigen Härchen besetzt	ziemlich groß, milchig-blaßblau mit langem, gelbgrünem Sporn; V – VI	Heideflächen	nährstoffreicher, saurer Boden
Wahlenbergia hederacea (Moorglöckchen)	niederliegende, ausdauernde oder einjährige Pflanze mit fadenähnlichen Trieben	klein, von efeuährlicher Form	lang, blaßblau, glockenförmig; VII – VIII	feuchte Heideflächen, Moore und Torfmoore	feucht und torfig

WELCHE PFLANZEN FÜR WELCHEN GARTENTYP?

Farne und Blattpflanzen

Da Floristen seit einigen Jahren immer mehr farbige Blätter und filigrane Gräser für ihre Blumenarrangements verwenden, bieten Blumen- und Staudengärtnereien mittlerweile eine reichhaltige Auswahl an grünblütigen Pflanzen, Farnen, Gräsern und Blattpflanzen an. Außerdem kann man die meisten der hier genannten und beschriebenen Arten auch selbst aus Samen ziehen.

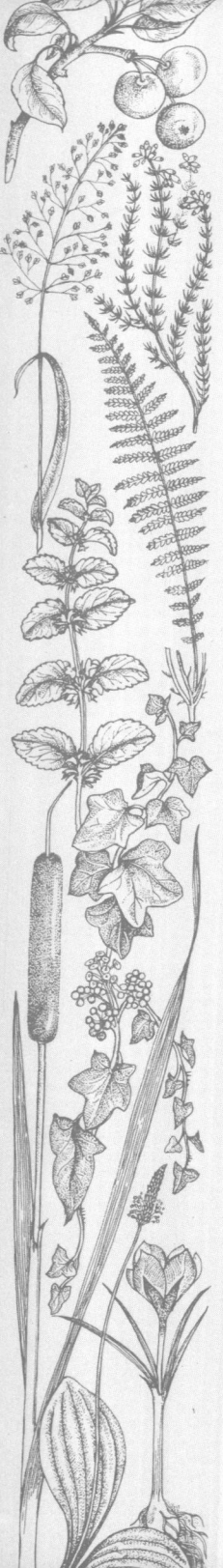

	Wuchstyp	Blätter	Blüten	Natürlicher Lebensraum	Standort
FARNE					
Asplenium trichomanes (Braunstieliger Streifenfarn)	klein und zart. Bildet dichte Büschel; H: bis zu 20 cm	lang, mit ovalen oder länglichen Blättchen		moosbewachsene Felsen und Mauern	gut dräniert, Kalkboden
Athyrium filix-femina (Frauenfarn)	groß und auffallend, fein eingeschnitten; H: 15 – 150 cm	Farnwedel von frischer grüner Farbe, in kleinere Wedel unterteilt		feuchte Wälder, Felsen, heckenbewachsene Böschungen	von Laub durchsetzte Erde oder lehmiger Torf, feucht, halbschattig
Blechnum spicant (Rippenfarn)	variabler, immergrüner, kräftiger Farn. Horstbildend; H: bis zu 50 cm	dunkelgrün, lanzettlich, unfruchtbare Wedel kürzer und schmaler als fruchtbare		Heiden und Moore, an Felsen und in Wäldern. Im sauren Boden	ideal für feuchte, schattige Ecken. Mag keinen Kalk
Dryopteris filix-mas (Wurmfarn)	winterfest, robust und sehr variabel, beinahe immergrün; H: 60 – 120 cm	breite Wedel mit Fiederblättern, 10 – 15 cm lang		waldige und felsige Gegenden	mag leichten, sandigen Lehm, bevorzugt Schatten
Phyllitis scolopendrium (Hirschzunge)	buschiger, immergrüner Farn; H: 45 – 60 cm	ungeteilt, riemenartig, wellig		Felsen und heckenbewachsene Böschungen	von Laub durchsetzter, durchlässiger Boden
Currania dryopteris (Eichenfarn)	anmutig wirkender Farn; H: 15 – 30 cm	smaragdgrün		feuchte Wälder und felsige Geröllabhänge	gut dränierter, torfiger Boden
Polypodium vulgare (Tüpfelfarn, Engelsüß)	kleiner, kräftiger, immergrüner Farn. Teppichbildend; H: 15 – 35 cm	breite, grüne, tief eingeschnittene, wellige, länglich-lanzettliche Wedel, manchmal golden glänzend		in Wäldern auf Bäumen, Baumstümpfen, feuchten Böschungen und Mauern	an allen Standorten (außer Sumpf) sehr üppig. Verträgt Sonne und Trockenheit
Polystichum aculeatum (Dorniger Schildfarn)	schöner, buschiger Farn mit langstieligen Wedeln; H: bis zu 1,2 m	breit, ledrig, eiförmig-lanzettlich		heckenbewachsene Böschungen, Waldränder und Dickichte	gedeiht am besten im Schatten. Sollte reichlich gegossen werden
GRÄSER UND RIEDGRÄSER					
Briza maxima (Großes Zittergras)	einjährig. Bildet kleine Büschel und aufrechte, glatte Halme; H: 38 – 50 cm	leuchtend grün, schmal und spitz zulaufend, an den Oberseiten rauh	nickende Rispen mit großen, grünen, ovalen Ährchen; V – VI	auf den Kanalinseln und im Mittelmeergebiet verbreitet	durchlässiger Boden, sonnig
Briza media (Zittergras)	kriechende, ausdauernde Rhizompflanze mit aufrechten, glatten Halmen; H: 23 – 45 cm	hellgrün, flach und kegelförmig, an den Rändern rauh	15 cm lange Rispe. Kleine, purpurbraune, herzförmige Ährchen; V – VII	sonnige, gut dränierte Grasflächen auf kalkhaltigem Boden	wie *Briza maxima*
Carex pendula (Hängesegge)	horstbildende, ausdauernde Pflanze; H: 90 – 150 cm	matt glänzend, grün, breit	sehr lange, herabhängende Ähren; VI	feuchte Wälder und schattige Stellen	auch zur Uferbepflanzung geeignet
Eriophorum angustifolium (Wollgras)	ausdauerndes Riedgras; H: 15 – 60 cm	gefurcht, grasähnlich, dreikantig	braungrün, endständige Trugdolden; IV – V	Moore und Sümpfe	eignet sich für die Bepflanzung von Teichufern
Festuca arundinacea (Rohrschwingel)	wächst in großen, derben Horsten; H: bis zu 1,5 m	lang, flach, derb. Behaarte Blattscheiden	anmutige Rispen; VI – VII	trockene Grasflächen auf Tonboden	eignet sich für alle Wiesengärten
Glyceria maxima (Schwaden)	kräftiges Gras mit glatten Halmen und kriechenden Wurzeln; H: 1 – 2,4 m	flach mit scharfen Rändern	endständige, eiförmige, vielblütige Rispen, weiß; VII – VIII	Frisch- und Brackwasserufer	eignet sich gut für Ufergärten; gedeiht auch auf feuchtem Boden

FARNE UND BLATTPFLANZEN

	Wuchstyp	Blätter	Blüten	Natürlicher Lebensraum	Standort
Lagurus ovatus (Sammetgras)	auffällige, horstbildende, ein- oder zweijährige Pflanze; H: 30 cm	graugrün, behaart, schmal-linealisch, kürzer als der Halm	endständige, flaumige, vielblütige Rispen; weiß; VI – VIII	Sanddünen und trockene Flächen auf den Kanalinseln.	gut dränierter Lehmboden, sonnig
Melica uniflora (Perlgras)	verbreitetes, anmutig wirkendes, ausdauerndes Gras mit schlanken Halmen; H: 30 – 45 cm	schlaff, flach und weich behaart. Spitz zulaufende Blattscheide, häufig ebenfalls behaart	lockere Rispe mit purpurbraunen, eiförmigen Ährchen; V – VI	Wälder und schattige, heckenbewachsene Böschungen, v. a. auf kalkhaltigem Boden	Lauberde
Phalaris canariensis (Kanariengras, Spitzsamen)	horstbildendes, einjähriges Gras; H: 25 – 90 cm	flach	große, grünweiße, federartige Rispen; VII – VIII	im Mittelmeergebiet heimisch. Bei uns verwildert	normaler Boden, volle Sonne

GRÜNE KRAUTPFLANZEN

	Wuchstyp	Blätter	Blüten	Natürlicher Lebensraum	Standort
Alchemilla xanthochlora (Frauenmantel)	winterfeste, ausdauernde Pflanze; H: 16 – 46 cm	an der Oberseite behaart, an der Unterseite grün, breit und nierenförmig	gelbgrün. In Trauben oder Rispen; VI – VIII	Wiesen	normaler, durchlässiger Boden
Arum italicum (Italienischer Aronstab)	variable, dem Gefleckten Aronstab (s. unten) ähnelnde Pflanze; H: 25 – 70 cm	dreieckiger als bei *Arum maculatum*. Mit cremefarbenem Adermuster	hellgrüne Blütenscheide mit orangegelbem Kolben; V – VI	Wälder	geschützt, schattig
Arum maculatum (Gefleckter Aronstab)	knollige, ausdauernde Pflanze mit schönen Blättern; H: 25 – 40 cm	dunkelgrün, häufig schwarzviolett gefleckt, groß, pfeilförmig, an der Spitze abgestumpft	aronstabähnliche, grüne Blütenscheide und mit purpurrotem Rand; IV – V	Hecken und Wälder	gedeiht auf allen nährstoffreichen, feuchten Böden im Halbschatten
Daphne laureola (Lorbeerseidelbast)	glattblättriger, aufrechter, immergrüner Strauch; H: 60 – 90 cm	dunkelgrün, ledrig-glänzend, breit-lanzettlich	grün, klein und duftend. In Trauben zu 5 – 10; III – IV	Wälder auf Kalk- und Kalksteinboden	kalkhaltiger Boden, Halbschatten
Eryngium maritimum (Stranddistel)	blaugrünes, dorniges, ausdauerndes Doldengewächs; H: 30 – 45 cm	ledrig, weiß überstäubt, grundständig und herzförmig. Obere Blätter stengelumfassend und handförmig gelappt	kobaltblau-malvenfarben, kugelig, von breiten Hüllblättern umgeben; VII – VIII	Sandflächen und Wiesen am Meer	leichter, sandiger Boden in Kiesgärten, sonnig
Euphorbia lathyris (Kreuzblättrige Wolfsmilch)	hübsche, aufrechte, zweijährige Pflanze. Blaugrün und glänzend; H: 90 cm	untere Blätter lanzettlich, obere breit	klein und gelbgrün, in langstieligen Dolden; VII – VIII	Wälder auf Kalk- und Kalksteinboden	vermehrt sich reichlich durch Selbstaussaat
Helleborus foetidus (Stinkende Nieswurz)	blattreicher, unbehaarter, immergrüner Halbstrauch	ledrig-glänzend, dunkelgrün, handförmig mit 7 – 10 lanzettlichen, gezähnten Abschnitten	gelbgrün, kelchförmig, in dichtgedrängten Rispen; III – V	Wälder und Gebüsche auf Kalk- und Kalksteinboden im Süden und Westen	normaler, tiefgründiger, durchlässiger Boden, schattig
Helleborus viridis (Grüne Nieswurz)	unbehaart, laubabwerfend	an der Oberseite mattgrün, an der Unterseite blasser mit hervortretenden Adern	grün, kelchförmig, geruchlos. Wenige Blüten pro Stiel; III – V	Wälder auf Kalk- und Kalksteinboden	wie *Helleborus foetidus*
Iris foetidissima (Stinkende Iris)	winterfeste, ausdauernde Pflanze, die in dichten Horsten wächst; H: 50 cm	dunkel, immergrün, glänzend. Beim Zerdrücken scharf und sehr übelriechend	schiefergrau-violett, in seitenständigen Blütenständen, klein und kurzlebig; VI	trockene Wälder, heckenbewachsene Böschungen, auf trockenem, kalkhalt. Boden	nährstoffreicher Humusboden, schattig
Petasites hybridus (Pestwurz)	ausdauernde Pflanze mit tief im Boden sitzenden Rhizomen	die Pflanze treibt kurz nach den Blüten sehr große, herzförmige Blätter aus	weiß oder blaßlila; III – IV	Böschungen und Straßenränder	eignet sich gut für die Bepflanzung von Ufern und Böschungen. Kann sich unter Umständen sehr stark ausbreiten
Polygonatum multiflorum (Salomonssiegel, Weißwurz)	anmutig wirkende, winterfeste, ausdauernde Pflanze mit runden, gebogenen Trieben; H: 60 – 120 cm	länglich, wechselständig, stengelumfassend	grünlichweiß, in kleinen, herabhängenden Büscheln; V – VI	Wälder	ideal für Waldgärten und schattige Rabatten

WELCHE PFLANZEN FÜR WELCHEN GARTENTYP?

Wildwachsende Kräuter

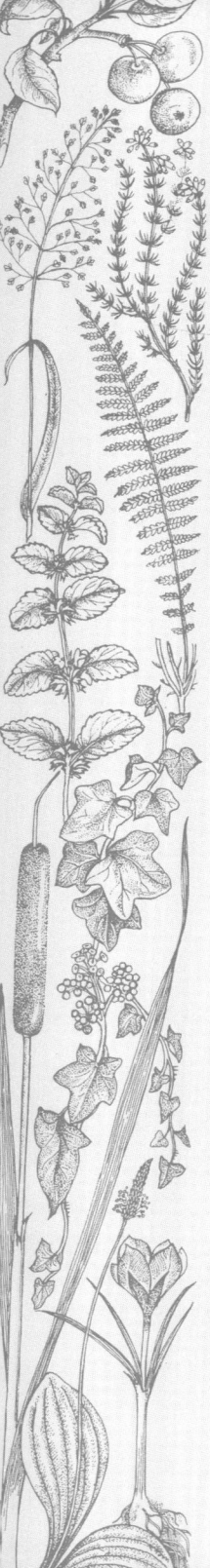

Kräuter gehören zu den anspruchslosesten, unkompliziertesten Gartenpflanzen. Die meisten fühlen sich im Garten ebenso wohl wie in ihrem natürlichen Lebensraum. Sie scheinen alle nicht selten zu sein und lassen sich leicht aus Samen ziehen. Seit Jahrhunderten vermehrt man sie schon auf diese Weise. Man kann sie selbstverständlich auch als Pflanzen in der Gärtnerei aus der Nachbarschaft kaufen. Vielleicht bekommen Sie auch ein paar Exemplare von einem anderen Gartenbesitzer geschenkt?

	Wuchstyp	Blätter	Blüten	Natürlicher Lebensraum	Standort
Allium schoenoprasum (Schnittlauch)	winterfeste, horstbildende, ausdauernde Pflanze; H: 8 – 30 cm	hohl, röhrenförmig, blaugrün	rosa oder rosaviolett, in kugeliger Dolde; VI – VII	in freier Natur selten. Kalksteinklippen	normaler Boden, Halbschatten
Angelica archangelica (Engelwurz)	hohe, senkrecht wachsende, winterfeste, ausdauernde Heilpflanze mit kräftigem Stiel. Würzig; H: 2 m	leuchtend grün, zusammengesetzt, endständige Blättchen dreigeteilt; 0,6 – 1 m breit	weiß oder grün; in großen, zusammengesetzten Dolden; VII – VIII	an manchen Flußufern verwildert, feuchte Wälder und Wiesen	tiefgründiger, feuchter Boden, Sonne oder Halbschatten. Gut feucht halten
Anthriscus cerefolium (Gartenkerbel)	robuste einjährige Pflanze, die sich reichlich vermehrt. Mit gefurchten, fein behaarten Trieben; H: 60 cm	2fach fiederschnittig, zart. Nach Anis duftend	weiß, in kleinen Doldenstrahlen; V – VI	auf manchen Ödlandflächen verwildert	normaler Boden, lichter Schatten
Artemisia absinthium (Wermut)	krautige, ausdauernde Pflanze mit holzigem Wurzelstock; H: 1 m	2- oder 3fach gefiedert, beiderseits filzig, bitterer Geruch	weich behaart, gelb, kugelförmig. In schmalen, beblätterten Rispen; VII – VIII	Ödland, Straßenränder und Küstennähe	gut drainierter Boden, sonnig
Artemisia maritima (Meerwermut)	weich behaarter Halbstrauch; H: 40 – 60 cm	gefiedert, mit weißem Flaum bedeckt	winzig klein, gelb oder rot, in beblätterten Rispen; VIII – IX	sandige Meeresküsten	normaler Boden
Borago officinalis (Borretsch, Gurkenkraut)	kräftige, rauh behaarte, einjährige Pflanze, bei uns verwildert; H: 30 – 60 cm	groß, eirund. Die jungen Blätter riechen und schmecken nach Gurken	Rispen mit leuchtend blauen, sternförmigen Blüten; VI – IX	Ödlandflächen im Süden	normaler, etwas trockener Boden, sonnig
Calamintha nepeta (Echte Kölme)	horstbildende, ausdauernde Pflanze; H: 20 – 30 cm	klein und behaart. Würzig duftend	blaßlila, in losen Quirlen; VII – VIII	selten. Kommt haupts. in Südengland vor	leichter Boden, sonnig. Gedeiht auch auf Kies
Carum carvi (Kümmel)	zweijährige Pflanze mit hohlem, gefurchtem und verzweigtem Trieb; H: 30 – 60 cm	2fach gefiedert, schmal, tief eingeschnitten, vielteilig und federförmig	unregelmäßige weiße Dolden; VI – VII	verwildert, aber selten	normaler, gut drainierter Boden, in voller Sonne
Chamaemelum nobile (Römische Kamille)	niederliegende, aromatisch duftende, ausdauernde Pflanze; H: bis zu 25 cm	fein eingeschnitten, doppelt fiederspaltig, mit linealischen Abschnitten, zart behaart	Strahlenblüten einzelnstehend; VI – VII	sandiger Boden, Gras- und Heideflächen	verträgt sauren Boden und etwas Schatten
Chrysanthemum vulgare (Rainfarn)	kräftige, ausdauernde Pflanze mit gefurchten Stielen. Aromatisch duftend; H: bis zu 60 cm	gefiedert, zahlreiche tief gezähnte Blättchen	goldgelb, knopfförmig, in Scheindolden; VII – IX	Flußufer, grasbewachsene Weg- und Straßenränder, Ödland und Böschungen	normaler Boden. Breitet sich unter Umständen stark aus
Foeniculum vulgare (Fenchel)	ausdauernde Pflanze, die sich reichlich vermehrt. Kräftige, aufrechte Triebe; H: 90 – 150 cm	3 – 4fach gefiedert, mit sehr zarten, feinen Abschnitten	gelb, in großen Dolden; VIII – X	Meeresklippen, Ödland und Autobahnränder	jeder durchlässige Boden, sonnig
Hypericum androsaemum (Mannsblut)	Halbstrauch mit kantigen oder geflügelten Trieben; H: 1 m	breit-oval, an den Unterseiten blaß, harzig	gelb, zu 3 – 9 in endständigen Trugdolden; VI – IX	Grasflächen in feuchten Hecken, Dickichten und Gräben	eignet sich für fast alle Bodenarten (Winterschutz!)
Ligusticum scoticum (Schottische Mutterwurz)	unbehaarte, ausdauernde Pflanze mit steifen, gerippten, purpurroten Stielen; H: 22 – 45 cm	gefiedert, leuchtend grün, ledrig-glänzend. Selleriduft	12 – 20strahlige Dolden mit weißen oder rosa überlaufenen Blüten; VI – VII	Felsenküsten in Nordeuropa und in Schottland	gedeiht auf allen normalen Böden

152

WILDWACHSENDE KRÄUTER

	Wuchstyp	Blätter	Blüten	Natürlicher Lebensraum	Standort
Marrubium vulgare (Andorn)	mit gräulichweißem Flaum bedeckte ausdauernde Pflanze; H: 35 – 45 cm	eirund, runzelig, gekerbt. In gegenständigen, rechte Winkel bildenden Paaren	grauweiß, dicht zusammengedrängt in Quirlen; VII – X	Dünen und Kreidefelsen	durchlässiger Boden, sonnig
Melissa officinalis (Zitronenmelisse)	robuste, ausdauernde Pflanze mit aufrechten, verzweigten Stielen; H: 30 – 60 cm	riechen nach Zitrone, wenn man sie zerreibt. Gelbgrün, oval, spitz zulaufend	weiß, unscheinbar; VI – X	bei uns eingebürgert; in Mittel- und Südeuropa heimisch	durchlässiger Boden, volle Sonne. Sät sich von allein aus
Mentha arvensis (Ackerminze)	ausdauernde Pflanze, Blattstiele breiten sich am Boden aus; H: 7 – 45 cm	oval, spitz zulaufend, gezähnt	klein, zartlila; VI	Ackerland und Wiesen	leicht feuchter Boden, sonnig bis halbschattig
Mentha pulegium (Poleiminze)	niederliegende, ausdauernde Pflanze; H: 5 – 25 cm	langstielig, schmal, oval, duftend	blaßpurpurrot in dichten Quirlen; VII – VIII	feuchte, sandige Stellen	leichter Boden mit Sand
Mentha rotundifolia (Rundblättrige Minze)	kräftige, aufrechte, behaarte, ausdauernde Pflanze	stark duftend. Rund bis eirund, behaart und an der Oberseite runzlig	purpurweiß. In dichten Scheinähren; VIII – IX	feuchte bis nasse Stellen	normaler Boden. Sonne od. Schatten, bevorzugt jedoch kühlen Boden
Mentha spicata (Krauseminze)	aufrechte, ausdauernde Pflanze mit kriechendem Wurzelstock; H: 30 – 60 cm	eiförmig-lanzettlich. Beim Zerreiben starker Minzenduft	zartlila; VIII – IX	kommt (in der Regel als Gartenflüchtling) verwildert vor	gedeiht am besten in ziemlich feuchtem Boden und Halbschatten
Myrrhis odorata (Süßdolde, Myrrhenkerbel)	behaarte, ausdauernde Pflanze mit hohlem, gefurchtem Stiel; H: 1,5 m	blaßgrün, feinzerteilt oder dreifach gefiedert. Duften nach Lakritz und Anis	weiße, zusammengesetzte Dolde; V – VI	Wiesen und Hecken in Nordengland, alpine Staudenflur	gedeiht auf fast allen Bodenarten
Nepeta cataria (Katzenmelisse, Katzenminze)	graufilzig behaarte, ausdauernde Pflanze; H: 30 – 60 cm	herzförmig, an den Unterseiten behaart. Duftend	weiß mit dunkelrosa Flecken, in ährig gehäuften Scheinquirlen; VII – XI	heckenbewachsene Böschungen, im Umkreis von Dörfern an Straßenrändern	normaler Boden
Origanum vulgare (Echter Dost)	ausdauernde Pflanze mit aromatischem Duft und weich behaarten, roten Stielen; H: bis zu 60 cm	oval, stumpf, leicht gezähnt	dunkelviolette Knospen, geöffnete Blüten rosa in dichten, köpfchenförmigen Blütenständen; VII – IX	auf kalkhaltigen Böden verbreitet	durchlässiger, warmer Boden
Papaver rhoeas (Klatschmohn)	einjähriges Kraut mit aufrechten Stengeln; H: 60 cm	ein- bis zweifach fiederteilig	einzeln, endständig, auf langen Stielen. Mohnrot; VI – VIII	Wegränder, lehmige Äcker, Unkrautfluren	lehmiger Boden, sonnig
Rumex acetosa (Sauerampfer)	fleischige, ausdauernde Pflanze; H: 15 – 60 cm	pfeilförmig, an langen Stielen sitzend, wechselständig	weibl. Blüten in grünlicher, aufrechter Rispe; männl. Blüten in dichten Büscheln zu 4 – 8; V – VII	Trockenweiden	normaler Boden
Sanguisorba minor (Pimpernell, Kleiner Wiesenknopf)	ausdauernde Pflanze; H: 45 cm	gefiederte Blättchen in Paaren. Riechen nach Gurke	grün, unscheinbar; V – VII	Wiesen auf Kalk- und Kalksteinboden	humoser Boden, halbschattig
Thymus praecox (Thymian)	äußerst variable, teppichbildende, ausdauernde Pflanze. Würziger Duft; H: 5 cm	oval, sehr klein	rötlich bis purpurrot, in rundlichen Blumenköpfen an aufrechten Stielen; VI – VIII	trockene Wiesen, Heideflächen und Dünen	durchlässiger Boden, sonnig
Thymus pulegioides (Quendel)	kriechender, buschiger Halbstrauch. Aufsteigende Triebe; H: 10 – 30 cm	in der Form sehr variabel. Stark aromatisch	purpurrot, malvenfarben, weiß oder karminrot; V – X	kalkhaltige, trockene Böden, auf Heiden	leichter, gut entwässerter Boden, sonnig
Valeriana officinalis (Gemeiner Baldrian)	robuste, winterfeste, ausdauernde Pflanze mit kräftigem Rhizom; H: 1,5 m	gefiedert, untere Blätter gestielt, Blättchen gezähnt	blaßrosa, in zahlreichen endständigen Doldenrispen; V – IX	in Gräben und feuchten Wäldern verbreitet	normaler, nahrhafter Boden

WELCHE PFLANZEN FÜR WELCHEN GARTENTYP?

Wasserpflanzen

Das Interesse an Gartenteichen – neuerdings auch an größeren Teichanlagen – nimmt immer mehr zu. Daher ist im Handel eine große Auswahl an Wasserpflanzen erhältlich. Manche findet man in gesonderten Abteilungen von Gartenzentren, andere bei Gärtnern, die sich auf Wasserpflanzen spezialisiert haben. Es werden viele ausländische Arten angeboten. Doch zum Glück sind auch viele hübsche, winterfeste, einheimische Arten erhältlich.

	Wuchstyp	Blätter	Blüten	Natürlicher Lebensraum	Standort
Acorus calamus (Kalmus)	ausdauernde Wasserpflanze mit kriechendem Wurzelstock; H: 60 – 90 cm	lang und schwertförmig, mit welligem Rand. Beim Zerreiben aromatisch duftend	grün, kolbenförmiger Blütenstand; VI – VII	Teichränder	flaches Wasser, lehmiger Boden
Alisma plantago-aquatica (Froschlöffel)	kräftige, ausdauernde Wasserpflanze; H: 30 – 60 cm	langstielig, eirund, aus den Wurzeln hervorsprießend	weiß-blaßrosa, klein, in Quirlen; VI – VIII	Teichränder und flaches Wasser in Schlick, selten auf Kalkstein	bis zu 30 cm tiefes Wasser
Butomus umbellatus (Blumenbinse, Schwanenblume)	hohe, ausdauernde Pflanze mit kriechendem Wurzelstock; H: 90 – 120 cm	junge Blätter bronze-purpurfarben, lang, linealisch	rosarot; in großen Dolden; VII – IX	an Teichen und Gräben. Vor allem auf Tonboden	Teichrand
Caltha palustris (Sumpfdotterblume)	ausdauernde Pflanze mit dickem, hohlem Stiel; H: 30 – 60 cm	grün, glänzend, herz- oder nierenförmig. Bis zum Sommer eine Größe von 25 cm	glänzend gelb, groß; IV – VI	sumpfige Stellen, nasse Wiesen, Gräben	Teichrand
Cyperus longus (Langes Zyperngras)	winterfeste, ausdauernde Pflanze von kräftigem Wuchs mit zähem, duftendem Wurzelstock; H: 90 cm	glänzend, gebogen, an den Rändern rauh	rotbraun, in Ährchen, die einen lockeren, anmutigen Rispenast bilden; VIII – IX	Teiche, Gräben und nasse Weiden. Nicht sehr verbreitet	Wassertiefe bis zu 45 cm. Breitet sich stark aus
Epilobium hirsutum (Zottiges Weidenröschen)	hohe, weich behaarte, ausdauernde Pflanze; H: 90 – 180 cm	eiförmig-lanzettlich, stiellos	purpurrosa, in beblätterten Doldentrauben; VII – IX	an Gräben und Bächen verbreitet	Teichrand. Neigt dazu, sich stark auszubreiten
Eupatorium cannabinum (Wasserdost)	hohe, weich behaarte, ausdauernde Pflanze, häufig rötlich; H: 60 – 120 cm	3 – 5blättrig, lanzettlich, gezähnt	rosa, rötlich oder fast weiß; in schirmartigen Doldentrauben; VII – IX	Gräben, Bachufer und feuchter Boden. Verbreitet	gedeiht gut in normalem Boden. Verträgt etwas Schatten. Teichrand
Filipendula ulmaria (Mädesüß)	ausdauernde Pflanze mit festen Stengeln; H: bis zu 120 cm	gefiedert, an den Unterseiten silbrig glänzend. Stiel häufig purpurrötlich	cremefarben, in kleinen, duftenden Büscheln; VI – VIII	nasse Wiesen und Gräben	feuchter Boden und Halbschatten
Hottonia palustris (Wasserfeder)	anmutig wirkende, blaßgrüne, ausdauernde Wasserpflanze; H: 30 – 60 cm	untergetaucht, in grundständiger Rosette, gefiedert und zart gelappt	blaßlila, in der Mitte gelb. Ragen über die Wasseroberfläche hinaus; V – VI	in Gräben und Teichen	gedeiht in mindestens 30 cm tiefem Wasser
Iris pseudacorus (Sumpfschwertlilie)	ausdauernde Pflanze mit dickem, waagerechtem Wurzelstock; H: 60 – 90 cm	blaugrün, schwertförmig	leuchtend gelb. An verzweigten, glänzenden Stielen; VI – VIII	auf nassen Feldern und in Sümpfen verbreitet	Teichrand. Braucht volle Sonne, sonst blüht sie nicht
Lysimachia nummularia (Pfennigkraut)	kriechende, immergrüne, ausdauernde Pflanze. Triebe etwa 30 cm lang	gegenständig, unbehaart, rundlich	gelb, kelchförmig, in den Blattachseln sitzend; VI – VIII	feuchte Böschungen	Teichrand
Lysimachia vulgaris (Felberich, Gilbweiderich)	weich behaarte, ausdauernde Pflanze; H: 60 – 90 cm	eiförmig, lanzettlich, kurzgestielt zu 2 – 4wirtelig	gelb-orange gepunktet. In end- oder seitenständigen Trauben; VII – VIII	nasse, krautbewachsene Stellen an Flüssen, Teichen und Sümpfen	Ufer und andere feuchte Stellen
Lythrum salicaria (Blutweiderich)	ausdauernde Pflanze mit vierkantigem Stengel; H: 60 – 150 cm	lanzettlich, am Grund herzförmig	leuchtend purpurrot, in ährenartigem Blütenstand; VI – VII	Flußufer, Gräben, Sümpfe, Anger	Teichrand, feuchter Boden

WASSERPFLANZEN

	Wuchstyp	Blätter	Blüten	Natürlicher Lebensraum	Standort
Mentha aquatica (Wasserminze)	ausdauernde Pflanze, Stengel meist aufrecht; H: 22 – 60 cm	oval, gesägt, weiter oben am Stiel kleiner werdend. Duftend	zartlila oder rötlich in sehr dichten Quirlen; VII – IX	feuchte Wiesen und Flußufer	feuchter Boden
Menyanthes trifoliata (Bitterklee)	auffallende, ausdauernde Wasserpflanze mit kriechendem Rhizomteppich; H: 25 cm	olivgrün, glatt, dreiblättrig	weiß, rosa, in endständigen Trauben, duftend; VII – IX	in wäßrigen Sümpfen und Flachmooren	wächst im Wasser oder an feuchten Stellen außerhalb des Wassers
Mimulus guttatus (Gauklerblume)	reizvolle, ausdauernde Pflanze, kriechend; H: 10 – 60 cm	eirund oder länglich, gezähnt, gegenständig	gelb mit 2 dunkelroten Flecken im Schlund; VI – IX	kommt an seichten Bächen verwildert vor	feuchter Boden
Myosotis palustris (Sumpfvergißmeinnicht)	kriechende, ausdauernde Pflanze; H: 15 – 30 cm	glänzend-grün, länglich	kobaltblau mit gelber Mitte, seltener rosa oder weiß; IV – VII	Gräben, Bäche und Teichränder	mag schweren Lehmboden. Staunasser Boden oder Wassertiefe bis zu 7 cm. Sonne
Narthecium ossifragum (Beinbrech)	kleinwüchsige, kriechende, ausdauernde Pflanzen; H: 15 – 30 cm	häufig orangegrün, klein, schwertförmig	gelb mit orangefarbenen Staubbeuteln, sternähnlich. In Trauben auf blattlosem Stengel; VII – VIII	Sümpfe und nasse Heideflächen	sumpfiger, saurer Boden
Nuphar pumila (Kleine Teichrose)	ausdauernde Wasserpflanze	oval	gelb, mit großen Zwischenräumen zwischen den Petalen; VII – VIII	Seen im Hochland, stehende, nährstoffarme Gewässer	nur für große Teiche geeignet
Nymphaea alba (Weiße Seerose)	ausdauernde Wasserpflanze mit dickem, fleischigem Wurzelstock	junge Blätter rot, glatt und herzförmig	weiß, auf der Wasseroberfläche schwimmend; VI – VIII	Teiche, Kanäle und langsam fließende Bäche	in Lehmboden in einer Wassertiefe von 20 – 30 cm, volle Sonne
Nymphoides peltata (Seekanne)	ausdauernde, langstielige Wasserpflanze	beinahe kreisförmig, an den Unterseiten purpurrot	gelb, 5lappig in Dolden, Knospen tauchen empor, ehe sie sich öffnen; VII – IX	Teiche und langsam fließende Bäche	breitet sich stark aus
Osmunda regalis (Königsfarn)	anmutig wirkender ausdauernder Farn mit aufrechten Wedeln. Nimmt Herbstfärbung an; H: bis zu 180 cm	blaßgrün, 2fach gefiedert, lang und breit	Fruchtbare Fiederblättchen bilden hübsche, samtige Rispe; VI – VIII	Seeufer	feuchter Torf. Eignet sich für verwilderte Wassergärten
Pontederia cordata (Hechtkraut)	gedrungene, ausdauernde Wasserpflanze mit steifen Stengeln; H: 45 – 75 cm	glänzend grün, häufig mit braunen Flecken, herzförmig und dick	himmelblau oder weiß mit gelber Mitte; in endständiger Scheinähre; VIII – IX	in Nordamerika heimisch	Teichrand. In Lehmboden in einer Wassertiefe von bis zu 30 cm Volle Sonne
Ranunculus aquatilis (Wasserhahnenfuß)	ausdauernde Wasserpflanze mit niederliegenden oder kriechenden Trieben	zunächst kleine, auf der Wasseroberfläche schwimmende Blätter, dann untergetaucht	weiß, einzeln an Stielen, häufig in großen Massen; V – VI	Teiche und Bäche	breitet sich stark aus
Ranunculus lingua (Großer Hahnenfuß)	ausdauernde, hohlstengelige Pflanze mit dichtem Faserwurzelwerk; H: 60 – 90 cm	sehr groß, lanzettlich, halbstengelumfassend	gelb, größer als die des Scharfen Hahnenfußes; VII – IX	Sümpfe, Gräben und Moore	feuchte Stellen. Eignet sich gut für Teichränder
Sagittaria sagittifolia (Pfeilkraut)	ausdauernde Wasserpflanze mit ausläufertreibendem, geschwollenem Wurzelstock; H: 60 – 90 cm	zuerst untergetaucht, dann spießförmig und zuletzt pfeilförmig, an langen Stielen sitzend und über dem Wasser	weiße Petalen mit dunkler Mitte, in Quirlen zu 3 – 5; VII – VIII	im Schlamm an Bächen und Teichen	nasser, lehmiger Boden
Scutellaria galericulata (Sumpfhelmkraut)	ausdauernde, kriechende Pflanze; H: 15 – 45 cm	an den Unterseiten purpurrot überlaufen. In der Form variabel, länglich bis eirund oder herzförmig, gekerbt	blau, innen mit weißer Zeichnung. In Paaren in den Blattachseln sitzend; VI – IX	Teich- und Bachufer	gute Uferpflanze für alle Wassergärten

Steingartenpflanzen

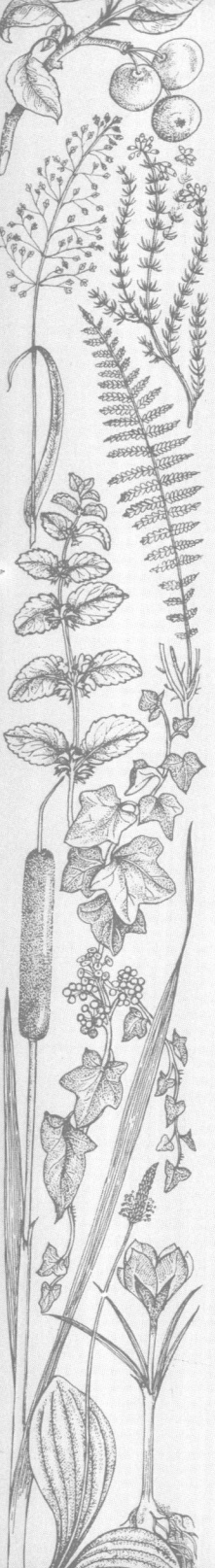

Viele Gartenfreunde suchen ihr Leben lang nach besonders seltenen Felspflanzen. Die meisten sind in speziellen Gärtnereien erhältlich. Kurioserweise findet man manchmal an entlegenen Orten, beispielsweise an Marktständen in Kleinstädten oder Dörfern, besonders schöne und seltene Exemplare. Viele dieser Pflanzen lassen sich leicht aus Samen ziehen. Solche Samen werden sowohl von Samenhandlungen als auch von Gärtnereien, die sich auf Alpine und Steingartenpflanzen spezialisiert haben, angeboten.

	Wuchstyp	Blätter	Blüten	Natürlicher Lebensraum	Standort
Alchemilla alpina (Alpenfrauenmantel)	niedrige, ausdauernde Pflanze; H: 20 – 30 cm	hübsches Graugrün. In 5 – 9 Abschnitte geteilt, an den Unterseiten silbrig behaart	gelbgrün, winzig, ohne Petalen, in Doldentrauben; VI – IX	grasbewachsene Felsritzen im Gebirge	feuchter, aber durchlässiger Boden, halbschattig
Antennaria dioica (Katzenpfötchen)	hübsche, kleinwüchsige, ausdauernde Pflanze, die einen dichten Teppich bildet; H: 6 – 30 cm	löffelförmig, an den Unterseiten wollig-weiß	männl. Blüten weiß u. ausgebreitet, weibl. rosa und aufrecht. An verschiedenen Pflanzen sitzend; V – VI	Heideland, Trockenweiden und Berghänge	leichter, durchlässiger Boden, sonnig
Arabis caucasica (Gänsekresse)	teppichbildende, ausdauernde Pflanze; H: 7 – 15 cm	länglich, gezähnt	weiß, groß und duftend; III – VI	Kalksteinklippen und alte Gartenmauern	durchlässiger Boden, Halbschatten. Nicht für kleine Steingärten, breitet sich stark aus. Am besten auf einer Mauer
Buglossoides purpurocaerulea (Blauroter Steinsame)	ausdauernde Pflanze mit kriechenden, aufrechten Blütenstielen; H: 22 – 38 cm	dunkelgrün, lanzettlich, am Grund schmal zulaufend	zunächst rot. Färben sich dann tiefblau; V – VII	selten. Dickichte auf Kalk- oder Kalksteinboden	breitet sich stark aus
Campanula rotundifolia (Rundblättrige Glockenblume)	schlanke, kriechende, ausdauernde Pflanze; H: 15 – 50 cm	klein und herzförmig, grundständige Blätter verdorren rasch	schieferblau bis blauviolett, glockenförmig, nickend; VI – IX	trockene Wiese	leichter, durchlässiger Boden, ungeschützte Lage
Corydalis lutea (Gelber Lerchensporn)	buschige, ausdauernde Pflanze; H: 15 – 20 cm	farnähnlich, leicht blaugrüne Färbung	kräftig gelb, in kurzen Ähren; V – VIII	hügelige Gegenden. Gartenflüchtling an Mauern	am besten zur Anpflanzung auf Mauern und zwischen Steinplatten
Cymbalaria muralis (Zimbelkraut)	kriechende, ausdauernde Pflanze; H: 5 – 10 cm	efeuförmig, an langen Stielen sitzend	löwenmaulähnlich, mit kurzem Sporn. Blaßlila mit gelbem Saftmal an der Unterlippe; VI – IX	schattige Felsen und Wälder. Bevorzugt Kalkstein, Gartenflüchtling an Mauern	normaler Boden, etwas sonnig. Gute Kriechpflanze
Dianthus deltoides (Heidenelke)	kriechende, schmale, ausdauernde Pflanze; H: 15 – 30 cm	schmal, mittel- bis dunkelgrün, häufig rot oder violett überlaufen	rosa, gekerbt und gepunktet, blaue Staubgefäße; VI – VIII	trockene, grasbewachsene Böschungen und Hügel	trocken und sonnig. Viele Gartenvarietäten
Dryas octopetala (Silberwurz)	holzige, ausdauernde, teppichbildende Pflanze; H: 15 – 30 cm	glänzend, mittel- bis dunkelgrün. Mit weißem Flaum an der Unterseite	weiß, viele goldene Staubgefäße, anemonenähnlich; V – VI	Kalkstein-Felsvorsprünge	trocken und sonnig. Bevorzugt Kalkstein
Gentiana verna (Frühlingsenzian)	ausdauernde, kleine Rosette bildende Pflanze; H: 7,5 cm	klein und oval	normalerw. tiefblau, variiert von Weiß bis Violett; IV – VI	Grasflächen auf Kalkstein	trockener Boden mit Lauberde und Kalk
Geranium lucidum (Glänzender Storchschnabel)	schlanke, einjährige Pflanze mit roten, durchscheinenden Stengeln; H: 10 – 30 cm	glänzend, handförmig gelappt. Verfärben sich häufig von Grün zu Rot	hübsche, kleine, rosa Blüten mit schmalen Petalen; V – VIII	heckenbewachsene Böschungen, Mauern; auf saurem Boden	gut entwässerter Boden; leichter Schatten
Geranium robertianum (Ruprechtskraut)	reich verzweigte, behaarte, einjährige Pflanze mit kräftigem Duft; H: 15 – 38 cm	rund-oval, 3 – 5lappig. Färben sich häufig rot, wenn die Pflanze älter wird	karminrot bis rosa. Es gibt auch eine weiße Form; V – X	leicht schattige Standorte an Mauern und Felsen und in Schotter	anspruchslos
Helianthemum apenninum (Apennin-Sonnenröschen)	gedrungener, kriechender Strauch mit aufrechten Zweigen; H: bis zu 50 cm	Triebe und Blätter sind mit dichtem Flaum bedeckt	kleine, weiße Blüten in Trauben; V – VI	Mittelmeergebiet, nördlich bis Westdeutschland	sonnige Böschungen

STEINGARTENPFLANZEN

	Wuchstyp	Blätter	Blüten	Natürlicher Lebensraum	Standort
Helianthemum nummularium (Sonnenröschen)	niedrige, häufig kriechende, halbstrauchähnliche Pflanze; H: 10 – 15 cm	schmal, länglich, an der Oberseite grün, an der Unterseite weich behaart	gelb, mit 5 Petalen; V – IX	grasbewachsene Stellen auf Kalk, Trockenrasen, Felsbänder	trocken und sonnig. Viele Gartenvarietäten aus beiden Helianthemumarten
Maianthemum bifolium (Schattenblume)	ausdauernde Pflanze mit schmalem, kriechendem Wurzelstock, teppichbildend; H: 10 – 20 cm	zwei glänzende, herzförmige Blätter mit dicken Adern	weiß, schöne Staubgefäße, in 12 – 30blütiger Traube. Duftend; V – VI	Laub- und Nadelwälder	ideale Bodendecke für kühle, feuchte (jedoch nicht nasse) Stellen
Myosotis alpestris (Alpenvergißmeinnicht)	kleine, buschige, ausdauernde Pflanze, winterfest; H: 5 – 20 cm	mit silbergrauem Flaum, grün, länglich-lanzettlich, spitz zulaufend	blau mit gelber Mitte, in Doldentrauben. Duftend; VI – VIII	in europäischen Gebirgen, auf Kiesböden und Schuttfluren	gut dränierter Boden, der jedoch etwas Feuchtigkeit speichern sollte
Polygala vulgaris (Kreuzblume)	kriechende oder aufrechte, reich verzweigte, ausdauernde Pflanze; H: 5 – 7,5 cm	klein, unbehaart, lanzettlich	blau, rosa oder weiß, in kurzen, endständigen Trauben; V – IX	Weiden, Böschungen, Magerrasen, wechselfeuchte Standorte	volle Sonne, durchlässiger Boden
Potentilla neumanniana (Frühlingsfingerkraut)	behaarte, immergrüne, ausdauernde Pflanze, teppichbildend; H: 5 – 7,5 cm	grundständig, gestielt und handförmig	gelb, an aufsteigenden, schlanken Stielen; IV – V. Blüht häufig noch ein zweites Mal	trockene, magere Böden und Grasflächen, im Norden selten	volle Sonne, trockener Boden
Primula farinosa (Mehlprimel)	kleine, ausdauernde Pflanze. Rosettenbildend; H: 10 – 15 cm	blaßgrün, schmal, verkehrt-lanzettlich	rosaviolett mit gelber Mitte, in Dolden; V – VI	Kalkflachmoore, Grasmatten des Alpenvorlandes	mit Torf oder Lauberde angereicherter Boden
Pulsatilla vulgaris (Kuhschelle)	buschige, ausdauernde Pflanze mit dickem, schwarzem, faserigem Wurzelstock; H: 15 cm	federförmig, tief eingeschnitten, behaart	kräftig violett, goldene Staubbeutel, an den Außenseiten seidig behaart; IV – V	Kalk- und Kalksteinabhänge, Sandrasen, Heiden	dränierter Boden
Saxifraga aïzoides (Fetthennensteinbrech)	lockere Horste bildende, ausdauernde Pflanze; kleinwüchsig und mattgrün; H: 5 – 15 cm	dick, lanzettlich	orange oder gelb, häufig rot gefleckt. An beblätterten Stielen; VI – VIII	selten. An nassen Felsen, Kies-Bachbetten, Bachufern, Quellfluren in den Alpen	gut dränierter Boden mit Kalk und viel feinem Schotter
Saxifraga hypnoides (Moossteinbrech)	niedrige, ausdauernde Pflanze, die moosähnliche Polster bildet; H: 10 – 15 cm	kurz, handförmig gelappt. In den Blattachseln bilden sich Bulbillen	weiß, Knospen nickend; mit rosa Spitzen; V – VI	felsige Geröllabhänge, hochgelegene, graswachsene Hügelhänge	durchlässiger Boden. Nicht direkt in die Sonne! Viele Gartenformen
Saxifraga oppositifolia (Gegenblättriger Steinbrech)	kleine, ausdauernde Pflanze mit vielen kriechenden Trieben; H: 2 – 15 cm	sehr klein und zart, stiellos, meistens gegenständig	groß, purpurrot, stiellos oder beinahe stiellos; V – VI	Granit- oder Kalksteinfelsen	kühl, leicht feucht, etwas sonnig. Mit feinem Kalksteinschotter mulchen
Saxifraga stellaris (Sternsteinbrech)	reizvolle, ausdauernde Pflanze mit Blattrosetten; H: 10 – 15 cm	fast ungestielt, gezähnt, ledrig, verschiedene Formen	weiß, sternähnlich, an verzweigten Stielen; VI – VIII	feuchte Standorte im Gebirge	eignet sich gut für den Rand eines Felsgartenteiches oder für Bachufer
Saxifraga umbrosa (Porzellanblümchen)	ausdauernde Pflanze. Bildet hübsche Rosette; H: 30 cm	mittel- bis dunkelgrün, dick und ledrig	rosa, sternförmig, in lockeren Rispen; V	Gebirge, Wälder und Schluchten	am besten halbschattig
Sedum acre (Mauerpfeffer)	teppichbildende, unbehaarte, immergrüne Pflanze; H: 2,5 – 10 cm	gelbgrün, stumpf-kegelförmig, scharf schmeckend	gelb, in abgeflachten Blumenköpfen; VI – VII	Kalksteinfelsen, Mauern und Dächer, trockene Kalkböden	eignet sich zur Mauerbepflanzung und als Blütendecke über Steinen
Sedum album (Weiße Fetthenne)	teppichbildende, unbehaarte, immergrüne Pflanze; H: 3,5 – 15 cm	länglich, walzenförmig, wechselständig	weiß, zahlreich in lockeren Blütenständen; VII	Kalksteinfelsen, Mauern, trockene Kalkböden	wie *Sedum acre*
Sempervivum tectorum (Dachwurz)	ausdauernde Pflanze. Bildet fleischige Rosetten; H: 5 – 7	grün mit rotbraunen Spitzen	purpurrosa, zahlreich; VII	kommt verwildert auf Mauern und Dächern vor	durchlässiger Boden, sonnig
Umbilicus rupestris (Felsennabelkraut)	fleischige, ausdauernde Pflanze; H: 5 – 7 cm auf trockenen Mauern, 30 cm an feuchten Standorten	scheibenähnlich, mit Grübchen in der Mitte. Bilden lockere Rosette	grünweiß mit roten Punkten, in einzelner Ähre; VI – VIII	Felsritzen, Mauern und heckenbewachsene Böschungen auf saurem Boden	in Felsgärten oder auf Mauern, torfreicher Boden

ANHANG

Pflanzen, die Tiere anlocken

Nektarerzeugende Pflanzen, die Bienen und Schmetterlinge anlocken
(Die römischen Zahlen bezeichnen die Blütenmonate)

Akelei, *Aquilegia vulgaris*, V—VII
Besenheide, *Calluna vulgaris*, VIII—IX
Blutweiderich, *Lythrum salicaria*, VIII—IX
Dost, *Origanum vulgare*, VII—IX
Flockenblumen, *Centaurea*arten, VII—IX
Gänseblümchen, *Bellis perennis*, III—XII
Glockenblumen, *Campanula*arten, VI—VIII
Grasnelke, *Armeria maritima*, IV—IX
Greiskraut, *Senecia*arten, I—XII
Günsel, *Ajuga reptans*, V—VII
Heidekraut, *Erica*arten, IV—VIII
Herbstzeitlose, *Colchicum autumnale*, IX—X
Johannisapfel, *Malus pumila*, V
Klee, *Trifolium*arten, V—IV
Königskerzen, *Verbascum*arten, VI—IX
Leinkraut, *Linaria*arten, V—X
Minzen, *Mentha*arten, VI—IX
Schafgarbe, *Achillea millefolium*, VI—VIII
Schlehe, *Prunus spinosa*, III—V
Schlüsselblume, *Primula veris*, IV—V
Seifenkraut, *Saponaria officinalis*, VIII—X
Stechginster, *Ulex europaeus*, V—VII
Thymian, *Thymus*arten, VI—VIII
Weiden, *Salix*arten, III—V
Weidenröschen, *Epilobium*arten, VI—IX
Zitronenmelisse, *Melissa officinalis*, V—VII

Früchte- und samentragende Pflanzen, die Vögel und andere Tiere anlocken

Birken, *Betula*arten (Samen)
Bittersüßer Nachtschatten, *Solanum dulcamara* (Beeren)
Disteln, *Carduus*-, *Cirsium*- und *Onopordum*arten (Samen)
Eberesche, *Sorbus aucuparia* (Beeren)
Efeu, *Hedera helix* (Beeren)
Eibe, *Taxus baccata* (Beeren)
Erdbeerbaum, *Arbutus unedo* (Früchte)
Geißblatt, *Lonicera*arten (Beeren)
Hasel, *Corylus avellana* (Nüsse)
Holunder, *Sambucus nigra* (Früchte)
Kiefern, *Pinus*arten (Samen)
Kirschbäume, *Prunus*arten (Früchte)
Kreuzdorn, *Rhamnus cathartica* (Beeren)
Lauchkraut, *Alliaria petiolata* (Samen)
Liguster, *Ligustrum vulgare* (Beeren)
Mannsblut, *Hypericum androsaemum* (beerenähnliche Früchte)
Schmerwurz, *Tamus communis* (Beeren)
Schneeball, *Viburnum*arten (Beeren)
Seidelbast, *Daphne mezereum* (Beeren)
Stechpalme, *Ilex aquifolium* (Beeren)
Sternmieren, *Stellaria*arten (Samen)
Vergißmeinnicht, *Myosotis*arten (Samen)
Weberkarde, *Dipsacus sativus* (Samen)
Weißdorn, *Crataegus*arten (Früchte)
Wildwachsende Aronstäbe, *Arum*arten (Beeren)
Zaunrübe, *Bryonia dioica* (Beeren)

Pflanzen für spezielle Standorte

Bodendecker
1. Krautpflanzen
Ehrenpreis, *Veronica*arten
Fetthennen, *Sedum*arten
Frauenmantel, *Alchemilla vulgaris*
Goldnessel, *Lamiastrum galeobdolon*
Günsel, *Ajuga reptans*
Gundelrebe, *Glecoma hederacea*
Pfennigkraut, *Lysimachia nummularia*
Poleiminze, *Mentha pulegium*
Maiglöckchen, *Convallaria majalis*
Waldmeister, *Asperula odorata*

2. Sträucher
Bärentraube, *Arctostaphylos uva-ursi*
Besenheide, *Calluna vulgaris*
Efeu, *Hedera*, große Auswahl
Heidekraut, die meisten *Erica*arten
Heidelbeere, *Vaccinium myrtillus*
Immergrüne, *Vinca*, große Auswahl
Krähenbeere, *Empetrum nigrum*
Preiselbeere, *Vaccinium vitis-idaea*
Silberwurz, *Dryas octopetala*
Sonnenröschen, *Helianthemum*arten
Thymian, *Thymus*arten
Wacholder, *Juniperus communis* var. *montana*

Bäume und Sträucher, die sowohl äußerst sauren als auch äußerst alkalischen Boden vertragen
Eibe, *Taxus baccata*
Espe, *Populus tremula*
Faulbaum, *Rhamnus frangula*
Graupappel, *Populus canescens*
Grauweide, *Salix cinerea*
Holunder, *Sambucus nigra*
Liguster, *Ligustrum vulgaris*
Moorbirke, *Betula pubescens*
Oxelbeere, *Sorbus intermedia*
Rotbuche, *Fagus sylvatica*
Salweide, *Salix caprea*
Sauerdorn, *Berberis vulgaris*
Schneeball, *Viburnum opulus*
Silberpappel, *Populus alba*
Stechpalme, *Ilex aquifolium*
Stieleiche, *Quercus robur*
Wacholder, *Juniperus communis*
Waldkiefer, *Pinus sylvestris*
Weißbirke, Hängebirke, *Betula pendula*
Weißdorn, *Crataegus monogyna*

Pflanzen für schattige Standorte
Akelei, *Aquilegia vulgaris*
Beinwell, *Symphytum officinale*
Eisenhut, *Aconitum napellus*
Gefleckte Taubnessel, *Lamium maculatum*
Grüne Nieswurz, *Helleborus viridis*
Jakobsleiter, *Polemonium caeruleum*
Lorbeerseidelbast, *Daphne laureola*
Lungenkraut, *Pulmonaria officinalis*
Neapolitanisches Alpenveilchen, *Cyclamen neapolitanum*
Nesselblättrige Glockenblume, *Campanula trachelium*
Ochsenzunge, *Pentaglottis sempervirens*
Perlpfötchen, Silberimmortelle, *Anaphalis margaritacea*
Roter Fingerhut, *Digitalis purpurea*
Salomonssiegel, Weißwurz, *Polygonatum multiflorum*
Sterndolde, *Astrantia major*
Storchschnabel, *Geranium versicolor*
Waldsauerklee, *Oxalis acetosella*
Waldveilchen, *Viola reichenbachiana*
Waldvergißmeinnicht, *Myosotis sylvatica*

Pflanzen für sonnige Standorte
Ackergauchheil, *Anagallis arvensis*
Bergstorchschnabel, *Geranium pyrenaicum*
Erdrauch, *Fumaria*arten
Eselsdistel, *Onopordum acanthium*
Gamanderehrenpreis, *Veronica chamaedrys*
Gelber Hornmohn, *Glaucium flavum*
Klatschmohn, *Papaver rhoeas*

Königskerzen, *Verbascum*arten
Labkraut, *Galium verum*
Leinkraut, *Linaria vulgaris*
Natternkopf, *Echium vulgare*
Nelken, *Dianthus*arten
Resede, *Reseda lutea*
Ruprechtskraut, *Geranium robertianum*
Saatwucherblume, *Chrysanthemum segetum*
Sonnenröschen, *Helianthemum*arten
Stranddistel, *Eryngium maritimum*
Wegwarte, *Cichorium intybus*

Kletter- und Kriechpflanzen
Ackerwinde, *Convolvulus arvensis*
Bittersüßer Nachtschatten, *Solanum dulcamara*
Efeu, *Hedera helix*
Feldrose, *Rosa arvensis*
Felsenröschen, *Loiseleuria procumbens*
Hopfen, *Humulus lupulus*
Immergrüne, *Vinca*arten
Platterbse, *Lathyrus latifolius*
Schmerwurz, *Tamus communis*
Waldgeißblatt, *Lonicera periclymenum*
Waldrebe, *Clematis vitalba*
Zaunrübe, *Bryonia dioica*
Zaunwinden, *Calystegia*arten

Wiesenblumen- und Wiesengras-Samenmischungen

Wiesenblumen und Gräser für Tonböden
% PRO GRASART
40,0 *Festuca rubra* ssp. *commutata*, Rotschwingel
35,0 *Festuca rubra* ssp. *rubra*, Rotschwingel
3,0 *Hordeum secalinum*, Knotengerste
3,0 *Trisetum flavescens*, Wiesengoldhafer
2,0 *Anthoxanthum odoratum*, Ruchgras
2,0 *Briza media*, Zittergras

% PRO WIESENBLUMENART
2,0 *Rhinanthus minor*, Kleiner Klappertopf
1,5 *Anthyllis vulneraria*, Wundklee
1,5 *Primula veris*, Schlüsselblume
1,0 *Galium verum*, Labkraut
1,0 *Chrysanthemum leucanthemum*, Margerite
1,0 *Malva moschata*, Moschusmalve
1,0 *Medicago lupulina*, Hopfenklee
1,0 *Plantago media*, Mittlerer Wegerich
1,0 *Prunella vulgaris*, Braunelle
1,0 *Stachys officinalis*, Ziest, Betonie
0,5 *Achillea millefolium*, Schafgarbe
0,5 *Leontodon autumnalis*, Herbstlöwenzahn
0,5 *Leontodon hispidus*, Rauher Löwenzahn
0,5 *Linaria vulgaris*, Leinkraut
0,5 *Ranunculus repens*, Kriechender Hahnenfuß
0,5 *Saxifraga granulata*, Knollensteinbrech

Wiesenblumen und Gräser für Lehm- und Schwemmlandböden
% PRO GRASART
25,0 *Festuca rubra* ssp. *commutata*, Rotschwingel
25,0 *Festuca rubra* ssp. *rubra*, Rotschwingel
10,0 *Alopecurus pratensis*, Wiesenfuchsschwanz
10,0 *Cynosurus cristatus*, Wiesenkammgras
10,0 *Poa pratensis*, Wiesenrispengras
5,0 *Agrostis tenuis*, Rotes Straußgras

% PRO WIESENBLUMENART
2,0 *Sanguisorba minor*, Kleiner Wiesenknopf
1,5 *Agrimonia eupatoria*, Odermennig
1,5 *Ranunculus acris*, Scharfer Hahnenfuß
1,5 *Rhinanthus minor*, Kleiner Klappertopf
1,0 *Centaurea nigra*, Schwarze Flockenblume
1,0 *Echium vulgare*, Gemeiner Natterkopf
1,0 *Knautia arvensis*, Ackerskabiose
1,0 *Plantago lanceolata*, Spitzwegerich
0,5 *Daucus carota*, Wilde Möhre
0,5 *Chrysanthemum leucanthemum*, Margerite
0,5 *Linaria vulgaris*, Leinkraut
0,5 *Lychnis flos-cuculi*, Kuckuckslichtnelke
0,5 *Primula veris*, Schlüsselblume
0,5 *Rumex acetosa*, Sauerampfer
0,5 *Sanguisorba officinalis*, Großer Wiesenknopf
0,5 *Silene pratensis*, Weiße Lichtnelke
0,5 *Tragopogon pratensis*, Wiesenbocksbart

Wiesenblumen und Gräser für Kalk- und Kalksteinböden
% PRO GRASART
35,0 *Festuca rubra* ssp. *commutata*, Rotschwingel
23,0 *Festuca rubra* ssp. *rubra*, Rotschwingel
20,0 *Cynosurus cristatus*, Wiesenkammgras
5,0 *Trisetum flavescens*, Wiesengoldhafer
2,0 *Briza media*, Zittergras

% PRO WIESENBLUMENART
1,0 *Primula veris*, Schlüsselblume
1,0 *Anthyllis vulneraria*, Wundklee
1,0 *Campanula glomerata*, Büschelglockenblume
1,0 *Filipendula vulgaris*, Knolliges Mädesüß
1,0 *Chrysanthemum leucanthemum*, Margerite
1,0 *Plantago media*, Mittlerer Wegerich
1,0 *Prunella vulgaris*, Braunelle
1,0 *Reseda lutea*, Gelbe Resede
1,0 *Scabiosa columbaria*, Taubenskabiose
0,5 *Blackstonia perfoliata*, Verwachsenblättriger Bitterling
0,5 *Campanula rotundifolia*, Rundblättrige Glockenblume
0,5 *Galium verum*, Labkraut
0,5 *Hieracium pilosella*, Habichtskraut
0,5 *Helianthemum nummularium*, Sonnenröschen
0,5 *Hippocrepis comosa*, Hufeisenklee
0,5 *Leontodon hispidus*, Rauher Löwenzahn
0,5 *Linaria vulgaris*, Leinkraut
0,5 *Medicago lupulina*, Hopfenklee
0,5 *Origanum vulgare*, Dost

Glossar

Achse Teil der Pflanze, um den ihre einzelnen Organe angeordnet sind.
Alkalisch »Alkalisch« ist ein Boden, dessen pH-Wert über 7,0 liegt. Er zeichnet sich normalerweise durch einen verhältnismäßig hohen Kalkgehalt aus.
Alpenpflanze Pflanze, die in freier Natur an Berghängen wächst und sich für Fels- oder Steingärten eignet.
Art Gruppe von Pflanzen, die einander ähneln, sich gegenseitig befruchten und dieselben konstanten, charakteristischen Merkmale aufweisen.
Ausdauernd (mehrjährig) Bezeichnung für eine Pflanze, die mehrere Jahre alt wird und immer wieder blüht, auch Staude genannt.
Ausländische Art Pflanzenart, die in dem Land, in dem sie wächst, nicht heimisch ist und sich dort auch nicht einbürgern kann.
Ausläufer (Stolon) Kriechender Sproß, der sich in gewissen Abständen bewurzelt.

Beetpflanze Jede blühende einjährige Pflanze, die im traditionellen Garten angepflanzt wird, um zu einer bestimmten Jahreszeit prächtige Blütenteppiche zu bilden.
Bewimpert (gefranst) Mit fransigem Rand.
Blattachsel Der von Blatt und Stengel gebildete Winkel.
Bodendecke, Bodendecker Niedrige Sträucher oder Krautpflanzen von dichtem Wuchs, die den Boden, aus dem sie wachsen, bedecken.
Breitwürfig säen Samen über eine Bodenfläche verstreuen, statt sie in deutlich erkennbaren Reihen oder Rillen auszusäen.
Bulbillen (Brutzwiebeln) Kleine Zwiebelchen oder Knöllchen, die an manchen Pflanzen wachsen. Man kann sie abtrennen. Sie wachsen und entwickeln sich zu großen Zwiebeln.

Dolde Blütenstand, bei dem die Blütenstiele alle von der Spitze des Hauptblütenstengels ausgehen.
Doldentraube Flacher Blütenkopf mit verschieden langen Blüten, die in einer Höhe angeordnet sind.
Dreiblättrig Mit drei Blättchen (Einzelblättern).
Dreikantig Dreieckig und scharfkantig.

Einbürgern Pflanzen unter Bedingungen anbauen, die so nahe wie möglich an die natürlichen herankommen. Eingebürgerte Arten sind Pflanzen, die ursprünglich aus anderen Ländern eingeführt wurden, sich aber dann in freier Natur selbst ausgesät haben.
Einjährige Pflanze Pflanze, die innerhalb eines Zeitraums von 12 Monaten keimt, wächst, blüht, Samen bildet und abstirbt.
Eirund Bezeichnung für ein eiförmiges Blatt.

Feinbehaart (flaumig) Mit zarten Härchen besetzt.
Fiederblättchen Zweite Unterteilung eines gefiederten Blattes.
Filzig Behaart, dicht mit kurzen Haaren bedeckt.

Gefiedert Bezeichnung für ein federförmiges Blatt, bei dem an jeder Seite mehrere Blättchen oder Teilblätter um einen Blattstiel herum angeordnet sind.
Gestielt Mit einem Blütenstiel versehen.
Gezähnt Bezeichnung für Blätter mit gezähnten Rändern.
Grundständig Vom Grund des Stengels aus wachsend.

Habitat Natürlicher Lebensraum.
Halde Ähnlich wie **Moräne**; wird jedoch im allgemeinen von oben mit Wasser versorgt (S. **Moräne**).
Handförmig Bezeichnung für ein Blatt, das wie eine Hand geformt ist.

Heimisch Bezeichnung für eine Pflanzen- oder Tierart, die in einem Gebiet oder Land einheimisch ist.
Humus Verrottete organische Stoffe. Humus ist eher ein Bodenverbesserer als ein Dünger.
Hybride Ergebnis einer Kreuzung zwischen verschiedenen Pflanzenarten. Wird manchmal durch ein Kreuz im lateinischen Namen gekennzeichnet (z.B. *Erica* x *darleyens*).

Immergrüne Pflanzen Bezeichnung für Pflanzen, die ihre Blätter nicht auf einmal, sondern allmählich abwerfen und das ganze Jahr hindurch immer wieder durch neue ersetzen.

Kalk Kalziumkarbonat; der chemischen Zusammensetzung nach identisch mit Kalkstein. Man verwendet ihn, um dem hohen Säuregehalt eines Bodens entgegenzuwirken. Kalkböden haben einen hohen pH-Wert.
Kalkflieher Pflanzen, die im kalkhaltigen Boden nicht gut gedeihen.
Kalkhaltig Als »kalkhaltig« bezeichnet man einen Boden, der entweder Kalk oder Kalkstein enthält.
Knolle Verdicktes unterirdisches Speicherorgan
Kolben Ähre mit fleischiger Achse (s. auch **Achse**).
Kompost Endprodukt verrotteter pflanzlicher Materialien.
Konifere (Nadelbaum) Zapfentragender Baum.
Korbblütler Pflanzen, deren Blütenkopf aus mehreren kleinen Einzelblüten besteht.
Krautpflanzen Bezeichnung für Pflanzen von weichem, saftigem oder fleischigem (nicht holzigem) Wuchs.
Kulturvarietät (Cultivar) Kultivierte Varietät, die entweder absichtlich gezüchtet wurde oder spontan entstanden ist; sie läßt sich nicht durch Samen vermehren (s. auch **Varietät**).

Lanzettlich Bezeichnung für ein lanzenförmiges Blatt, das länger ist als breit und an beiden Enden spitz zuläuft.
Laubabwerfende Pflanzen Bezeichnung für Pflanzen, die ihre Blätter im Winter abwerfen.
Lehm Normalerweise eine Bodenmischung aus Sand, Ton und Humus, die sich nicht genau definieren läßt.
Linealisch Schmal.

Moor Nasses Gelände mit saurem Boden. Es ist nicht so naß, daß die Pflanzen ständig unter Wasser stehen, aber auch nicht so trocken, daß die Wurzeln austrocknen.
Moräne Beet mit kleinen Steinen oder Kies, im allgemeinen für Alpenpflanzen. Es wird — im Gegensatz zur Halde — in der Regel von unten mit Wasser gespeist (vgl. auch **Halde**).

Nicht winterhart Bezeichnung für eine Pflanze, die Winterschutz braucht oder vor den Frösten ins Haus muß.

Panaschierung Weiße oder gelbe Flecken, Tupfen oder Streifen auf grünen Blättern. Sie entstehen durch Mutation, einen gutartigen Virus oder Mineralstoffmangel.
Pfahlwurzel Gerade Wurzel, die oben dicker ist als unten und aus der kleine Würzelchen hervorsprießen.
Pfeilförmig Bezeichnung für ein Blatt, die die Form eines Pfeiles hat. Die beiden nach hinten ragenden Lappen geben ihm das Aussehen einer Pfeilspitze.

Rhizom Unterirdischer Wurzelstock, der im allgemeinen waagerecht wächst und aus dem in einer kleinen Entfernung von der Mutterpflanze neue Triebe hervorsprießen.
Rispe Mehrfach verzweigte Traube.
Ruhezeit Vegetationspause bei

Pflanzen. Wird im allgemeinen durch niedrige Temperaturen ausgelöst.

Sauer Als »sauer« bezeichnet man einen Boden, dessen pH-Wert unter 7,0 liegt.

Sauerstofferzeugende Pflanze (Oxygenator) Bezeichnung für eine Pflanze, die im Wasser oder unter Wasser wächst und Sauerstoff erzeugt.

Schildförmig Bezeichnung für ein Blatt, das die Form eines Schildes hat und dessen Blattstiel genau in der Mitte sitzt.

Sessil Ungestielt, stiellos.

Staubbeutel Oberster Teil des Staubgefäßes, der den Pollen enthält.

Sumpf Ständig feuchtes Gelände.

Tonboden Bodenmischung aus sehr feinem Sand und Tonerde. Tonboden speichert Feuchtigkeit, ist schwer und klumpig, aber im allgemeinen fruchtbar, wenn man ihn entsprechend behandelt.

Torf Boden aus Moorgebieten. Moostorf entsteht hauptsächlich aus verwestem Torfmoos, Riedgrastorf dagegen aus den Wurzeln und Blättern von Riedgräsern.

Traube Nicht verzweigter Blütenstand, dessen Blüten an gleich langen Stielen sitzen.

Tröpfchenbewässerung Bewässerungssystem, bei dem einzelne Pflanzen oder Töpfe mittels biegsamer, dünner Rohrleitungen und verstellbarer Düsen mit Wasser beträufelt werden.

Uferpflanzen Pflanzen, die im seichten Wasser am Ufer oder Rand eines Teiches wachsen und aus dem Wasser herausragen.

Varietät Spielart oder -arten einer Art; Pflanzengruppe, die sich durch charakteristische Merkmale von der Stammart unterscheidet, aber nicht als gesonderte Art geführt zu werden verdient.

Vernalisieren Eine Pflanze oder Zwiebel zur Förderung einer zeitigen Blüte niedrigen Temperaturen aussetzen. Den Vorgang bezeichnet man als **Vernalisation**.

Wasserpflanze Pflanze jeder beliebigen Gattung, die hauptsächlich im Wasser wächst.

Wuchstyp oder Habitus Allgemeines Erscheinungsbild oder Wachstumsweise einer Pflanze - z.B. aufrecht, wuchernd, kriechend etc.

Wurzelballen Im Boden eingebettete Wurzelmasse.

Wurzelhals Über der Wurzel liegende Zone, aus der sich die Sproßachse erhebt.

Zugespitzt Bezeichnung für Blätter, die in einer langen, schmalen Spitze auslaufen.

Zurückgeschlagene Blütenblätter Herabhängende Petalen, z.B. bei einer Schwertlilienblüte.

Zweijährige Pflanze Pflanze, die innerhalb eines Zeitraums von zwei Jahren keimt, wächst, blüht, Samen bildet und abstirbt.

Zwiebel Speicherorgan mit fleischigen Schuppen oder geschwollener Blattbasis. Enthält Nährstoffe für eine Ruhezeit.

Geschützte Pflanzen

Folgende im Buch behandelte Arten sind nach der Bundesartenschutzverordnung vom 25. 8. 1980 gesetzlich geschützt:

Aconitum napellus ssp. hians (Klaffender Eisenhut)
Aconitum napellus (Eisenhut)
Anacamptis pyramidalis (Pyramiden-Spitzorchis)
Antennaria dioica (Katzenpfötchen)
Aquilegia vulgaris (Gemeine Akelei)
Arctostaphylos uva-ursi (Echte Bärentraube)
Betula nana (Zwerg-Birke)
Blackstonia perfoliata (Verwachsenblättriger Bitterling)
Blechnum spicant (Rippenfarn)
Calla palustris (Sumpf-Schlangenwurz)
Cryptogramma crispa (Krauser Rollfarn)
Cypripedium calceolus (Frauenschuh)
Daphne laureola (Lorbeer-Seidelbast)
Dianthus gratianopholitanus (Pfingstnelke)
Epipactis palustris (Sumpf-Stendelwurz)
Eryngium maritimum (Strand-Mannstreu)
Fritillaria meleagris (Schachblume)
Galanthus nivalis (Schneeglöckchen)
Gentiana verna (Frühlings-Enzian)
Gladiolus palustris (Sumpf-Siegwurz)
Helianthemum apenninum (Apenninen-Sonnenröschen)
Helianthemum canum (Graufilziges Sonnenröschen)
Helleborus niger (Christrose)
Helleborus viridis (Grüne Nieswurz)
Hottonia palustris (Wasserfeder)
Hyacinthoides non-scripta (Hasenglöckchen)
Inula hirta (Rauhaariger Alant)
Iris foetidissima
Ledum palustre (Sumpf-Porst)
Leucojum aestivum (Sommer-Knotenblume)
Leucojum vernum (Frühlings-Knotenblume)
Linnaea borealis (Moosglöckchen)
Muscari neglectum (Weinberg-Traubenhyazinthe)
Narcissus pseudonarcissus (Gelbe Narzisse)
Narthecium ossifragum (Beinbrech, Ährenlilie)
Nuphar alba (Weiße-Seerose)
Nuphar pumila (Zwerg-Teichrose)
Osmunda regalis (Königsfarn)
Phyllitis scolopendrium (Hirschzunge)
Polemonium caeruleum (Blaue Himmelsleiter)
Polystichum aculeatum (Schildfarn)
Primula farinosa (Mehlprimel)
Primula vulgaris (Stengellose Schlüsselblume)
Pulsatilla vulgaris (Gewöhnliche Küchenschelle)
Ranunculus lingua (Zungen-Hahnenfuß)
Saxifraga oppositifolia (Bodensee-Steinbrech)

Pflanzen-Register

Acer campestre 73, 116, 146
Achillea millefolium 51, 58, 60, 142, 158, 159
Ackergauchheil 158
Acker-Glockenblume 44
Ackerminze 101, 153
Ackerskabiose 28, 58, 65, 159
Ackerwinde 159
Aconitum napellus 158
Acorus calamus 27, 88, 154
Adonis annua 64
Adoxa moschatellina 71
Agrimonia eupatoria 159
Agropyron repens 26, 136
— canina 145
— capillaris 145
— tenuis 159
Ajuga reptans 158
Akelei 16, 24, 29, 33, 42, 58, 158
Alchemilla alpina 117, 156
— vulgaris 158
— xanthochlora 151
Alisma lanceolatum 108
— plantago-aquatica 102, 108, 154
Alliaria petiolata 26, 101, 158
Allium cepa 99
— oleraceum 144
— schoenoprasum 99, 101, 152
— scorodoprasum 99
— ursinum 144
Alnus glutinosa 71
— incana 71
Alopecurus pratensis 145, 159
Alpenfrauenmantel 117, 156
Alpenpechnelke 117
Alpentragant 117
Alpenveilchen 26
Alpenvergißmeinnicht 157
Amberbaum 37
Amelanchier 85
— canadensis 36
Ampfer 26, 62, 134
Anacamptis pyramidalis 59
Anagallis arvensis 158
Anaphalis margaritacea 158
Andorn 100, 153
Andromeda polifolia 82, 148
Anemone nemorosa 6, 71, 73, 147
Angelica archangelica 98, 99, 100, 152
— sylvestris 100
Antennaria dioica 118, 156
Anthemis nobilis 96
Anthoxanthum odoratum 145, 159

Anthriscus cerefolium 96, 152
Anthyllis vulneraria 159
Apennin-Sonnenröschen 156
Apfelrose 41
Aquilegia vulgaris 33, 158
Arabis alpina 120
— caucasica 156
Aralia elata 9
Arbutus unedo 158
Arctostaphylos uva-ursi 84, 148, 158
Armeria maritima 116, 118, 158
Aronstab 94, 158
Artemisia absinthium 99, 100, 152
— maritima 100, 152
— vulgaris 100
Arum italicum 94, 151
— maculatum 94, 151
Arzneiengelwurz 100
Asiatische Bergenie 87
Asperula odorata 158
Asplenium adiantum-nigrum 89
— ruta-muraria 89
— trichomanes 88, 89, 150
Aster novae-angliae 51
— novi-belgii 51, 60
Astilbe 85
Astragalus alpinus 117
Astrantia major 158
Athyrium filix-femina 88, 90, 150
Avenula pubescens 145
Azalea calendulacea 80
— mollis 80

Bachbunge 106, 107
Bandgras 93
Bärenlauch 144
Bärentraube 158, 148
Bärlauch 40, 71
Beifuß 100
Beinbrech 110, 155
Beinwell 51, 100, 158
Bellis perennis 58, 60, 142, 158
Berberis vulgaris 158
Bergstorchschnabel 158
Berufkraut 109
Besenginster 81, 84, 119, 148
Besenheide 77, 78, 80, 81, 116, 148, 158
Betonie 159
Betula jacquemontii 71
— nana 114
— papyrifera 71
— pendula 71, 73, 146, 158
— pubescens 71, 158

Bibernelle 143
Bibernellrose 41, 116
Bitterklee 155
Bittersüßer Nachtschatten 38, 158, 159
Blackstonia perfoliata 159
Blasenfarn 89
Blaugrüne Segge 94
Blauroter Steinsame 117, 156
Blaustern 26
Blechnum spicant 90, 150
Blumenbinse 109, 154
Blutbuche 74
Blutweiderich 77, 107, 108, 155, 158
Borago officinalis 100, 152
Borretsch 98, 100, 152
Brachypodium pinnatum 64
— sylvaticum 91
Braunelle 24, 56, 65, 143, 159
Braunstieliger Streifenfarn 150
Breitblättrige Glockenblume 26
Breitblättriges Knabenkraut 106
Breitblättriges Wollgras 94
Brennessel 22, 52
Briza maxima 93, 150
— media 88, 93, 150, 159
— minor 93, 145
Brombeere 27, 28, 40, 73, 139
Bromus brizyformis 91
— erectus 92
— madritensis 92
— ramosus 91
Bryonia dioica 158, 159
Buche 28, 137
Buchsbaum 75
Buddleja 13, 27, 37, 52, 139
— alternifolia 52
— davidii 52
Buglossoides purpurocaerulea 156
Büschel-Glockenblume 26, 159
Buschwindröschen 6, 33, 40, 71, 73, 147
Butomus umbellatus 107, 109, 154
Butterblumen 56, 143

Calamintha nepeta 99, 152
— nepetoides 100
Calla palustris 27, 88
Callitriche 104
Calluna 80
— vulgaris 78, 81, 116, 148, 158
Caltha palustris 27, 107, 154
Campanula glomerata 158
— latifolia 26
— patula 42
— rapunculoides 44

— rotundifolia 118, 156, 159
— trachelium 158
Cardamine pratensis 51, 58, 142
Carex caryophyllea 94
— flacca 94
— pendula 88, 94, 150
— rostrata 94
— sylvatica 94
Carpinus betulus 73, 146
Carum carvi 96, 152
Cedrus atlantica 86
Centaurea cyanus 27, 51, 60, 158
— nigra 60, 142, 159
— scabiosa 59, 142
Centaurium erythraea 59
Chelidonium majus 73
Chenopodium bonus-henricus 99
Christrose 28
Chrysanthemum leucanthemum 58, 67, 142, 159
— parthenium 59
— segetum 159
— vulgare 98, 153
Clematis flammula 40
— macropetala 40
— montana 24, 60
— tangutica 40
— vitalba 38, 40, 60, 73, 147, 159
Colchicum autumnale 59, 144, 158
Comfrey 51
Convallaria majalis 73, 147, 158
Convolvulus arvensis 159
Cornus mas 42
— sanguinea 42, 73, 146
Cornwallheide 80, 85 148
Corydalis lutea 87, 156
Corylus avellana 27, 73, 147, 158
Cotinus coggygria 27
Cotoneaster horizontalis 29, 116
Crataegus monogyna 36, 146, 158
Crocus nudiflorus 116
Cryptogramma crispa 88
Cyclamen neapolitanum 158
Cymbalaria muralis 88, 114, 156
Cynosurus cristatus 159
Cyperus longus 106, 107, 154
Cypripedium calceolus 16, 19
Cystopteris fragilis 69
Cytisus prostratus 84
— scoparius 81, 84, 148

Daboecia cantabrica 80, 148
Dachwurz 114, 116, 119, 120, 157
Dactylis glomerata 63
Daphne laureola 94, 151, 158
— mezereum 94, 116, 158
Daucus carota 142, 159

Deutsches Weidelgras 63
Dianthus deltoides 116, 119, 156, 159
— gratianopolitanus 36
— plumarius 117
Dichternarzisse 144
Digitalis purpurea 27, 51, 73, 147, 158
Dipsacus sativus 158
— sylvestris 51
Distel 26, 44, 134, 139, 158
Dorniger Schildfarn 150
Dost 60, 67, 101, 158, 159
Dreiblatt 33
Drüsenhaarige Fetthenne 120
Dryas octopetala 116, 117, 156, 158
Dryopteris cristata 107
— filix-mas 88, 90, 150
— villarii 88

Eberesche 27, 68, 146, 158
Echium vulgare 159
Echte Kamille 18
Echte Kölme 152
Echte Kuhschelle 6
Echter Baldrian 99
Echter Dost 153
Echter Kreuzdorn 75
Echter Thymian 100
Echte Schlüsselblume 26
Echtes Labkraut 26
Echte Sumpfwurz 110
Efeu 28, 34, 50, 51, 76, 87, 158
Ehrenpreis 24, 56, 58, 60, 61, 143, 158
Eibe 75, 76, 137, 158
Eiche 60
Eichenfarn 150
Einbeere 40, 71
Eisenhut 42, 77, 158
Elfenblume 116, 118
Elodea canadensis 104
Elsbeere 68, 73
Empetrum nigrum 33, 158
Engelsüß 150
Engelwurz 43, 54, 98, 99, 152
Englischer Ginster 82
Epilobium angustifolium 51, 76
— hirsutum 154
Epimedium alpinum 116, 118
Epipactis palustris 110
Erdbeerbaum 158
Erdrauch 158
Erica 78, 158
— carnea 80
— ciliaris 82

— cinerea 81, 83, 148
— erigena 148
— mackaiana 81
— mediterranea 80
— tetralix 81, 82, 148
— vagans 80, 85, 148
Eriophorum angustifolium 94, 150
— latifolium 94
Erle 74
Eryngium maritimum 151, 159
Escallonia virgata 52
Eselsdistel 43, 158
Espe 74, 158
Eukalyptus 74
Eupatorium cannabinum 107, 154
Euphorbia amygdaloides 37
— lathyris 95, 151

Fagus sylvatica 158
Färberginster 59
Farne 26, 28, 86
Faulbaum 73, 75, 158
Federnelke 117
Feinschwingel 145
Felberich 154
Feldahorn 73, 74, 76, 116, 137, 146
Feldenzian 59
Feldmargerite 58
Feldrose 41, 147, 159
Felsennabelkraut 114, 157
Felsenröschen 159
Fenchel 54, 98, 99, 101, 152
Ferkelkraut 58, 60, 65, 142
Festuca altissima 92
— arundinacea 63, 91, 93, 150
— gigantea 91, 92
— ovina 48, 145
— rubra 145, 159
— tenuifolia 145
Fetthennen 48, 116, 158
Fetthennensteinbrech 157
Fieberklee 107, 111
Filipendula ulmaria 107, 154
— vulgaris 159
Filzrose 41
Fingerhut 12, 26, 34, 37, 42, 43, 57, 73, 77
Fingerstrauch 116
Flattergras 93
Flieder 27, 60
Flockenblume 58, 60, 65, 67, 158
Foeniculum vulgare 99, 101, 152
Frauenfarn 88, 90, 150
Frauenmantel 151, 158
Frauenschuh 16, 19
Fritillaria meleagris 6, 16, 60, 144

Froschlöffel 102, 108, 154
Frühlingsblaustern 145
Frühlingsenzian 116, 117, 156
Frühlingsfingerkraut 116, 157
Frühlingssegge 94
Fuchsia magellanica 43
Fuchsschwanzgras 145
Funkie 42, 95, 107

Gagea lutea 40
Gagelstrauch 149
Galanthus nivalis 144
Galium verum 59, 142, 159
Gallischer Stechginster 149
Galmeiveilchen 116
Gamander-Ehrenpreis 42, 44, 158
Gänseblümchen 54, 56, 58, 60, 61, 142, 158
Gänsekresse 120, 156
Gantianella campestris 59
Gartenkerbel 96, 152
Gartenmohn 18
Gauklerblume 105, 107, 155
Gefleckter Aronstab 94, 151
Gefleckte Taubnessel 158
Gegenblättriger Steinbrech 157
Geißblatt 28, 158
Gelbe Gauklerblume 108
Gelbe Narzisse 16, 26
Gelbe Resede 159
Gelber Hornmohn 158
Gelber Lerchensporn 156
Gelbes Steinkraut 74
Gelbe Teichrose 105
Gelbklee 143
Gelbstern 40
Gemeine Eberesche 36, 73
Gemeine Grasnelke 116
Gemeine Quecke 26
Gemeiner Baldrian 153
Gemeiner Liguster 73
Gemeiner Natterkopf 159
Gemeiner Sauerdorn 139
Gemeiner Schneeball 26, 72, 73, 74, 75, 76, 147
Gemeiner Wurmfarn 90
Gemeines Ferkelkraut 58
Gemeines Rispengras 145
Gemeines Zittergras 93
Gemeine Waldrebe 73
Genista anglica 82
— pilosa 148
— tinctoria 59
Gentiana verna 116, 117, 156
Geranium lucidum 118, 156
— pratense 33, 59, 142
— pyrenaicum 158

— robertianum 120, 156, 159
— rotundifolium 120
— versicolor 153
Gewöhnlicher Seidelbast 94
Gilbweiderich 57, 77, 108, 154
Gladiolus byzantinus 16
— illyricus 16, 17
— palustris 16, 17
Glänzender Storchschnabel 156
Glechoma hederacea 158
Glockenblume 24, 27, 118, 158
Glockenheide 82
Glyceria fluitans 94
— maxima 92, 105, 151
— plicata 94
Goldhafer 145
Goldnessel 38, 77, 158
Goldrute 51
Grabenveilchen 149
Grasnelke 27, 118, 158
Grauerle 71
Graues Sonnenröschen 114
Grauheide 81, 83, 148
Graupappel 158
Grauweide 158
Greiskraut 158
Grönländischer Porst 149
Großer Hahnenfuß 155
Großer Wiesenknopf 98, 159
Große Segge 94
Großes Zittergras 93, 150
Grüne Nieswurz 94, 151, 158
Gundelrebe 158
Gunnera magellanica 9
Günsel 158
Gurkenkraut 152
Guter Heinrich 99

Habichtskraut 101, 159
Hagebutte 40
Hahnenfuß 107
Hainbuche 60, 70, 72, 73, 137, 146
Hainveilchen 70, 71, 84, 147
Hängebirke 71, 158
Hängesegge 88, 94, 150
Hartriegel 42, 46, 132
Hasel 27, 37, 72, 73, 74, 147, 158
—, purpurblättrige 40
Hasenglöckchen 26, 34, 39, 42, 44, 71, 145
Hauhechel 143
Hechtkraut 108, 155
Hedera helix 158, 159
Heide 131
Heidekraut 27, 34, 54, 131, 132, 158
Heidelbeere 77, 81, 82, 149, 158

163

Heidenelke 16, 116, 119, 156
Helianthemum apenninum 156
— canum 114
— nummularium 114, 157, 159
Helichrysum angustifolium 99
Helleborus foetidus 94, 151
— viridis 94, 151, 158
Herbstadonisröschen 64
Herbstblaustern 145
Herbstkrokus 116
Herbstlöwenzahn 159
Herbstzeitlose 26, 37, 59, 62, 67, 144, 158
Herzblatt 110
Hieracium 101
— pilosella 159
Hierochloe odorata 94
Himbeerstrauch 27, 48, 73, 139
Hirschzunge 88, 89, 90, 150
Hohe Schlüsselblume 71, 72
Holcus lanatus 93, 145
Holunder, 28, 62, 73, 116, 147, 158
Honiggras 145
Hopfen 28, 40, 159
Hopfenklee 58, 67, 143, 159
Hordeum secalinum 145, 159
Hornklee 58, 67, 142
Hosta 42, 95
— fortunei 107
Hottonia palustris 104, 154
Hufeisenklee 159
Humulus lupulus 159
Hundskamille 22
Hundsrose 40, 41, 76, 147
Hundsstraußgras 145
Hundswurz 59
Hundszahn 36, 71
Hyacinthoides non-scripta 145
Hypericum androsaemum 39, 75, 152, 158
— calycinum 77
— humifusum 119
— montanum 77
— perforatum 39
Hypochoeris radicata 58, 60, 142

Igelkolben 105
Ilex aquifolium 27, 73, 75, 116, 146, 158
Immenblatt 101
Immergrün 28, 31, 60, 73, 147, 158, 159
Immergrüne Bärentraube 84
Immergrüne Beerentraube 54
Impatiens capensis 105
Irische Heide 80, 148

Iris cristata 72
— foetidissima 42, 94, 151
— pseudacorus 107, 109, 154
Italienischer Aronstab 151
Italienisches Weidelgras 64

Jakobsleiter 24, 158
Jasione montana 142
Johannisapfel 73, 146, 158
Johanniskraut 27, 39, 77, 119
Juniperus communis 158
— horizontalis 81, 116

Kalmus 27, 88, 154
Kanadische Felsenbirne 36, 68
Kanadische Wasserpest 104
Kanariengras 92, 151
Karde 51
Katzenmelisse 153
Katzenminze 153
Katzenpfötchen 118, 156
Kerbel 96, 98
Kibitzblume 144
Kiefer 74, 158
Klappertopf 143
Klatschmohn 22, 58, 153, 158
Klee 56, 67, 158
Kleine Braunelle 26, 54, 58, 59
Kleiner Klappertopf 159
Kleiner Klee 58, 143
Kleiner Wiesenknopf 67, 98, 143, 153, 159
Kleines Wintergrün 71, 149
Kleines Zittergras 93
Kleine Teichrose 105, 155
Knabenkraut 110
Knäuelgras 63
Knautia arvensis 58, 159
Knoblauchartiger Lauch 99
Knoblauchkraut 26, 28, 101
Knollenhahnenfuß 143
Knollensteinbrech 159
Knolliges Mädesüß 159
Knotenblume 109, 144
Knotengerste 145, 159
Königsfarn 86, 88, 107, 110, 112, 155
Königskerze 37, 51, 77, 158, 159
Kornblume 16, 18, 27, 51, 56, 58, 60, 64
Kornelkirsche 42
Kornrade 58, 64
Krähenbeere 158
Krauseminze 153
Krauser Rollfarn 88
Kratzdistel 52
Kreuzblättrige Wolfsmilch 151

Kreuzblume 116, 117, 157
Kreuzdorn 37, 76, 147, 158
Kriechende Gundelrebe 28
Kriechende Günsel 28, 31, 38, 71
Kriechende Hauhechel 59
Kriechender Hahnenfuß 159
Kriechwacholder 81, 116
Kriechweide 29, 116
Krokus 26
Küchenschelle 117
Küchenzwiebel 99
Kuckucksblume 107, 143
Kuckuckslichtnelke 108, 159
Kuhschelle 157
Kümmel 96, 152

Labkraut 59, 142, 159
Lagurus ovatus 92, 93, 151
Laichkraut 105
Lamium galeobdolon 27, 38
— maculatum 158
Langes Zypergras 106, 154
Lanzettlicher Froschlöffel 108
Lathyrus latifolius 159
Lauchkraut 158
Lavendel 60, 99
Lavendelheide 148
Lavandula 60, 99
Ledum palustre 82, 149
Leinkraut 44, 158, 159
Leontodon autumnalis 159
— hispidus 142, 159
Lerchensporn 22, 37, 87
Leucojum aestivum 144
— vernum 144
Levisticum officinale 99
Liebstöckel 99
Ligularia 94
Liguster 60, 75, 76, 137, 158
Ligusticum mutellina 99
— scoticum 152
Ligustrum vulgare 73, 158
Lilie 10, 42
Lilium giganteum 10, 11
Linaria vulgaris 158
Linnaea borealis 33, 71, 117, 149
Lithospermum purpurocaeruleum 117
Loiseleuria procumbens 159
Lolium multiflorum 64
— perenne 63
Lonicera periclymenum 60, 147, 158
Lorbeerseidelbast 75, 94, 151, 158
Lotus corniculatus 58, 142
— uliginosus 106
Löwenzahn 44, 56, 58, 60, 61

Lungenkraut 51, 158
Lychnis alpina 117
— flos-cuculi 107, 143, 159
Lysichitum americanum 86, 107
Lysimachia nummularia 88, 154, 158
— vulgaris 154
Lythrum salicaria 107, 155, 158

Mädesüß 107, 109, 154
Mahonia aquifolium 38, 75
Maianthemum bifolium 118, 157
Maiglöckchen 26, 40, 73, 147, 158
Majoran 54, 67, 98
Malus pumila 27, 73, 158
Malva moscata 143, 159
— sylvestris 59
Mannsblut 75, 152, 158
Margerite 56, 58, 62, 65, 66, 67, 131, 159
Mariengras 94
Marrubium vulgare 100, 153
Märzbecher 144
Mauerpfeffer 120, 157
Mauerraute 89
Mäusedorn 75
Meconopsis cambrica 31, 35
Medicago lupulina 143, 159
Meerwermut 152
Mehlbeere 73, 146
Mehlprimel 157
Melica uniflora 92, 93, 151
Melissa officinalis 101, 153, 158
Melittis melissophyllum 101
Mentha aquatica 98, 155
— arvensis 101, 153
— pulegium 98, 153, 158
— rotundifolia 101, 153
— spicata 153
Menyanthes trifoliata 107, 111, 155, 106
Mercurialis perennis 71
Mertensia virginica 51
Milchstern 73
Milium effusum 92, 93
Milzfarn 89
Mimulus guttatus 105, 107, 108, 155
Minze 98, 158
Mispel 68
Mittlerer Wegerich 159
Mohn 56, 60, 64, 129
Moneses uniflora 149
Moorbirke 71, 158
Moorfarn 107
Moorglöckchen 54, 82, 149
Moorheide 148

Moosauge 149
Moosbeere 82, 110, 149
Moosglöckchen 33, 71, 117, 149
Moossteinbrech 118, 157
Moschuskraut 71
Moschusmalve 143, 159
Muscari neglectum 144
Muskatellersalbei 99
Mutterkraut 59, 98
Mutterwurz 99
Myosotis alpestris 157
— palustris 105, 155
— sylvatica 71, 73, 147, 158
Myrica gale 149
Myriophyllum 104
— alterniflorum 104
Myrrhenkerbel 153
Myrrhis odorata 43, 98, 153

Nachtviole 37
Narcissus poeticus 144
— pseudonarcissus 16, 144
Narthecium ossifragum 82, 110, 155
Narzisse 37, 42, 62
Natternkopf 159
Neapolitanisches Alpenveilchen 158
Nelken 132, 159
Nelkenwurz 31
Nepeta cataria 153
Nessel 26, 52, 62, 139
Nesselblättrige Glockenblume 158
Neubelgische Aster 60
Nieswurz 54
Nuphar lutea 105
— pumila 105, 155
Nymphaea alba 105, 107, 155
— odorata 88
— pumila 105

Ochsenzunge 98, 158
Odermennig 159
Ononis repens 59, 143
— spinosa 143
Onopordum acanthium 43, 158
Orchidee 39, 62
Origanum vulgare 60, 67, 101, 153, 158, 159
Ornithogalum umbellatum 73, 144
Osmunda regalis 86, 88, 107, 110, 112, 155
Osterglocke 144
Oxalis acetosella 76, 158
Oxelbeere 158

Paeonia lutea 42
— mascula 42

Papaver rhoeas 60, 153, 158
— somniferum 96
Pappel 74
Pentaglottis sempervirens 158
Perlgras 92, 93, 151
Perlpfötchen 158
Perückenstrauch 27
Pestwurz 110, 151
Petasites hybridus 110, 151
Petersilie 96, 129
Petroselinum crispum 96, 129
Petunien 27
Pfeilkraut 105, 107, 155
Pfennigkraut 28, 34, 77, 88, 154, 158
Pferdeeppich 98
Pfingstnelke 36, 119
Pfingstrose 8, 42
Phalaris arundinacea 93
— canariensis 92, 151
— minor 92
Phleum pratense 63, 92
Phlox divaricata 32
— stolonifera 39
Phyllitis scolopendrium 88, 89, 90, 150
Pimpernell 98, 153
Pinus sylvestris 158
Plantago lanceolata 159
— media 143, 159
Platterbse 159
Poa pratensis 145, 159
— trivialis 145
Poleiminze 98, 153, 158
Polemonium caeruleum 158
Polstersteinbrech 118
Polygala calcarea 116, 117
— vulgaris 157
Polygonatum multiflorum 24, 88, 94, 151, 158
Polygonum baldschuanicum 27, 41
Polypodium vulgare 83, 89, 150
Polystichum aculeatum 150
Pontederia cordata 103, 155
Populus alba 158
— canescens 158
— tremula 158
Portulak 98
Porzellanblümchen 88, 116, 118, 157
Porzellansternchen 68
Potentilla fruticosa 125
— neumanniana 116, 157
Preiselbeere 54, 81, 82, 158
Primel 26, 42, 56, 71
Primula elatior 71, 72
— farinosa 157

— veris 58, 143, 158, 159
— vulgaris 73, 147
Prunella vulgaris 59, 143, 159
Prunus avium 27, 36, 73, 75, 146
— spinosa 73, 147, 158
Pulmonaria officinalis 158
Pulsatilla vulgaris 6, 117, 157
Purpurblättrige Hasel 40
Pyrola media 149
— minor 71, 149

Quecke 62, 136
Quendel 153
Quendel-Thymian 100
Quercus 60
— petraea 70
— robur 68, 158
Quitten 74

Rainfarn 54, 77, 98, 153
Ranunculus acris 58, 143, 159
— aquatilis 104, 155
— bulbosus 143
— ficaria 51, 71
— lingua 107, 155
— repens 159
Ranunkelmohn 96
Rauher Löwenzahn 142, 159
Rauschbeere 149
Reseda lutea 159
Rhamnus catharticus 75, 147, 158
— frangula 73, 75, 158
Rhinanthus minor 143, 159
Rhododendron 13, 32, 36, 42, 82, 85
— calendulaceum 80
— japonicum 80
— nudiflorum 80
Riedgras 94
Riesenschwingel 91, 92
Ringelblume 98, 101
Rippenfarn 90, 150
Rittersporn 8
Rodgersia 94
Rohrglanzgras 93
Rohrschwingel 63, 91, 93, 150
Römische Kamille 96, 152
Rosa arvensis 41, 147, 159
— canina 41, 147
— pimpinellifolia 41, 116
— rubiginosa 41
— rugosa 41
— tomentosa 41
— villosa 41
Rose 27, 46, 60
Rosenwurz 116, 117
Rosmarinheide 82, 110

Rosmarinus officinalis 60
Rotbeerige Zaunrübe 28, 40
Rotbuche 158
Rote Lichtnelke 24, 39, 42
Roter Fingerhut 27, 51, 147, 158
Roter Hartriegel 73, 146
Rotes Straußgras 145, 159
Rote Zaunrübenbeere 42
Rotklee 67, 143
Rotschwingel 145, 159
Rubus 27, 73
Ruchgras 145, 159
Rudbeckia hirta 51, 60
Rumex acetosa 143, 153, 159
Rundblättrige Glockenblume 26, 114, 156, 159
Rundblättrige Minze 101, 153
Ruprechtskraut 33, 118, 120, 156, 159

Saatwucherblume 159
Sagittaria sagittifolia 105, 107, 155
Salbei 99, 60, 51
Salix caprea 75, 158
— cinerea 153
— repens 29, 116
Salomonssiegel 24, 26, 40, 88, 95, 151, 158
Salvia officinalis 51, 60, 99
— sclarea 99
Salweide 16, 17, 75, 158
Sambucus nigra 73, 75, 116, 147, 158
Sammetgras 92, 93, 151
Sandginster 148
Sandglöckchen 142
Sanguisorba minor 67, 98, 143, 153, 159
— officinalis 98, 159
Saponaria officinalis 158
Sauerampfer 56, 143, 153, 159
Sauerdorn 153
Saxifraga aizoides 118, 157
— cespitosa 118
— granulata 159
— hypnoides 118, 157
— oppositifolia 116, 157
— stellaria 88, 118, 157
— umbrosa 88, 116, 118, 120, 157
Scabiosa columbaria 159
Schachblume 6, 26, 60, 62, 109
Schachbrettblume 16, 144
Schafgarbe 51, 58, 60, 142, 158, 159
Schaf-Schwingel 48, 145
Scharbockskraut 51, 71
Scharfer Hahnenfuß 58, 159

Schattenblume 118, 157
Schattensteinbrech 120
Scheinkalla 86, 107
Scheinmohn 31, 35
Scheinzypresse 27
Schlafmohn 96
Schlangenwurz 88
Schlehe 26, 37, 68, 73, 74, 76, 137, 147, 158
Schlingknöterich 27
Schlüsselblume 28, 54, 56, 58, 65, 72, 73, 143, 147, 158, 159
Schmalblättriges Weidenröschen 76
Schmalblättriges Wollgras 94
Schmerwurz 147, 158, 159
Schmetterlingsstrauch 27, 139
Schnabelsegge 94
Schneeball 28, 158
Schneeglöckchen 26, 42, 144
Schneeheide 80
Schnittlauch 99, 101, 152
Schöllkraut 28, 44, 73
Schöner Beinbrech 82
Schottische Mutterwurz 152
Schwaden 94, 151
Schwanenblume 107, 154
Schwarzbeerige Zaunrübe 28
Schwarze Flockenblume 131, 142, 159
Schwarze Krähenbeere 33
Schwarzer Holunder 75
Schwarzerle 71
Schwarzrost 139
Schwertlilie 39, 107, 108, 109
Scilla autumnalis 145
— verna 145
Scirpus lacustris 94, 108
— sylvaticus 94
— tabernaemontani 94
Scutellaria galericulata 106, 155
Sedum acre 116, 120, 157
— album 116, 120, 157
— anglicum 120
— reflexum 120
— rosea 116, 117
— spectabile 48
Seekanne 105, 155
Seerose 102, 105, 127
Seidelbast 116, 158
Seidenmohn 96
Seifenkraut 44, 98, 158
Sempervivum tectorum 114, 116, 119, 120, 157
Senecio-Arten 158
Shirley-Mohn 56, 96
Siebenstern 149
Silberblatt 20, 28, 77

Silberimmortelle 158
Silberpappel 158
Silberwurz 116, 117, 156, 158
Silene acaulis 119
— alba 39
— dioica 39
— pratensis 159
Skabiose 67
Skabiosen-Flockenblume 59, 142
Smyrnium olusatrum 98
Solanum dulcamara 38, 158, 159
Solidago canadensis 51
Sommerwurz 73
Sonnenhut 51, 60
Sonnenröschen 114, 130, 157, 158, 159
Sonnentau 110
Sorbus aria 73, 146
— aucuparia 27, 36, 73, 146, 158
— intermedia 158
— torminalis 73
Sparganium-Arten 105
Spitzsamen 151
Spitzwegerich 159
Stachys officinalis 159
Starrer Wurmfarn 88
Stechginster 81, 82, 116, 149, 158
Stechpalme 26, 27, 40, 42, 50, 51, 60, 73, 74, 76, 116, 137, 146, 158
Steinbrech 26, 116
Steinkraut 27
Steinquendel 99
Stengellose Kratzdistel 67
Stengelloses Leimkraut 114, 119
Sterndolde 158
Sternmiere 158
Sternsteinbrech 88, 157
Stern von Bethlehem 144
Stieleiche 70, 158
Stinkende Iris 42, 94, 151
Stinkender Nieswurz 94, 151
Storchschnabel 29, 77, 118, 120, 158
Strandbeifuß 100
Stranddistel 151, 159
Streifenfarn 88, 89
Sumpfdotterblume 27, 107, 108, 109, 154
Sumpffieberklee 106
Sumpfhelmkraut 106, 155
Sumpfhornklee 106
Sumpfkalla 27
Sumpfporst 82, 110
Sumpfschwertlilie 154
Sumpfsiegwurz 16, 17
Sumpfvergißmeinnicht 105, 106, 155
Süßdolde 29, 43, 98, 153

Süßkirsche 27, 36, 146
Symphoricarpos rivularis 75
Symphytum peregrinum 51
— officinale 51, 100, 158
Syringa vulgaris 27, 60

Tamariske 116
Tamarix gallica 116
Tamus communis 73, 147, 158, 159
Taraxacum officinale 58, 60
Taubenskabiose 159
Tausendblätter 104
Tausendgüldenkraut 59
Taxus baccata 158
Teichbinse 94, 108
Teichsimse 94
Thymian 22, 27, 31, 34, 38, 54, 60, 88, 96, 153, 158
Thymus-Arten 60, 88, 116, 158
— drucei 38
— praecox 100, 153
— pulegioides 100, 153
— vulgaris 100
Tragopogon pratensis 159
Traubenhyazinthe 144
Traubenkirsche 68, 75
Trespe 92
Trientalis europaea 149
Trifolium-Arten 158
— dubium 58, 143
— pratense 67, 143
Trillium grandiflorum 33, 71
Tripmadam 120
Trisetum flavescens 145, 159
Trompetennarzisse 144
Tüpfelfarn 88, 89, 90, 150

Ulex europaeus 80, 81, 83, 116, 149, 158
— gallii 83, 149
— minor 83, 149
Umbilicus rupestris 114, 157

Vaccinium microcarpum 82
— myrtillus 81, 82, 149, 158
— oxycoccos 82, 149
— uliginosum 149
— vitis-idaea 81, 82, 158
Valeriana officinalis 99, 153
Vanillegras 94
Veilchen 26, 28, 42, 71, 72, 73, 84
Verbascum thapsus 37, 158
Vergißmeinnicht 16, 26, 37, 158
Veronica anagallis-aquatica 106
— Arten 158
— beccabunga 106, 107
— chamaedrys 58, 60, 143, 158

Verwachsenblättriger Bitterling 159
Viburnum lantana 73
— opulus 73, 147, 158
Vinca 158, 159
— major 38, 73, 147
— minor 38, 60
Viola canina 84
— labradorica 38
— lactea 149
— lutea 116
— reichenbachiana 158
— riviniana 71, 73, 84, 147
— stagnina 84
Vogelkirsche 27, 36, 68, 73, 75, 146

Wacholder 75, 76, 158
Wahlenbergia hederacea 54, 82, 149
Waldbingelkraut 71
Waldengelwurz 100
Waldgeißblatt 38, 40, 147, 159
Waldhirse 92
Waldkiefer 158
Waldlilie 33, 71
Waldmeister 71, 158
Waldrebe 38, 40, 60, 147, 159
Waldrose 41
Waldsauerklee 76, 158
Waldschwingel 92
Waldsegge 94
Waldsimse 94
Waldtrespe 91
Waldveilchen 158
Waldvergißmeinnicht 71, 73, 147, 158
Waldzwenke 91
Wasserdost 107, 154
Wasserehrenpreis 106
Wasserfeder 104, 154
Wasserhahnenfuß 104, 155
Wasserminze 99, 155
Wasserschwaden 92, 105
Wasserstern 104
Weberkarde 158
Wechselblütiges Tausendblatt 104
Wegerich 143
Wegwarte 159
Weide 37, 74, 132, 158
Weidelgras 58
Weidenröschen 51, 77, 158
Weinrose 41
Weißbirke 73, 146, 158
Weißbuche 70, 146
Weißdorn 28, 36, 46, 60, 73, 76, 137, 146, 158

Weißdornsämlinge 28
Weißdornsträucher 37
Weiße Fetthenne 120, 157
Weiße Lichtnelke 39, 159
Weiße Schneebeere 75
Weiße Seerose 107, 155
Weiße Taubnessel 44
Weißklee 24, 58
Weißwurz 94, 151, 158
Wermut 99, 100, 152
Wicke 44
Wiesenbocksbart 159
Wiesenfuchsschwanz 159
Wiesenglockenblume 42
Wiesengoldhafer 159
Wiesenhafer 145
Wiesenkammgras 159
Wiesenklee 143
Wiesenknöterich 58
Wiesenkümmel 96
Wiesenlieschgras 63, 92
Wiesenmargerite 28, 142
Wiesenraute 109
Wiesenrispe 145
Wiesenrispengras 159
Wiesensalbei 131
Wiesenschaumkraut 28, 42, 51, 56, 58, 65, 108, 109, 142
Wiesenstorchschnabel 33, 59, 77, 130, 142
Wilde Malve 59
Wilde Möhre 142, 159
Wilder Majoran 67, 101
Wilde Rose 27, 28, 41
Wilder Wein 41
Wildgladiole 16
Wintereiche 70
Wintergrün 149
Winterlinde 74
Wohlriechende Seerose 88
Wolfsmilch 37, 54
Wollgras 94, 150
Wolliger Schneeball 26, 73, 74
Wolliges Honiggras 93
Wundklee 159
Wurmfarn 88, 90, 150

Zaunrübe 40, 158, 159
Zaunrübe, rotbeerige 28, 40
Zaunrübe, schwarzbeerige 28
Zaunwinde 159
Zerreiche 74
Ziertabak 27
Ziest 159
Zimbelkraut 13, 37, 88, 114, 156
Zistrose 82
Zitronenmelisse 98, 101, 153, 158

Zittergras 56, 64, 88, 91, 145, 150, 159
Zottiges Weidenröschen 154
Zwenke 64

Zwergbirke 114
Zwergiger Stechginster 83
Zwergmispel 29, 37, 116
Zypergras 107

Allgemeines Register

Abhang 29
Ableger, Vermehrung 131
Abwipfeln 139
Alkalische Böden 32
Alpengarten 54
Alpenwiese 61
Anzuchtbeete 131
Artenschutz 12
Aussaat 130, 133
— von Wiesenblumen 133

Bäume 36, 68, 72, 75, 136
—, früchtetragende und wildwachsende 75
— für den Waldgarten 72
—, Pflanzung 136
—, Pflege 136
bedrohte Pflanzen 6, 12, 16, 27, 138ff.
bedrohte Tiere 6, 12, 27, 48ff., 103, 112
Bepflanzung des Wildgartens 34
— eines Erdwalls 29
— eines Felsengartens 114ff.
— von Heidegärten 78
Bewässerung von Sämlingen 130
Bienen 51, 59, 67, 99, 100
Bienen, Kräuter für 100
Biologischer Lebensraum 16
Blattläuse 46, 47
Blumenrabatte 51, 64
Blumenrasen 56ff., 134
Blumensamenmischung 63
Blumenwiese 26, 54, 56ff., 58, 62, 65
—, Anlage 62ff.
—, Pflege 65
Boden 18, 122
Böden, alkalische 32
Bodenarten 32ff.
Bodenanalyse 122
Bodendecker 38
Boden, humusreicher 122
Böden, neutrale 33
Bodenproben 122
Bodenqualität 18, 122
Böden, saure 32, 36
Böschungen 26, 125
Brombeersträucher 22, 139, 140
Bundesartenschutzverordnung 16

Büsche 52

Deckfrucht 64

Erdwall 29, 123, 125ff.
Erdwall, Bepflanzung 29

Farbe im Wildgarten 42
Farne 14, 86, 88, 134ff.
Farngärten 86ff., 88
—, Pflanzen 134
—, Pflege 134
—, Vermehrung 135
Feldblumen, einjährige 14, 64
Feldblumenrabatte 64
Felsengarten 114ff., 116
—, Anlage 114ff.
—, Bepflanzung 114ff.
Früchtetragende wildwachsende Bäume 75
— wildwachsende Sträucher 75

Garten, grüner 54
Gartennützlinge 140
Garten, ökologischer 11
Gartenteich 102, 125, 127ff
—, Pflege 128
—, Umgestaltung 24, 27ff.
Gehölz 139
Gräben 26
Gräser 92
Grassamenmischung 63
Grundstück 24ff.
—, Verschönerung 28

Hagebutten 41
Halde 114
Hecke 76, 137
Heidegärten 34, 54, 78ff., 80
—, Anlage 78
—, Bepflanzung 78
Heidekrautgewächse 80ff.
Heusamenmischung 63
Himbeersträucher 22, 139
Humus 123
Humusreicher Boden 122

Immergrüne 76
Insekten 46, 66, 67

Jekyll, Gertrude 9, 10, 11

Kalkboden 122
Kalksteingarten 117
Keimung 130
Kiesgarten 54, 118
Kiesweg 128
Kleearten 14
Kletterpflanzen 12, 40, 74
Kompost 123
Koniferen 76
Kräuterbeet 99
Kräuter für Bienen 100
— für Schmetterlinge 100
— für Vögel 100
Kräuter-Wildgarten, Anlage 96
Krautschichtpflanzen 72, 74
Kriechpflanzen 12

Lauberde 124
Laubgärten 86ff.
Lebensraum, biologischer 16, 37
— für Pflanzen 6, 12, 27
— für Tiere 6, 12, 27, 48ff., 103, 112
—, geschlossener 37
Lehmboden 122

Mauern 125
Mischböden 33
Moorgärten 110
Moorpflanzer 110
Moos 14
Mulchen 124, 138

Nachtfalter 27, 51, 67, 99
Naturschutz 6, 12, 16
Nesseln 52, 139
Neutrale Böden 33

Ödland 22
Ökologisches Gleichgewicht 46
Ökologisch wichtige Pflanzen 50

Pflanzen auf Mauern 120
— für den Waldgarten 70
— für Felsblöcke 84
— für feuchte Böden 82
— für saure Böden 118
— für trockene Heidegrundstücke 83
Pflanzengemeinschaften 34
Pflanzen, Lebensraum 6, 12, 27
—, mehrjährige 12, 29
— mit dekorativen Blättern 94
—, polsterbildende 38
Pflanzenschutz 138ff.

Pflanzen, Selbstvermehrung 38
—, vertikal wachsende 43
Pflanzenwelt des Teiches 102
Planung eines Wildgartens 21ff.
Polsterbildende Pflanzen 38
PVC-Folie 127

Riedgräser 94
Robinson, William 8
Romantischer Wildgarten 8, 11
Rosen 41

Saatgut, Lagern 129
—, Sammeln 129
Samen von wildwachsenden Blumen 6
Sämlinge, Bewässerung 130
Sandböden 122
Saure Böden 32, 36
Schädlingsbekämpfung 140
Schattenspender 42
Schlingpflanzen 40
Schmetterlinge 16, 27, 51, 67, 99
—, Kräuter für 100
Schneiden 44
Schönheitsbegriff, geänderter 6, 17
Schutzpflanzung 24, 28
Selbstvermehrung von Pflanzen 38
Stecklingsvermehrung 132
Steingarten 33, 118
Steinplatten 128
Stratifizieren 129, 131
Straucharten 12
Sträucher 36, 74, 75, 136
—, früchtetragende und wildwachsende 75
—, Pflege 136
Stutzen 44
Stützmauer 126
Sumpfgärten 108
Sumpfpflanzen 110

Tagschmetterlinge 67
Teichpflanzen 102
Teilung 132
Torfblöcken, Terrasse aus 125
Terrassen 29
Tiere, Lebensraum 6, 12, 27, 48ff., 112
—, Unterschlupf 48ff
Tiergäste aus Wald und Wiese 16ff.
Tierwelt des Teiches 102
Tonboden 122
Torfmoos 110
Trittsteine 128
Trockenmauer 28, 126

Ufergarten 22

Uferpflanzen 103, 105, 110
Umgestaltung des Gartens 24, 27ff.
Umweltschutz 16
Unkrautbekämpfung 138
Unkräuter 34
Unterschlupf für Tiere 48ff
Unterwuchspflanzen 74

Vermehrung 129, 131
—, durch Ableger 131
—, von Farnen 135
Verschönerung des Grundstücks 28
Vertikal wachsende Pflanzen 43
Vögel 59, 67, 99
—, Kräuter für 100

Waldböden 33
Waldgarten 26, 68, 70ff
—, Bäume für den 72
—, Pflanzen für den 70
Waldgrundstück 68
Waldgärten 68
Waldstreifen 76
Wasser 15
Wassergärten 22, 54, 102
—, Anlage von 102
Wasser im Garten 49
Wasserpflanzen 104
Wege 30, 125, 128
Weidenarten 16
Wiesenblumen 26
—, Aussaat 133
—, Einpflanzen 133
Wiesengarten 60
Wiesengräser 56
Wiesengrundstück 14
Wiesenrasen, Pflege 65
Wiesenschmetterlinge 67
Wildblumen 26, 56, 58ff, 134
—, Pflanzung 134
Wildblumenrabatte 26
Wildgarten 6, 8ff., 11, 20
—, Anlage 11, 14, 18, 22ff., 26, 34, 44, 54, 96
—, Aussehen 13
—, Bepflanzung des 34
Wildgärten, erste 6
Wildgärten, Gestaltung 54
—, kleiner 26
—, Pflege 44
—, Planung 21ff.
—, romantischer 8, 11
— und Erholung 20
Wildhecke 76
—, Pflanzung 137
Wildrosenarten 41
Wildwachsende Blumen, Samen 6

— Pflanzen 20
Windschutz 24, 28
Witterungsschutz 24, 28

Ziergräser 91
Zwiebelpflanzen 64
Zwiebelstecher 133

Adressen von Spezialgärtnereien

Gärtnerische Sämereien
Produktion und Vertrieb von Wildpflanzen
Dieter Köhler
Leonhardistr. 28 Biberg
8201 Tuntenhausen

Botanischer Alpengarten
Spezialkulturen von Alpenpflanzen
F. Sündermann
Aeschacher Ufer 48
8990 Lindau am Bodensee

Wasserpflanzenkulturen
Richard Kiel
Hainerweg 134
6000 Frankfurt a.M. 70

Staudengärtnerei
Heinz Klose
Rosenstr. 10
3503 Lohfelden bei Kassel

Staudenversand und Wassergarten-Systeme
Karl Wachter KG
2081 Appen-Etz

Blauetikett-Bornträger-GmbH
6521 Offstein

Plastoplan re natur
Postfach 60
2355 Rühwinkel-Wdf.

Wiedemann Tee-, Samen- und Pflanzenversand
Dietzenbacher Str. 22
7340 Geislingen/Steige-Aufhausen

Samen Mauser
Zürich Str. 98
CH-8600 Dübendorf/Zürich

Carl Sperling & Co.
Pflanzenzüchter
Postfach 26 40
2120 Lüneburg

Odenwälder Pflanzenkulturen
Kayser & Seibert
6101 Roßdorf b. Darmstadt 1

Baumschule
Rudolf Schmidt
2084 Rellingen (Holstein)

Versand Baumschule
Rudi Hartmann
Postfach 15 03
2080 Pinneberg (Holstein)

Fotonachweis:
ARCAID/Richard Bryant (1), ARDEA (1), Peter Baistow (2), Karl Dietrich Bühler (10), Robert César (1), Geoff Dann (24), Henk Dijkman (2), Inge Espen-Hansen (11), Derek Fell (8), Valerie Finnis (2), John Glover (4), Jerry Harpur (2), Pat Hunt (4), Jacqui Hurst (11), Leslie Johns, Nature Photographers Ltd. (2), Oxford Scientific Films/Stephen Dalton (1), Harry Smith (Horticultural Photographic Collection) (1), Ron Sutherland (10), George Taloumis (2), Steven Wooster (1), George Wright (3).

Illustrationen:
Angela Beard (1), Jeanne Colville (2), Jane Cradock-Watson (1), Fiona B. Currie (22), Will Giles (18), Vana Haggerty (1), Ros Hewitt (7), Sally Launder (8), Andrew Macdonald (1), Shirley Wheeler (4).